Sarah de Carvalho
ES SIND DOCH ALLES NOCH KINDER

Sarah de Carvalho

Es sind doch alles noch Kinder

*Der unglaubliche Weg einer Frau
von der Traumfabrik Hollywood
auf die Straßen Brasiliens*

Projektion J Buch- und Musikverlag GmbH
Wiesbaden

Titel der Originalausgabe:
The Street Children of Brazil

© 1996 by Sarah de Carvalho
Published by Hodder and Stoughton Ltd.
338 Euston Road, London, NW1 3BH, England

© 1997 der deutschen Ausgabe
by Projektion J Buch- und Musikverlag GmbH,
Rheingaustraße 132, D-65203 Wiesbaden

ISBN 3-89490-213-2

Übersetzung: Ulrike Becker
Umschlaggestaltung: Petra Louis
Satz: Projektion J Buch- und Musikverlag GmbH
Druck: J. Ebner, Graphische Betriebe GmbH & Co.KG, 89007 Ulm

Nachdruck, auch auszugsweise, nur mit Genehmigung des Verlages.

1 2 3 4   00 99 98 97

Für Colin und Julie Jarman, meine Eltern

INHALT

Dank 9

Kapitel 1 Borel, Rio de Janeiro – »Ich will nicht sterben!« . 11
Kapitel 2 Vom Glanz Hollywoods gekostet 20
Kapitel 3 Hollywood oder Brasilien?
          Mein Wille oder deiner? 40
Kapitel 4 Ein Tummelplatz des Teufels 55
Kapitel 5 Borel, Rio de Janeiro –
          »Es sind doch alles noch Kinder!« 76
Kapitel 6 Vivianne 94
Kapitel 7 Joao Bosco de Carvalho –
          mein Ehemann und Partner 118
Kapitel 8 Ministerio Criança Feliz/Happy Child Mission –
          das Totenfeld 139
Kapitel 9 Die Familien 168
Kapitel 10 Das Nachtasyl –
          »Auf dem Weg nach Emmaus« 191
Kapitel 11 Der barmherzige Samariter 209
Kapitel 12 »Lasst die Kinder zu Wort kommen« 224

Kontaktadressen 253

DANK

Meine tief empfundene Dankbarkeit gilt Ihnen allen, die Sie an dieser Arbeit beteiligt sind, sei es durch Ihr Gebet, sei es in finanzieller Hinsicht oder durch Ihre Hilfe als Freiwillige. Wir von *Happy Child* sind uns bewusst, dass wir durch diese Partnerschaft in der Lage sind, zu diesen verlorenen Kindern und Teenagern hier in Brasilien zu gehen und ihnen von der Liebe Gottes zu erzählen.

Kapitel 1

Borel, Rio de Janeiro – »Ich will nicht sterben!«

Ich hörte das Krachen, als der Schuss fiel. Einen Augenblick lang blieb mir das Herz stehen. Doch es klang weit entfernt, also entspannte ich mich wieder und wischte mir den Schweiß von den Augenbrauen. Mein Kopf fühlte sich an, als wolle er unter der Hitze der brasilianischen Nachmittagssonne zerplatzen.

Plötzlich krachte ein weiterer Schuss. Er war lauter als der erste. Ich spürte, wie mein Herz schneller schlug und mein Mund trocken wurde. Dann folgten zwei Schüsse, drei Schüsse, vier Schüsse …

»O, mein Gott«, hörte ich mich ausrufen. »Sie kommen näher.«

»Sie sind jetzt über uns, Sarah«, schrie Lila.

»Schnell, auf den Boden«, rief ich zurück.

Zu viert warfen wir uns auf den kalten Lehmboden, bis kein Platz mehr in der winzigen Slumbehausung war. Ich spürte das Gewicht eines anderen Körpers auf meinen Beinen und mein Kopf wurde unter das alte Eisenbett gepresst, so dass ich mich nicht mehr rühren konnte. Mein Puls raste, meine Gedanken gingen in hundert verschiedene Richtungen zugleich.

Eine Kugel pfiff über das Dach aus Blech und Pappe … Dann folgte als Antwort darauf aus der entgegengesetzten Richtung ein wahrer Kugelhagel aus einem Maschinengewehr.

Wir waren mitten ins Kreuzfeuer geraten.

Das Baby begann zu weinen. Ich verlagerte mein Körpergewicht und streckte meinen linken Arm aus, um den kleinen Jungen zu berühren. Ich konnte seinen winzigen, weichen Fuß erreichen und hielt ihn fest. Er darf nicht sterben, bettelte ich unhörbar, er ist doch noch so jung.

Ich konnte noch jemanden weinen hören.

»Sarah«, rief Lila aus. »Sie sind überall!«

»Das ist die Bande aus der anderen Favela von Casa Branca«, keuchte Andre. »Sie haben gehört, dass die Polizei heute Morgen hier war und einige der Führer und Bandenmitglieder der ›quadrilha‹ von Borel verhaften konnte. Nun denken die von Casa Branca, dies sei eine gute Gelegenheit, ihre Rivalen hier in Borel zurückzuschlagen.«

Dies war also nun mein Zuhause. Eine der gefährlichsten Favelas (»Elendsviertel«) von Rio de Janeiro. Weit entfernt von meinem komfortablen Apartment in London.

Borel erstreckt sich an der Flanke eines Berges und beherbergt über 40 000 Menschen. Von der Straße unterhalb von Borel sieht es aus wie eine Masse aus abertausend Hütten in den verschiedensten Farben. Manche bestehen aus angemalten Ziegeln, andere aus Lehm und Stöcken. Die verzweifelte Armut, die hier ihr hässliches Gesicht zeigt, steht in krassem Gegensatz zu der natürlichen Schönheit dieser *Cidade Maravilhosa* mit ihren Stränden, *florestas* und ihrer Hügellandschaft, aber auch zu dem Reichtum, der sich an den Villen, den Apartmenthäusern, Ladenpassagen und Hotels von Rio ablesen lässt – Rio, Stadt der Gegensätze und Extreme.

Man hatte mir drei Wochen zuvor, als ich im Juli 1991 eingezogen war, versichert, dass es seit fünf Monaten keine ernst zu nehmenden Schießereien mehr gegeben hatte.

Borel, Rio de Janeiro – »Ich will nicht sterben!«

Damals arbeitete ich in einem kleinen Team von fünf jungen brasilianischen Missionaren der internationalen Organisation »Jugend mit einer Mission« mit. Die meisten von ihnen hatten bereits seit über einem Jahr in Borel gelebt. Wir besaßen in einem Gebäude, das am Hauptplatz im Zentrum der Favela auf halber Höhe des steilen Hangs lag, eine dringend benötigte Erste-Hilfe-Klinik und eine Sonntagsschule. Der Platz trug wegen all der Morde, die hier begangen worden waren, bezeichnenderweise den Spitznamen *Banco de Sangue* (»Blutbank«).

Mein Schlafzimmer befand sich im obersten Stockwerk eines dreistöckigen Hauses, das einer christlichen Familie gehörte, die bereits seit drei Generationen in Borel lebte. Es lag auf der gegenüberliegenden Seite des Platzes. Ich hatte großes Glück und war auch höchst dankbar, dass das Haus aus Ziegeln gebaut war. Jedes der drei Stockwerke bestand aus nur zwei schmalen Zimmern, so dass es von außen aussah wie ein hoher Turm.

Mein Zimmer war rechteckig und einfach ausgestattet, mit einem schmalen Bett und einem Schrank. Aber ich kam mir sehr verwöhnt vor, weil die Wände verputzt und geweißelt waren. Auch besaß das Zimmer an zwei Wänden viele Fenster, so dass eine Menge Licht in den Raum fiel und eine willkommene kühle Brise von der Küste hereinströmen konnte. Es gab außerdem eine Glastüre, die auf einen Balkon hinausführte und einen guten Blick auf den Hauptplatz und die dahinter liegende Favela bot.

Wie ich jedoch später herausfand, war der Hauptplatz die direkte Zielscheibe der rivalisierenden Banden aus den verschiedenen Favelas, die auf der anderen Seite des Berges lagen. So manche Nacht fand ich mich auf dem Boden wieder und kroch unterhalb der Fensterzeile entlang, um verirrten Geschossen aus dem Weg zu gehen.

Die Mehrzahl der 545 Favelas in Rio wird von einer eigenen Bande beschützt, die ihren Lebensunterhalt mit Drogenhandel und Einbrüchen finanziert. Je mehr Drogen eine Bande umsetzt, umso mächtiger und reicher ist sie. Daher gibt es viel Rivalität unter den Favelas und in der Folge davon Bandenkriege und Morde. Die Banden ähneln der Mafia: äußerst brutal, mit Waffen gut gerüstet und wohlorganisiert.

Auf dem Berg oberhalb von Borel steht ein großes Holzkreuz, das – wie ich herausfinden sollte – nicht den Tod Jesu Christi symbolisiert, sondern als Kennzeichen für *Commando Vermelho* (»Rotes Kommando«) steht. Dies ist die gefährlichste und mächtigste Drogenmafia in Rio de Janeiro.

Das andere Zimmer auf meinem Stockwerk gehörte Anita. Sie war Krankenschwester in der Klinik und kannte sich in Borel gut aus, da sie schon über ein Jahr dort gearbeitet hatte. Unser Badezimmer war winzig. Wenn man erst einmal drinnen war, konnte man sich nur mit Mühe umdrehen. Doch die Kaltwasserleitung, die uns als Dusche diente, war eine willkommene Linderung für unseren verschwitzten, klebrigen Körper. Wir waren die einzigen jungen Frauen im Team. Die vier jungen Männer, Pedro, Claudio, Geraldo und Ivan, lebten über der Klinik auf der anderen Seite des Platzes.

Um sechs Uhr morgens an jenem Tag nur drei Wochen nach meinem Einzug – ein Sonntag – waren wir alle von einer Schuss-Salve und Explosionen aus dem Schlaf gerissen worden. Es war wie ein Alptraum. Ich hatte solche Waffen bisher nur aus Filmen wie *Rambo* gekannt und verzweifelt versucht, das Geräusch zu dämpfen, indem ich mir ein Kopfkissen über die Ohren presste. Aber es hatte nichts geholfen. Die bewaffnete örtliche Polizei und die Bundespolizei waren in den frühen Morgenstunden in Borel eingedrungen, um die *bandidos* zu überraschen und um so weit wie möglich den Tod anderer unschuldiger Bewohner zu vermeiden.

Bis zum Nachmittag schien sich die Lage beruhigt zu haben und so hatten wir uns in Begleitung zweier Teenager – Lila und Andre stammten beide aus Borel – aufgemacht, um auf der anderen Seite der Favela Rose, ihren Mann Nilton und deren sechs Monate altes Baby zu besuchen.

Wie so viele, die versuchen, der Wirklichkeit zu entfliehen, war auch Nilton Alkoholiker. Daher floss ein Großteil des wenigen Geldes, das er verdiente, in den Alkohol. Nilton hatte ihr winziges Heim aus Resten von Schmiedeeisen, Pappe und rotem Lehm gebaut. Im Innern war nur für ein schmales Bett, einen Stuhl und einen Tisch mit einem einflammigen Gaskocher Platz. Das Wasser wurde von einem öffentlichen Brunnen geholt.

Ihr Zuhause befand sich in einem Teil der Favela, den man zu Recht *A Grotta* nannte. Hier lebten die Ärmsten der Armen, da dieses Gebiet gefährlich nah an der Grenze zwischen Borel und Casa Branca, der angrenzenden Favela, lag. Die Menschen, die hier lebten, wurden am häufigsten Opfer von Schießereien.

Rose litt an einer schlimmen Infektion am Bein, die sie sich durch unsaubere Schnittwunden und Moskitostiche zugezogen hatte. Daher hatte ich eine kleine Erste-Hilfe-Ausrüstung mitgebracht. Infektionen sind in den Favelas ein ständiges Problem; die offenen Abwasserleitungen und der Abfall und Dreck, der sich auf beiden Seiten der Wege zwischen den Slumbehausungen anhäuft, machen es noch schlimmer. Die Hitze der tropischen Mittagssonne macht den Gestank von Fäkalien und verrottendem Müll oft unerträglich.

Als wir zu dritt vorsichtig und in einer Reihe den schmalen, gewundenen Lehmwegen folgten, fiel mir auf, dass die offenen Abwasserleitungen auf beiden Seiten von benutzten Lebensmittelkartons, Dosen, verfaulendem Gemüse und Exkrementen blockiert waren. Ich versuchte verzweifelt, den Gestank abzublocken, indem ich mir die Nase zuhielt und nur durch den Mund atmete. Es war ein armseliger Versuch, mich vor dem Würgen zu bewahren.

Wir folgten dem schmalen Weg, der sich an vielen aus Stöcken und Lehm gebauten Hütten vorbeischlängelte und den Hügel hinaufführte. Kinder rannten barfuß herum und waren in alte zerlumpte Kleidchen und Shorts gekleidet. Ich bemerkte zwei kleine Mädchen, die große, blaue und rote Wäscheklammern als Ohrringe benutzten und darüber höchst amüsiert waren. Plötzlich unterbrachen sie ihr Spiel und wurden ganz still. Sie drängten sich zusammen und kicherten verlegen beim Anblick der großgewachsenen, hellhäutigen, blauäugigen Fremden. Ich erwiderte das Lächeln ihrer braunhäutigen Gesichter mit den hübschen braunen Augen. Sie folgten uns neugierig.

Als wir uns der Hütte von Rose näherten, sahen wir die Wäsche, die auf einer Leine zum Trocknen hing. Ein Schwein schnaubte und grunzte uns an, während es sich in Richtung auf einen Grasstreifen davontrollte. Alles schien ganz normal zu sein ohne das leiseste Anzeichen einer Gefahr.

Rose rief uns zu, wir sollten doch hereinkommen. Die Tür stand bereits offen, damit das seichte Lüftchen in die heiße, stickige Hütte hineinströmen und etwas Erleichterung bringen konnte. Nilton war für den Nachmittag fortgegangen. Rose wusste nicht, wohin. Sie erhob sich steif vom Bett, um uns den einzig möglichen Sitzplatz anzubieten, den es gab. Die Entzündung an ihren Beinen war noch schlimmer geworden und der Eiter war verhärtet, so dass es ihr schwer fiel, sich zu bewegen.

Wir überzeugten sie davon, sitzen zu bleiben, während ich ihre armen Beine reinigte. Ein breites, weißes Lächeln erfüllte plötzlich ihr scheues, schwarzes Gesicht; sie war froh, dass wir sie besuchten. Dann bat sie Andre und mich, für sie und das Baby zu beten.

Das war der Augenblick, in dem wir den ersten Schuss hörten ...

Die Schießerei war jetzt ohrenbetäubend laut.

Über unseren Köpfen konnten wir das dumpfe Geräusch schneller Schritte hören. Die Bande aus Casa Branca hatte ohne Zweifel direkt über uns auf dem Grasabhang, der sich von der Hütte aus über die Hügelkuppe bis zu ihrer eigenen Favela erstreckte, Stellung bezogen.

»Heute Morgen drang eine Kugel durch das Dach«, rief Rose mit angsterfüllter Stimme. Ich wusste, wenn jetzt eine Kugel durch das Dach käme, müsste einer von uns sterben, denn wir vier Erwachsenen in der Hütte bedeckten den gesamten Boden.

Plötzlich hörte ich, wie sich schnelle Schritte der Hütte näherten. Ich hörte mich selbst nach Luft ringen, als die Tür aufgestoßen wurde.

Es war Claudio aus unserem Team, der eine Familie ganz in der Nähe besucht hatte. Wir atmeten erleichtert auf, obwohl mein Herz so laut schlug, dass ich mir sicher war, die anderen könnten es hören.

»Die Schießerei fing an, als ich mich auf dem Rückweg zu unserem Haus befand«, sagte Claudio atemlos. Seine Augen waren weit aufgerissen wie bei einem aufgeschreckten Kaninchen. »Ich rannte, um mich in Deckung zu bringen, und da sah ich diese Hütte. Das ganze Gebiet ist von ›bandidos‹ umzingelt. Ich wäre fast mit einem zusammengestoßen, der ein Maschinengewehr in der Hand hielt. Er muss jetzt über uns auf dem Grashang sein.«

Plötzlich ließ mich ein Gefühl erstarren, das wie ein Blitzschlag durch meinen ganzen Körper fuhr. Eine Furcht ergriff mich, die mir bis dahin völlig fremd gewesen war. Es war

Panik. Ich geriet innerlich in Panik und meine Gefühle gingen wild durcheinander – es war der eine Gedanke: Sterben ... sterben ... sterben. Wir werden alle sterben. Was habe ich hier verloren? Ich muss hier raus. Ich muss weg von hier ...

Völlig unerwartet verwandelte sich meine Furcht in Wut. Und in Gedanken schrie ich auf: Gott, ich kann nicht glauben, dass du mich aus diesem Grund hierher geführt hast. Wir werden alle sterben.

Tief aus meinem Innern brach ein Schluchzen hervor. Ich war verzweifelt.

Dann geschah etwas ganz Außergewöhnliches. Ich fühlte plötzlich, wie eine Welle von Frieden meinen Körper durchströmte, und mir wurde bewusst, dass ich an einen viel besseren Ort gehen würde, wenn ich sterben sollte. Ich würde bei Jesus sein. Es wäre eine unbeschreibliche Freude.

Und ich wurde ganz ruhig.

Eine Stimme sang: »Deus esta aqui, alleluia, tao certo como ar que eu respiro ...« (»Gott ist hier, halleluja, das ist so sicher wie die Luft, die ich atme ...«). Es war Lila. Wir stimmten alle ein und sangen, so laut wir konnten; wir lachten aus einer großen Freude heraus, die aus unser aller Herzen hervorzubrechen schien.

Die Geräusche der Kugeln, die über uns hinwegpfiffen, wurden gedämpfter. Es war, als befänden wir uns in einer kleinen Zeitkapsel. Andre öffnete seine Bibel und begann, den 23. Psalm zu lesen: »Der Herr ist mein Hirte, nichts wird mir fehlen. Er läßt mich lagern auf grünen Auen und führt mich zum Ruheplatz am Wasser. Er stillt mein Verlangen ...«

Plötzlich wusste ich, dass uns nichts geschehen würde. Ich spürte, dass mich die Wärme der Gegenwart Gottes bedeckte, Gottes mächtige, Frieden bringende Gegenwart in dieser winzigen Slumhütte. Und ich wusste, dass Gott da war und uns beschützte.

So plötzlich, wie die Schießerei begonnen hatte, so abrupt endete sie nun. Wir lagen alle wie festgenagelt auf dem Boden. Keiner wollte sich rühren. Hat es wirklich aufgehört?, fragte ich mich. Die Stille klingelte in meinen Ohren.

»Es ist vorbei«, verkündete Andre.

Langsam rappelten wir uns hoch. Unsere Körper taten weh, weil wir so lange in derselben unbequemen Haltung gelegen hatten. Ich blickte auf meine Uhr; es musste eine gute halbe Stunde gedauert haben. Nicht eine Kugel war in die Hütte eingedrungen. Ich konnte nicht leugnen, dass ich den unglaublichen Schutz Gottes erlebt hatte.

Aber als ich mich in dieser Nacht schlafen legte, spürte ich wieder diese mir fremde Angst. Ich schaute durch das Fenster, blickte in diesen merkwürdig stillen, klaren Nachthimmel hinaus und ich fühlte, dass mich die Angst erneut übermannte. Lauter negative Gedanken stiegen hoch. Was wollte ich hier? Was konnte ich schon tun?

Meine Angst war zu groß, als dass ich mir vorstellen konnte, durch die Straßen der Favela zu gehen. Noch weniger konnte ich mir vorstellen, Kindern zu helfen, die aus eben dieser Umgebung davongelaufen waren und nun in den gefährlichen Hauptstraßen der Stadt lebten, die zu unseren Füßen lag.

Für diese Kinder hatte ich mit neunundzwanzig Jahren alles aufgegeben, was ich besaß: mein luxuriöses Apartment in London, ein Topgehalt als Fernsehproduzentin, meine Freunde und meine Familie, die mich liebte.

Wie hatte sich mein Leben so radikal verändern können? Ich begann, meine Entscheidungen zu hinterfragen. War es ein schrecklicher Fehler gewesen, der mich nach Brasilien geführt hatte? Was würde die Zukunft bringen?

Kapitel 2

Vom Glanz Hollywoods gekostet

»Sarah«, sagte mein Vater in einem Ton, der mich aufhören ließ. »Du gehörst nicht zu den Mädchen, die gleich ans Heiraten denken müssen. Die Welt liegt dir zu Füßen. Nimm dir Zeit für deine Karriere, geh auf Reisen, such dir dein Glück!«

Und da war sie wieder – die Bestätigung!

Ich war damals fünfzehn Jahre alt und ich habe diese Unterhaltung nie vergessen. Wir befanden uns in der Küche meines Elternhauses in West Horsley in Surrey. Ich saß mit dem Rücken zum Fenster am Kiefernholztisch und Dad öffnete den Kühlschrank. Die Szene bleibt in meinem Gedächtnis haften wie ein Standbild.

Ich hatte meiner Mutter bereits einige Monate zuvor angekündigt: »Auf mich kannst du nicht zählen, wenn es um die Produktion der Enkelkinder geht – zumindest nicht in den nächsten fünfzehn Jahren. Es gibt so viel, das ich erst noch tun muss.« Nun, war das nicht genau die Einstellung meiner Generation Mitte der siebziger Jahre?

Also gab ich, als älteste von drei Mädchen, die Pflicht, zu heiraten und Kinder zu kriegen, an meine beiden Schwestern Vanessa und Maria weiter. Maria, die jüngste, war damals gerade erst neun Jahre alt, aber sie hatte in ihrem Herzen bereits beschlossen, früh zu heiraten und viele Kinder zu bekommen. Also war ich ziemlich zuversichtlich, dass zumindest eine der beiden diese Rolle zufriedenstellend ausfüllen würde.

Meine Eltern Colin und Julie Jarman hatten am 4. April 1959 geheiratet. Sie waren damals gerade zwanzig Jahre alt gewesen und hatten sich bei einem *Blind Date* im *Antelope Club* im Westen von London kennen gelernt. Bald danach waren Vanessa und ich unterwegs. Zwischen uns lagen gerade einmal sechzehn Monate. Mein Vater arbeitete zu dieser Zeit für die *National Cash Register Company* und verdiente sieben Pfund und zehn Schilling in der Woche. Wir lebten in einer kleinen Wohnung in Kenilworth Court, Putney, von der aus man die Themse überblicken konnte. Meine Mutter konnte man regelmäßig dabei beobachten, wie sie den Kinderwagen mit ihren zwei Babys zum Entenfüttern schob.

Als ich drei Monate alt war, zogen wir aus London weg aufs Land. Unser Haus in Surrey wurde *Chestnut* – Kastanie – genannt, weil in unserem Vorgarten zwei sehr große, rosa blühende Kastanienbäume wuchsen.

Ich kann mich noch gut an die wilden *Beatles*-Partys erinnern, die wir in *Chestnut* in den späten sechziger Jahren zu feiern pflegten!

Nessie und ich saßen dann gewöhnlich im Nachthemd auf dem Treppenabsatz und ließen die Füße durchs Geländer baumeln. Wir warteten geduldig, bis jemand die Toilette im unteren Stockwerk benutzte; sie befand sich genau unterhalb der Treppe.

»Könnten Sie die Musik leiser drehen?«, rief ich dem Toilettenbenutzer zu, so laut ich nur konnte. Das Wörtchen »bitte« hatte ich spätestens beim fünften Versuch verlernt. Dann drückten wir uns die Daumen und gingen wieder ins Bett. Aber die Musik blieb nie lange leise. Mein Dad, der auch heute noch ein begabter Twister ist, war überzeugt, dass man nur zu ganz lauter Musik richtig tanzen kann.

Mein Vater, Colin, ein groß gewachsener Mann mit einem runden, freundlichen Gesicht, ist immer noch einer der besten Geschichtenerzähler, die ich kenne. Es machte mir immer viel Spaß zu beobachten, wie er seine Zuhörer in seinen Bann schlug, während sie mit angehaltenem Atem auf die Pointe warteten. Meine Mutter, die dieselben Geschichten schon Dutzende Male gehört hatte, musste trotzdem noch weinen vor Lachen. Man könnte jeden von Vaters Freunden fragen und sie würden mit einem Lächeln berichten: »Colin Jarman ist einer der gastfreundlichsten Menschen, die ich kenne, und er mixt immer noch den besten Gin Tonic in der ganzen Stadt.«

In seinen Rugbyzeiten war er als »Jarman, der Schläger« bekannt, denn er war ein ausgezeichneter Angriffsspieler. Auch heute geht er gern noch zu Rugby-Spielen nach Twickenham. Ich kann mich noch sehr gut daran erinnern, wie ich als Teenager von der Tribüne aus dem englischen Team zujubelte – im kältesten Winter, in eine Schaffelljacke eingepackt und mit Wollmütze, Schal und Handschuhen bewaffnet.

Heute ist er Geschäftsführer der britischen Niederlassung einer großen internationalen Computerfirma; eine Position, die er sich durch harte Arbeit erkämpft hat. Er war und ist ein fleißiger Mensch, der die Bedürfnisse seiner Familie an die erste Stelle setzt. Dafür bewundere ich ihn zutiefst. Durch seinen eigenen Ehrgeiz wurde er zu einer wunderbaren Ermutigung für seine drei Töchter. Er freute sich sehr an den Erfolgen, die Vanessa und ich als Sportlerinnen bei lokalen und regionalen Wettbewerben erzielten. Während ich vor Nervosität zitternd am Startblock auf den Startschuss für den 100-Meter-Lauf wartete, wusste ich immer, dass mein Vater mir von der Seitenlinie aus zujubeln würde, bis ich das Zielband durchlaufen würde. Einen Sommer lang wurde unser Garten sogar in eine Miniaturarena verwandelt; da gab es eine Weitsprunggrube, eine Hochsprunglatte und eine kleine Laufstrecke.

Meine Mutter sah immer aus, als sei sie meine ältere Schwester. Sie war klein und schlank, trug einen blonden Bubikopf und ihre schwungvolle und jugendliche Art ließen sie zehn Jahre jünger aussehen. Ihre flinke Intelligenz machte es ihr möglich, mit vierzig noch einmal zur Schule zu gehen und einen Universitätsabschluss als Lehrerin zu machen. Sie ist im wahrsten Sinne des Wortes das Herz unserer Familie und so war unser Zuhause zwangsläufig ein Ort, an dem Freunde und Besucher herzlich willkommen waren. Ihre künstlerischen Fähigkeiten zeigten sich überall in unserem Haus, nicht zuletzt auch in der Küche. Das sonntägliche Mittagessen teilten wir mit Großeltern, Verwandten und guten Freunden. Wir genossen das gute Roastbeef mit all den Beilagen, gefolgt von einem Apfelstreuselkuchen oder einem köstlich pappigen englischen Pudding mit Sirup.

In die örtliche Gemeinde gingen wir im Kreis der Familie zu Weihnachten, zu Ostern und gelegentlich am Muttertag. Das gehörte sich so. Die Kirche hat mich immer enttäuscht – ganz unabhängig davon, dass ich nie in der Lage war, die Witze des Pastors zu verstehen, die er »religiös« in seine Predigten hineinpackte. Die alte Dorfkirche erschien mir trotz ihrer Schönheit, den bunten Glasfenstern und den alten Wandgemälden so leer und kalt wie manche ihrer Besucher.

Als ich zwölf Jahre alt war, geschah etwas Außergewöhnliches, obwohl ich erst sechzehn Jahre später verstehen sollte, welche Folgen diese Begebenheit für mein Leben hatte.

Ich spielte nach der Schule im Haus meiner Freundin Catherine, als ihre ältere Schwester und deren Freundin uns zu einer Versammlung für Jugendliche in der örtlichen Festhalle einluden. Es klang interessant, also gingen wir mit. Ich erinnere mich noch daran, dass Catherine und ich zusahen, dass wir ganz hinten in der Halle einen Platz bekamen. Der Raum war voller Jugendlicher und wir kamen uns ein bisschen fehl am Platz vor. Ich erinnere mich nicht an alles, was an diesem Abend geschah, aber ich erinnere mich, dass Catherines Schwester und ihre Freundin aufstanden, nach vorne gingen und über Jesus redeten und darüber, wie er ihr Leben verändert hatte. Was mich dabei am meisten überraschte, war, dass sie von ihm sprachen, als sei er real, als ob sie ihn persönlich kannten. Und sie schienen auch so glücklich und zufrieden zu sein. Ich beneidete sie um das, was sie ganz offensichtlich gefunden hatten.

Als ich später an jenem Abend in *Chestnut* in meinem Bett lag, hatte ich das Bedürfnis, mit diesem Jesus, von dem ich gerade erst in einer bisher ungekannten Weise gehört hatte, zu reden.

»Jesus«, sagte ich laut in die Stille der Nacht hinein. »Ich weiß nicht, wer du bist, aber ich möchte das haben, was diese Mädchen besitzen.« Mit diesem unbeholfenen Versuch, zu einem unsichtbaren Jesus zu reden, schlief ich ein.

Plötzlich, noch in derselben Nacht, wurde ich von einem hellen Licht in meinem Zimmer geweckt. Mein ganzer Körper wurde von einer Wärme durchflutet. Ich wusste einfach, dass Jesus bei mir im Raum war. Ich hatte keine Angst, ich spürte nur voller Ehrfurcht, dass er da war.

Am folgenden Tag beschloss ich, dass ich mir das Ganze nur eingebildet hatte, und der Versuch, es irgendjemandem in meiner Familie oder gar Catherine zu erklären, schien mir unsinnig.

Doch sechzehn Jahre später sollte mir dieses Erlebnis die Ermutigung schenken, die ich so sehr brauchte, als ich meinen Job, meine Familie, mein Zuhause und meine Freunde hinter mir ließ, um nach Brasilien zu gehen und etwas für die Straßenkinder zu tun.

Ich besuchte eine Mädchenschule, die sich *Manor House* nannte und in Little Bookham lag. Meine große Vorliebe dort war der Sport: Leichtathletik, Hockey, Tennis, Schwimmen. Mit der Leichtathletik war es zu Ende, als ich fünfzehn wurde und entdeckte, dass Jungen viel interessanter als Sport waren.

Bald verlor das Training, das an zwei Abenden pro Woche und auch bei bitterster Kälte stattfand, seine Attraktivität, denn ich hatte meinen ersten festen Freund. Ich sah damals älter aus, als ich eigentlich war, da ich mit meinen 1,80 Metern groß gewachsen und gut entwickelt war.

Meine arme Mutter musste mich oft um Mitternacht noch von Diskotheken und Partys abholen. Und mein gastfreundliches Zuhause zog an den Wochenenden so manchen meiner Freunde an. Unsere Nachbarn gewöhnten sich daran, dass unsere Einfahrt voller Motorräder aller Sorten und Größen war. Unser Hund Carlos war der einzige, der etwas gegen diese regelmäßige Invasion unternahm. Carlos war ein Springerspaniel, der sich seine Opfer sorgfältig aussuchte. Gerade, wenn einer der jungen Männer dachte, er habe das Herz des Hundes gewonnen, grub der schwanzwedelnde und grinsende Carlos seine Zähne mit großem Nachdruck in das Bein des Ärmsten. So blieb es nicht aus, dass meine Mutter die meisten Sonntage im Badezimmer verbrachte, um ein verletztes Bein zu versorgen und ein leidendes Opfer zu beruhigen.

Daher beschloss man, als ich sechzehn war, ich müsse als Internatsschülerin nach *Manor House* gehen, oder ich hätte keine Chance, meine wackeligen Noten zu retten. Meine Eltern kamen zu dem Schluss, dass dies der einzige Weg sei, um mich »etwas zu bremsen«. Die Schule hatte mich zum *House Captain* ernannt, was manche ziemlich überrascht hatte. Aber ich nahm diese Verantwortung mit viel Engagement auf mich; es sollte meine erste Erfahrung mit Leiterschaft werden. Das Internat erwies sich als gute Entscheidung und ich schaffte einen guten Mittelstufenabschluss.

Es reizte mich, in die »große weite Welt« hinauszuziehen und so beschloss ich schließlich, an einem technischen Gymnasium in Guildford Leistungskurse in Geschichte und Kunst zu belegen. In Kunst kam ich gerade so über die Runden.

Seit ich sechs Jahre alt gewesen war, hatte ich immer gesagt, ich wolle Krankenschwester werden; also schien es ganz logisch, dass ich mich an verschiedenen Krankenhäusern in London bewarb. Mein zweites Bewerbungsgespräch am neuen und modernen *St. Thomas*-Krankenhaus war eine glatte Katastrophe. Die Dame, die das Gespräch führte, sagte gleich zu Beginn, sie werde »den schlimmsten Tag im Leben einer Krankenschwester« beschreiben. Nach fünf Minuten war das Lächeln aus meinem Gesicht verschwunden und ich musste ein paarmal schlucken, bevor ich den Klumpen loswurde, der mir im Hals steckte. Ich dachte daran, wie mir Bluttests und Bettpfannen auf den Boden fielen und ich drei Patienten verlor, und das alles in einer Nacht und alles am Beginn einer Woche voller Nachtschichten! Das machte mir deutlich, dass ich das einfach nicht durchstehen würde; ich konnte keine Krankenschwester werden.

Mein Vater verstand mich nur allzu gut. Er schlug vor, ich solle ein glanzvolleres Betätigungsfeld suchen, zum Beispiel die Medien! Ich absolvierte also eine einjährige Ausbildung zur Sekretärin am *Oxford and County College* in Oxford. (Der damalige Schulleiter beklagte, ich hätte zu viele Freunde, die mich am Haupteingang erwarteten, und das werfe ein schlechtes Licht auf die Schule.) Dann begann ich in London meine Suche nach einem Einstieg in die Welt der Medien. Nach Ansicht meiner Stenografielehrerin hätte ich mich als mögliche Sekretärin von Prinz Charles am *Buckingham Palace* bewerben sollen. Ich kann nicht sagen, wer sich über diese Aussage mehr amüsierte, ich oder meine Klassenkameradinnen. Mal ganz abgesehen von der Tatsache, dass ich dafür völlig ungeeignet war, war meine Steno-Schrift selbstgeschneidert und ist bis auf den heutigen Tag unleserlich.

Unnötig zu sagen, dass ich vermutlich eine der schlechtesten Sekretärinnen auf dem Londoner Arbeitsmarkt war. Bei meinem ersten Job, den ich mit neunzehn Jahren antrat, war ich zweite Sekretärin von Julian Senior, dem Vizepräsidenten der Werbe- und PR-Abteilung von *Warner Brothers* in der legendären *Wardour Street* in London. Bald fand ich heraus, dass in diesem Monat bereits vier Sekretärinnen gekündigt hatten oder gefeuert worden waren; fast wäre ich die fünfte geworden.

Julian Senior, ein brillanter Werbe- und PR-Fachmann, duldete keine Dummköpfe in seiner Umgebung. Innerhalb einer Stunde lernte ich von ihm etwas, das ich in meiner ganzen Karriere nicht vergessen sollte.

»Sarah«, bellte er mich an, »vertrauen Sie niemandem. Kontrollieren Sie alles zweimal!«

Seine persönliche Sekretärin erreichte eine Arbeitsgeschwindigkeit von 150 Stundenkilometern. Innerhalb von Sekunden war sie von ihrem Schreibtisch aufgestanden und befand sich in Julians riesigem Büro, sobald er sie gerufen hatte. In der Tat schien es, als ob jeder, der für ihn arbeitete, rannte statt zu gehen.

Ich fühlte mich völlig eingeschüchtert. Auf allen Wänden umgaben mich Plakate von Filmen, die gerade angelaufen waren oder in Kürze herauskommen sollten: »Kramer gegen Kramer« mit Dustin Hoffman und Meryl Streep, »Schütze Benjamin« mit Goldie Hawn und das bekannte Plakat, das die neuentdeckte Bo Derek halbnackt zeigte; es gehörte zu dem Film »Zehn – Die Traumfrau«, in dem auch das damalige Sexsymbol Hollywoods, Dudley Moore, auftrat. An jenem Morgen wurde diskutiert, ob Bos großer Busen echt war oder nicht.

Myron Karling, der Präsident von *Warner Brothers*, war in jener Woche für einige wichtige Besprechungen aus Hollywood herübergekommen und so waren alle ganz besonders aufgedreht. Die zweite Sensation des Tages war die Ankunft des ersten Faxgerätes; im Januar 1980 war das noch etwas, worüber man in Aufruhr geraten konnte. Es war im Vergleich zu heutigen Kompaktgeräten riesig und nahm einen halben Schreibtisch ein. Als Julians Sekretärin sich bemühte, das Gerät zu erklären, versuchte ich, so auszusehen, als wüsste ich, was ich täte.

Dann waren auf einmal alle in einer Besprechung verschwunden und ich war völlig auf mich allein gestellt und musste Anrufe und Mitteilungen entgegennehmen. Die Telefonanlage auf meinem Schreibtisch war eine kleine Herausforderung. Scheinbar wurde sie benutzt, um intern zu kommunizieren. »Falls Sie mich dringend brauchen, wählen Sie die 344«, hatte Julian gesagt, während er gefolgt von seinem Team den Raum verließ. Kaum hatte er das Büro verlassen, als einer der kleinsten Männer hereinkam, die ich je gesehen hatte. Er rauchte eine dicke Zigarre, also dachte ich mir, dass er eine wichtige Persönlichkeit sein musste.

»Hi«, sagte er. »Ich bin Myron Karlin. Wo ist Julian?« Erstaunt erklärte ich, er habe ihn soeben verpasst. Myron verließ das Büro, wobei er eine Wolke Zigarrenqualm zurückließ. Ein paar Minuten später surrte die Telefonanlage. Es war Julian.

»Irgendetwas Neues?«, bellte er.

»Ja«, antwortete ich so laut, dass ich sicher sein konnte, er würde mich verstehen. »Ähm, ähm, ...« Mir war der Name meines soeben verschwundenen Besuchers entfallen. Julian wurde ungeduldig.

»Der Präsident war hier«, bemühte ich mich.

»Wer?«, bellt Julian.

»Sie wissen schon, der kleine dicke Mann«, meinte ich verzweifelt. Mir reichte es voll und ganz.

Am anderen Ende herrschte Totenstille. O je, dachte ich, ihm fehlt der nötige Humor. Doch es war noch viel schlimmer.

Myron Karlin war die ganze Zeit bei Julian im Zimmer gewesen. Die Telefonanlage klickte, als das Gespräch abgebrochen wurde, und ich war mir sicher, dass ich die nächsten Minuten nicht überleben würde.

Julian war keineswegs begeistert. Doch die Gefahr war bald gebannt, da Myron meine Bemerkung für das Lustigste hielt, was er seit Jahren gehört hatte; er unterschrieb sogar von da an seine Artikel im monatlichen Rundbrief mit »... von dem kleinen dicken Mann«! Ich dankte Gott, dass der Präsident so viel Humor besaß.

Während meines ersten Jahres bei *Warner Brothers* kostete ich zum ersten Mal etwas von dem süßen Wein des Ruhms; nicht zuletzt, als ich als Kurier mit einer Kopie von Stanley Kubricks Film *Shining* (mit Jack Nicholson in der Hauptrolle) für eine private Vorführung in Hollywood nach Los Angeles geschickt wurde.

Abgesehen davon, dass mir der Film eine wahnsinnige Angst eingejagt hat und ich danach kein Auge zutun konnte, genoss ich die Flasche Champagner, die mir der Manager des *Beverly Wiltshire*-Hotels mit besten Empfehlungen aufs Zimmer geschickt hatte. Und ich erinnere mich daran, wie ich in der Badewanne des luxuriösen Hotelbadezimmers lag, am Telefon mit meiner Mutter plauderte und gleichzeitig ein Glas von diesem prickelnden Zeug nippte und dachte: Das ist Leben!

So brach ich mit zwanzig Jahren eine bereits seit zwei Jahren bestehende Beziehung zu meinem Freund ab und flog nach Kalifornien. Mein erstes Jahr brachte ich mit Reisen und Partys zu. Man muss wohl kaum erwähnen, dass ich mich erneut verliebte, diesmal in einen gut aussehenden jungen Angestellten der *Walt Disney*-Studios. Wir richteten uns in einem kleinen Strandhaus an der Ecke von *Ninth Place* und *Ocean*

Drive in Manhattan Beach, außerhalb von Los Angeles, ein. Ich geriet völlig in die Szene der Bikinischönheiten am Strand hinein und stand bald kurz vor der Magersucht, aß den ganzen Tag Hüttenkäse und Ananas und joggte nonstop mit den anderen Fanatikerinnen der Körperkultur. (Es gab einen speziellen Weg nur für Jogger, der viele Kilometer an der Küste entlang führte.) Die meisten der Leute vom Strand nahmen alle möglichen Drogen. Aber eine gute Freundin hatte mir einmal eingeschärft: »Sarah, probier niemals Kokain. Ich weiß, es würde dir gefallen und du würdest mehr davon wollen.« Aus irgendeinem Grund klingelten diese Worte immer wie Alarmglocken in meinem Gedächtnis, wenn ich in Versuchung geriet. Rückblickend kann ich sagen, dass es wohl Gottes bewahrende Hand war.

Evette, meine beste Freundin von der Werbeagentur im Zentrum von L. A., in der ich arbeitete, war Christin. Sie machte mir niemals Schuldgefühle wegen meines Lebensstils und hielt mir auch nie eine Predigt. Aber an der Art, wie sie ihr Leben führte, merkte ich, dass Evette anders war als die meisten jungen Frauen in meinem Alter. In allem, was sie tat, war ein tiefer Friede spürbar. Ich ging nur einmal mit Evette in ihre Gemeinde und erinnere mich an absolut gar nichts, außer an die überwältigende Liebe, die die Leute dort offenbar füreinander empfanden.

Nach zweieinhalb Jahren in Los Angeles wurde ich wieder rastlos. Ich hatte immer noch das Gefühl, ich sei zu jung und es fehle mir an der nötigen Reife zum Heiraten. Es schien einfach so viel zu geben, das ich zuvor noch tun wollte. Also beendete ich eine weitere Beziehung und kehrte nach London zurück.

Mit zweiundzwanzig war ich bereit für eine berufliche Herausforderung. Und nach achtzig Bewerbungsschreiben, fünfzehn Gesprächen und drei Monaten harter Arbeit zog ich schließlich einen Job an Land, von dem ich höchstens zu träumen gewagt hätte. *Dennis Davidson Associates*, eine führende PR-Agentur in der internationalen Unterhaltungsbranche, bot mir die Leitung des *Provincial Publicity Departments* für einen Monat auf Probe an. Dort wurde die Werbung und der Verleih von Spielfilmen außerhalb Londons betrieben. Das Anfangsgehalt war mit 4 600 Pfund pro Jahr ein Hungerlohn, aber das spielte damals eine untergeordnete Rolle.

Der erste Film, an dem ich arbeitete, war *Superman III* mit Christopher Reeve, Richard Pryor, Pamela Stephenson und dem begabten Gene Hackman. Wir organisierten ein Essen – mit Christopher Reeve, Pamela Stephenson, den Gebrüdern Salkind, den Produzenten der *Superman*-Filme, und dem Regisseur Richard Lester – im berühmten *Kettner's Restaurant* im *West End*, zu dem wir alle Vertreter der wichtigen Provinzzeitungen und lokalen Radiostationen aus ganz Großbritannien einluden.

Nach der königlichen Premiere am *Leicester Square* gab es in einem nahe gelegenen Hotel eine aufwendige Party, zu der die Reichen und die mehr oder weniger großen Berühmtheiten kamen. Mit Geld wurde nicht geknausert. Dies war bei den meisten großen Filmen so. Öffentlichkeitsarbeit und Werbung waren unumgänglich, wenn der Film einen guten Kinostart erleben sollte. Nach den ersten zwei oder drei Wochen Spielzeit hingen hohe Zuschauerzahlen jedoch mehr von einer guten Mund-zu-Mund-Propaganda ab. Wenn die Leute den Film nicht mochten, konnte kein noch so hoher Betrag für Werbung und PR die öffentliche Meinung von etwas anderem überzeugen. Aber *Superman III* war ein voller Erfolg und bekam eine Vielzahl guter Rezensionen in Zeitungen, im Radio und Fernsehen überall in Großbritannien. Und ich bestand meine Probezeit mit einer sehr ermutigenden handgeschriebenen Beurteilung von Dennis Davidson höchstpersönlich. Das

Provincial Publicity Department, das zunächst nur aus mir und einer weiteren Person bestand, sollte sich personell bald verdreifachen.

Die Herausforderung für jeden PR-Fachmann besteht darin, einen unbekannten Schauspieler, einen neuen Produzenten oder Regisseur oder einen kleinen Film bekannt zu machen. Einer meiner angenehmsten Werbefeldzüge galt einem Film von Hugh Hudson (dem Regisseur von »Die Stunde des Siegers«) mit dem Titel »Greystoke, Die Legende von Tarzan, Herr der Affen«, in dem der damals noch unbekannte Franzose Christopher Lambert mitspielte. Er hatte sechs Monate unter Gorillas und Schimpansen gelebt, um sich auf den Film vorzubereiten, und sprach die »Affensprache« sowohl was die Laute als auch was die Gestik betraf so überzeugend, dass mich das ziemlich Nerven kostete und ich mich daran erinnern musste, dass er immer noch ein Mensch war.

Hugh Hudson wollte eine ausgedehnte Kampagne in der Provinz. Er wollte zwei Wochen in Schottland sowie Birmingham, Manchester und anderen Städten unterwegs sein, um Radio-, Fernseh- und Presseinterviews zu geben. Der schlimmste Feind aller PR-Leute ist das Transportproblem. Man ist völlig davon abhängig, dass Flugzeuge und Züge pünktlich und die Verkehrsverhältnisse so gut wie möglich sind, damit man seinen Zeitplan einhalten kann. Wenn einen die Verkehrsmittel im Stich ließen, geriet man nur allzu schnell ins Rotieren, um die Schauspieler, Regisseure und Produzenten zu beruhigen und den örtlichen Medienvertretern die Verspätung zu erklären. Das war nicht immer leicht, wenn es hart auf hart ging. Man musste so ruhig bleiben wie nur irgend möglich, sonst wurde man schnell zu einem Nägel kauenden, schwafelnden Idioten. Es war eine Kunst, die man nur mit jeder unglücklichen Erfahrung erlernte.

Die zwei Wochen mit Hugh Hudson und Christopher Lambert waren anstrengend, machten aber auch viel Spaß. Und obwohl die beiden mehrmals in letzter Minute zu einer Livesendung eintrafen, weil die Straßen verstopft waren, die Eisenbahner streikten oder die Flüge sich verspäteten, gelang es mir, noch ein paar gesunde Fingernägel zurück nach London zu retten. Ich werde jedoch nie die Gesichter einiger der Angestellten von *Marks & Spencer* in Manchester vergessen, als Christopher Lambert seine Gorilla-Show vor dem Haupteingang des Geschäfts so überzeugend spielte, dass sie nicht wussten, ob sie nun lachen oder die Polizei rufen sollten.

Das Filmfestival von Cannes war für jeden in der Branche ein Muss. Dennis Davidson nahm jedes Jahr ein großes Team mit, um die PR-Arbeit für die meisten der Filme zu koordinieren, die an internationale Verteilerfirmen verkauft werden sollten. Und dann waren da ja auch noch all die Wettbewerbe, die den besten Film, den/die beste/n Schauspieler/in, den besten Produzenten, den besten Regisseur, den besten Newcomer und so weiter ermitteln sollten. Cannes war und ist eine farbenfrohe Collage aus Stars, Möchtegernstars, der Aufsehen erregenden Persönlichkeiten und aus Gestalten, die seit ewigen Zeiten dort »rumhängen«; und dann sind da noch die Filmverleiher, Produzenten, Regisseure, PR-Leute, Schauspieler, Medienvertreter und natürlich die *Paparazzi*. Die Restaurants entlang der legendären Promenade vermieten zur Mittagszeit große Tische am Strand, an denen man Tuchfühlung aufnehmen und einen kühlen Roséwein trinken kann; an denen man bekannte Gesichter entdecken und die nackten oder halbnackten Mädchen bewundern kann, die verzweifelt versuchen, die Aufmerksamkeit der Fotografen auf sich zu ziehen.

Ich genoss das Privileg, mit vielen begabten Künstlern und Filmemachern zusammenzuarbeiten. Doch mein Lieblingsfilm war »The Killing Fields – Schreiendes Land«, der von David Puttnam produziert und unter der Regie von Roland Joffe (*Mission*) gedreht worden war. Der Film basiert auf einer wahren Begebenheit, die Puttnam angeblich an einem Wochenende auf der Toilette seines Hauses in einer kleinen Kolumne der *New York Times* gelesen hatte. Die Geschichte erzählte von der unglaublichen Freundschaft zwischen Sydney Shanberg, dem Kriegsberichterstatter der *New York Times*, und seinem Assistenten Dith Pran, einem gebürtigen Kambodschaner. Die Handlung spielt im kambodschanischen Revolutionskrieg der *Roten Khmer* gegen die Lon Nol-Regierung in den siebziger Jahren. Der Film ist rundum ein Meisterwerk, vom Skript bis hin zu der einfühlsamen Darstellung von Sam Waterston und Dr. Haing S. Ngor, der übrigens wirklich ein Kriegsflüchtling war. Nachdem ich Anfang 1985 die PR-Arbeit für *The Killing Fields* beendet hatte, sagte ich zu meiner Mutter: »So, das war's für mich. Jetzt könnte ich genauso gut den Beruf wechseln, denn ich werde niemals wieder für einen Film arbeiten, der so bereichernd ist wie dieser.«

Und so verließ ich ein Jahr später *Dennis Davidson Associates*, um mich der Welt der Fernsehproduktionen zuzuwenden. Michael Hurll, der leitende Produzent für Unterhaltungssendungen bei der *BBC*, suchte Leute, die neues Material für seine damals erfolgreichste Produktion, die *Late Late Breakfast Show*, aufstöberten.

An meinem ersten Arbeitstag im *BBC*-Fernsehzentrum in *Shepherd's Bush* in London schickte man mich los, die Parteitage in Blackpool und Harrogate abzuklappern und zusammen mit einer Kameramannschaft Politiker zu interviewen. Nichts Ernsthaftes, nur blöde Fragen wie: »Welchen Fisch essen Sie am liebsten?« oder: »Wissen Sie, was ›Crustacea‹ sind? Können Sie das buchstabieren?«

Erstaunlicherweise waren sie gern bereit, diese Fragen zu beantworten. Ob es wohl eine willkommene Abwechslung zu den Debatten darüber, wie man den Lebensstandard der Briten verbessern könne, war, fragte ich mich. Aber nein, sie waren alle gute Schauspieler, die sich der Tatsache wohl bewusst waren, dass die *Late Late Breakfast Show* die höchsten Einschaltquoten unter allen Unterhaltungssendungen zur Spitzenzeit am Samstagnachmittag hatte.

Meine Lieblingsantwort auf die Frage: »Was sind ›Crustacea‹?« kam von Dr. David Owen. Er meinte: »Was für eine Zehe?« Als ich die Frage wiederholte, antwortete er zufrieden: »Ach so, die große Zehe!« (*Crustacea* sind übrigens Krustentiere.)

Der Abgeordnete Tom King erwischte mich kalt, als er zurückfragte: »Können Sie es denn buchstabieren?« Da musste ich unumwunden zugeben, dass ich dazu nicht in der Lage war – was meine Kameramannschaft äußerst amüsant fand. Aber den Teil haben wir herausgeschnitten!

Zu Weihnachten 1986 produzierten wir eine zweistündige Liveshow, die mehrere Städte in Großbritannien mit den Städten Sydney, Melbourne und Perth in Australien verband. Hauptthema war die Wiedervereinigung von Verwandten. Ich wurde mit einer Dame nach Sydney geschickt, die nach zwanzig Jahren wieder mit ihrer Mutter zusammengeführt werden sollte. Ihre beiden kleinen Kinder begleiteten sie. Meine Aufgabe war es, einen kurzen Film über die Reise zu drehen. Auf unserem Weg nach Australien machten wir in Singapur einen Zwischenstopp. Dort hatte ein lokaler Fernsehsender ein Besuchsprogramm für uns zusammengestellt. Wir waren vierundzwanzig Stunden nonstop auf Achse, besuchten atemberaubende Orchideenfelder, fuhren mit der Rikscha durch den alten Stadtkern von Singapur, schauten uns die Festbeleuchtung an und erhielten ein Geschenk vom Weihnachtsmann. Doch die größte Herausforderung war unser Besuch im Zoo. Man hatte ein Frühstück mit einem Orang Utan für uns arrangiert. Ich weiß nicht, wer die größere Angst hatte: wir, die

Filmcrew oder der Affe. Er war riesig und bestand darauf, um acht Uhr morgens mit uns ums Essen zu kämpfen. Aber unsere Fremdenführer versicherten uns, dass dieses Frühstück ein echtes Privileg sei, da es eine beträchtliche Warteliste gäbe. Es fiel uns nicht ganz leicht, ein entsprechend dankbares Lächeln aufzusetzen.

Von Sydney aus flogen wir weiter nach Melbourne. Dort sollte ich eine Liveschaltung zwischen dem englischen Kricketteam und ihren Familien in Großbritannien koordinieren. Es war der Abend vor dem Endspiel und der Manager machte sich zu Recht Sorgen, ob sie rechtzeitig ins Bett kommen würden. Unglücklicherweise ist es in Australien schon Abend, wenn in England der erste Feiertag anbricht. Also bekamen die Jungs nicht genügend Schlaf und die Presse hatte etwas, worüber sie schreiben konnte. Doch offensichtlich beeinträchtigte es ihr Spiel nicht, denn England gewann unter der Leitung von Kapitän Mike Gatting das Match.

Im Dezember hatte ich eine weitere Beziehung begonnen – mit einem Redakteur der *BBC*-Fernsehnachrichten. In den drei Jahren, die wir zusammen waren, wurde er vom Redaktionsassistenten zum Reporter, gelegentlichen Moderator und schließlich zum Sportkorrespondenten und Moderator bei der *BBC* befördert. Dann warb *ITN* ihn ab. Doch je erfolgreicher wir beruflich waren, umso mehr ging es mit unserer Beziehung bergab. Wenn ich frei hatte, musste er arbeiten, und wenn ich arbeiten musste, hatte er frei. Ende 1986 war unsere Beziehung in eine tiefe Krise geraten. Wir besaßen keine Achtung vor Gott und waren folglich auch nie treu oder loyal zueinander. Man muss wohl kaum sagen, dass wir bald anfingen, uns gegenseitig emotional zu zerstören; und das ist wohl das Schlimmste, was zwischen zwei Menschen passieren kann. Ich fiel in eine Depression und war morgens nicht in der Lage, aus dem Bett zu kommen. Manchmal wollte ich am liebsten gar nicht aufwachen. Ich war völlig erschöpft und Mitte 1987 gingen wir dann schließlich getrennte Wege. Doch die emotionalen Verletzungen blieben. Das war der Moment, in dem ich mein Leben kritisch zu hinterfragen begann und mir zum ersten Mal darüber Gedanken machte, worum es im Leben eigentlich geht.

1987 arbeitete ich für die *BBC* an mehreren Fernsehproduktionen wie *Top of the Pops*, *The BPI Awards* (wichtige britische Musikpreise), *The BAFTA Awards* (die Preisverleihung der *British Academy of Film and Television Arts*), *Now For Something Else* mit Rory Bremner, *Summertime Special* (eine Reihe von sechsstündigen Sendungen live aus Jersey) und *Whatever Next?* mit Noel Edmonds.

Im November des gleichen Jahres bestand meine Cousine Fiona darauf, dass ich sie in ihre Gemeinde in London begleitete. Ich sträubte mich so lange wie möglich, bis mir schließlich keine Entschuldigungen mehr einfielen. Ich hatte sie in der Vergangenheit bereits ein paarmal begleitet, doch abgesehen von den angenehmen Liedern waren die Abende spurlos an mir vorübergegangen. Doch als ich an diesem Winterabend mit Fiona die Kirche der *Holy Trinity Brompton Church* betrat, wusste ich, dass es diesmal anders sein würde. Die große Kirche lag hinter der kleinen Kapelle von Brompton und fasste über tausend Personen. Ich sorgte dafür, dass ich ganz hinten auf der Galerie saß. Das war eine sichere Distanz zum Geschehen vorn und erlaubte im Notfall eine schnelle Flucht. Doch an diesem Abend musste ich die vielen jungen Menschen einfach bemerken – ganz normale Leute, die in die Kirche strömten, als sei das genau der Ort, an dem sie sein wollten. Sie schauten freundlich und lachten und in der Luft lag eine erwartungsvolle Spannung.

Der Gottesdienst begann mit einer Lobpreiszeit. Eine Band spielte und die Lieder hatten einfache Texte. Die Menschen um mich herum, die vor Begeisterung aufgestanden waren, sangen sie so, als würden sie den, dem diese Lieder galten, persönlich kennen.

An eines dieser Lieder kann ich mich noch besonders gut erinnern. Es hieß *Such Love* und handelte von der Liebe Gottes zu uns, seinen Kindern, und davon, was Jesus Christus durch seinen Tod am Kreuz für uns getan hatte.

Nach einer Weile stimmte ich mit ein und mir wurde bewusst, wie groß mein Hunger und meine Sehnsucht nach dieser Liebe waren. Ich erkannte von einem Augenblick zum nächsten, dass diese Liebe meine innere Leere ausfüllen konnte, die ich trotz meines beruflichen Erfolges immer wieder schmerzlich fühlte, mir jedoch bis zu diesem Zeitpunkt noch nie eingestanden hatte.

Plötzlich war es, als würde mein ganzer Körper von einer Wärme durchflutet, die mich wieder und wieder von Kopf bis Fuß zu durchdringen schien. Und obwohl ich bislang noch nie eine solche Erfahrung gemacht hatte, wusste ich, dass mich der Heilige Geist erfüllte. Ich wusste augenblicklich, dass Jesus wirklich existiert. Ich wusste, dass ich gefunden hatte, wonach ich all diese Jahre gesucht hatte, und konnte aus vollem Herzen mit den anderen Menschen singen. Auch ich hatte an diesem Tag die große Liebe gefunden, die die Quelle meines Lebens werden sollte.

Ich setzte mich und weinte und weinte. Es waren keine Tränen der Traurigkeit, es waren Tränen der Erleichterung, der Freude und der Umkehr. Als an diesem Abend Nicky Gumbel, der Pfarrer, leger in Pullover und Hose gekleidet vor die Gemeinde trat und so demütig und einfach von Jesus Christus sprach, da wusste ich, dass alles, was er sagte, wahr war: Jesus ist der Sohn Gottes, der für uns gestorben ist, damit uns unsere Vergehen vergeben werden und wir wieder eins sein können mit unserem Vater im Himmel, dem Schöpfer allen Lebens. Es war, als träfe jedes seiner Worte mitten in mein Herz hinein.

Kapitel 3

Hollywood oder Brasilien? Mein Wille oder deiner?

Letzter Aufruf für den Flug Nummer QS10 nach Sydney. Bitte begeben Sie sich zu Flugsteig 4.« Der Aufruf kam schon zum zweiten Mal über den Lautsprecher in der Abflughalle für internationale Flüge im Terminal 3 des Flughafens in Heathrow.

Es war der 23. Dezember 1987 und ich befand mich wieder einmal für die *BBC* auf dem Weg nach Australien, um bei *A Christmas Morning/Evening With Noel Edmonds* mitzuarbeiten. Dieses Mal sollte die dreistündige Livesendung fünf Kontinente rund um den Globus verbinden. Die unglaubliche Technik der Telekommunikation und Satellitenübertragung machte es möglich. In meiner Begleitung befanden sich einige Personen, die ausgewählt worden waren, um mit Verwandten in Australien vereint zu werden, die sie vor vielen Jahren aus den Augen verloren hatten. Zwei Brüder, die im Alter von zwei und vier Jahren getrennt worden waren, sollten sich nach vierzig Jahren wiedersehen. Ihre alleinstehende Mutter war nicht in der Lage gewesen, beide Kinder durchzubringen, und hatte den älteren Bruder deshalb mit Hilfe der Heilsarmee zur Adoption nach Australien geschickt. Ich werde nie vergessen, wie sie sich während der Sendung in einer überfüllten Hafenkneipe in Sydney in die Arme schlossen. Zwei sehr groß gewachsene, breitschultrige Männer, die sich trotz der Entfernung – wie sie entdecken sollten – ungeheuer ähnlich waren und sehr viel gemeinsam hatten: Ihre beiden Töchter trugen denselben Namen und sie waren beide begeisterte Angler.

Hollywood oder Brasilien? Mein Wille oder deiner? 41

Ich kann nicht mehr genau sagen, wann mir klar wurde, dass ich nicht nach England zurückkehren würde. Doch als ich in den frühen Morgenstunden des ersten Weihnachtsfeiertages erschöpft in meinem Hotelzimmer ins Bett fiel, war mein Entschluss gefasst.

Mein Vertrag für die Sendung war ausgelaufen und obwohl mein Rückflugticket bereits gebucht war, würde es noch ein ganzes Jahr gültig bleiben. Michael Hurll von der *BBC* war zwar etwas überrascht über meine Entscheidung, doch er wünschte mir alle Gute, ebenso wie meine Eltern. Und so arbeitete ich ein Jahr für die *Village Roadshow Corporation*, für Produzenten und Verleihfirmen und auch wiederum als PR-Fachmann in Sydney.

Den größten Spaß machte mir die Werbung für den berühmten *Disney*-Kinderfilm »101 Dalmatiner«. Ich mietete die eindrucksvolle Vordertreppe des berühmten Opernhauses von Sydney mit dem tollen Blick über den dahinter liegenden Hafen an. Dort arrangierte ich mit Hilfe des Dalmatiner-Clubs eine Woche vor Eröffnung des Films zur Mittagszeit ein einstündiges Treffen von 101 Dalmatinern. Eine gute Freundin, die groß und schlank genug für diese Rolle war, trat durchaus überzeugend als die böse Cruella auf. Die Hundebesitzer nahmen ihre Aufgabe äußerst ernst und kleideten sich in Kostüme mit schwarzen und weißen Tupfen. Selbst der Gips eines Hundebesitzers mit gebrochenem Bein war voller schwarzer Tupfen! Zum Fototermin erschienen alle nationalen Fernsehgesellschaften und Zeitungsfotografen. Es war das reinste Chaos. Irgendjemand versuchte sogar, die Anzahl der Hunde zu kontrollieren, gab aber schließlich von Kopfschmerzen geplagt auf.

Eine griechische Tanzgruppe sollte wegen irgendeines griechischen Festes am selben Tag auf den Treppenstufen tanzen. Deshalb hatte uns der Manager des Opernhauses eingebleut, wir sollten auf keinen Fall auch nur ein einziges Hundehäufchen auf der Treppe zurücklassen.

Die Besitzer der Dalmatiner nahmen diese Anweisung sehr ernst. Mit Plastiktüten bewaffnet, entfernten sie die Geschäfte ihrer Hunde mit äußerster Hingabe.

Doch die Sache war die Mühe wert und den Anblick sollte ich nicht so schnell vergessen. Wir gelangten sogar im fernen Hollywood mit einem Artikel in der *Los Angeles Times* in die Schlagzeilen.

Ich fand eine kleine Gemeinde in Paddington, wo ich wohnte, nur ein kleines Stück vom Stadtzentrum entfernt. Der Pastor, ein älterer Mann, nahm mich unter seine Fittiche und traf sich einmal pro Woche mit mir zum Mittagessen, um meine vielen Fragen zu beantworten: Wie können wir wissen, dass die Bibel die Wahrheit sagt? Ist alles wahr, was darin steht? Warum und wie soll ich die Bibel lesen? Wie kann ich Gewissheit über meinen Glauben bekommen? Hat Gott wirklich für jeden Menschen einen Plan? Wie können wir Gottes Reden hören? – Fragen über Fragen! Geduldig und mit großer Sachkenntnis und Weisheit beantwortete er jede einzelne.

Aber ich sträubte mich immer noch und obwohl ich das, was ich mit Gott erlebt hatte, nicht leugnen konnte, war es ein langsamer Prozess.

Ende 1988, ich war mittlerweile achtundzwanzig Jahren alt, flog ich wieder nach England zurück, um dort Weihnachten zu feiern. Danach wollte ich nach Afrika, um als Koproduzentin an einer sechsteiligen Reihe von Abenteuerdokumentationen mitzuarbeiten. *The Journey through Africa* wurde von einem »lebenden australischen Tarzan« namens Michael Calnan präsentiert. *Channel 10* in Australien hatte sich verpflichtet, fünf-

Hollywood oder Brasilien? Mein Wille oder deiner?

zig Prozent des Budgets zu finanzieren, und wir hatten einen Termin mit *Channel 4* in London, um von ihnen die Bestätigung für die übrigen fünfzig Prozent zu bekommen.

Während ich jedoch in England war, wurden alle meine Pläne über den Haufen geworfen.

Am Sonntag vor Weihnachten wachte ich mit dem unbezwingbaren Verlangen auf, den Gottesdienst der *Holy Trinity Brompton Church* zu besuchen. So kam es, dass ich an diesem Abend allein durch die Türen der überfüllten alten Kirche trat und dafür sorgte, dass ich einen Platz ganz hinten bekam.

Wieder musste ich ganz unerwartet den gesamten Gottesdienst hindurch weinen, weil ich dieselbe gewaltige Gegenwart Gottes in mir spürte. Am Ende des Gottesdienstes sagte Pastor Sandy Millar, es befände sich jemand im Saal der Gemeinde, zu dem Gott sagte: »Geh meinen Weg, nicht deinen!« Sobald er das gesagt hatte, war es, als richtete jemand einen Scheinwerfer auf mich. Ich wusste, dass ich gemeint war. Ich konnte nicht sitzen bleiben, ich musste einfach aufstehen; ja, es war geradezu so, als hätte mich jemand aus dem Stuhl emporgehoben. Als Sandy Millar betete, konnte ich kein Wort von dem hören, was er sprach. Aber in meinem Innern hörte ich die Worte: »Geh jetzt nicht nach Afrika; denn wenn du einmal gehst, wirst du in meinem Auftrag gehen. Bleib in England. Belege eines der Seminare in dieser Gemeinde. Geh nicht zurück nach Australien.« Ich setzte mich, verwirrt und schwach.

An diesem Abend traf ich mich mit meiner Cousine Fiona in einem nahe gelegenen Restaurant. Wir rauchten und redeten über die Sache. Es konnte einfach nicht wahr sein; sicher hatte ich nicht die Stimme Gottes gehört. Und ganz bestimmt hatte Gott mir nicht gesagt, ich solle meine bereits gefassten Pläne aufgeben. Doch schließlich meinte Fiona: »Sarah, es ist dein Leben. Es ist deine Entscheidung. Entweder hörst du jetzt auf

Gott und tust, was er sagt, oder du schiebst die Pläne, die er für dich hat, noch ein weiteres Jahr auf die lange Bank.«

Also sagte ich dort in diesem Restaurant traurig und halbherzig zu einem unsichtbaren Gott, dass er es mir unmöglich machen müsse, England zu verlassen, wenn wirklich er es gewesen war, der zu mir geredet hatte. Bis Weihnachten, eine Woche später, war genau das geschehen.

Channel 4 rief mich an und brachte unzählige Entschuldigungen vor: Sie hätten eine Besprechung gehabt und hätten nun ihre Meinung über die Finanzierung von *Journey through Africa* geändert. Sie hätten bereits in eine ähnliche Dokumentation investiert und hielten unsere Serie für zu gleichartig. Dann kam kurze Zeit später der zweite Tiefschlag von der australischen Botschaft. Sie hatten beschlossen, mein Visum für die Rückkehr in ihr Land nicht zu verlängern. Und somit hatte ich die Bestätigung, die ich von Gott gefordert hatte.

Ich erfuhr, dass die *Holy Trinity Brompton Church* gerade ein relativ neues Kursangebot startete, das im Januar beginnen und drei Monate lang jeweils mittwochabends stattfinden sollte. Es nannte sich »Alpha-Kurs«. Der Kurs sollte die Grundlagen des christlichen Glaubens vermitteln.

Zur gleichen Zeit bot mir Michael Hurll von der *BBC*, der im *West End* von London eine eigene Fernsehproduktionsfirma gegründet hatte, eine Tätigkeit als Koproduzentin an. Es ging um eine Talkshow, die an fünf Tagen pro Woche in Robert Murdochs neuestem Unternehmen *Sky Satellite Television* laufen sollte. Die Show, die von Derek Jameson moderiert wurde, sollte *Jameson Tonight* heißen. Mich reizte die Aufgabe, eine ganz neue Sendung zu machen. Und mit tausend Pfund pro Woche war der Verdienst auch nicht schlecht.

Das alte *Windmill Theatre* an der Shaftesbury Avenue wurde als Drehort für *Jameson Tonight* ausgewählt. Die Vorarbeiten begannen sofort: Bühnenbild, Studiobeleuchtung, ein Aufnahmestudio für den Regisseur und sein Team, Verkabelung für die Kameras, ein Regieraum sowie Umkleideräume für die Schauspieler – all das musste hergerichtet werden. In der Zwischenzeit machte ich mich daran, Journalisten zu interviewen, um Mitarbeiter für das Aufstöbern von Material für die Sendung zu finden. Außerdem suchte ich eine Band, die regelmäßig in der Talkshow auftreten sollte. Es sollte eine Talkshow werden, in deren Blickpunkt aktuelle Nachrichtenthemen, Politiker, aber auch »normale« Menschen, Exzentriker, Popstars, Komödianten, Filmstars, usw. standen. Die junge und hübsche Annabel Giles wurde als Partnerin für Derek ausgesucht. Unsere Büros befanden sich in der Brewer Street, gerade um die Ecke vom Theater. Im April 1989 nahmen wir die erste Show auf.

Nachts, nach der Talkshow, auf dem Nachhauseweg vom *Windmill Theatre*, bemerkte ich zum ersten Mal die Jungen und Mädchen, die draußen auf den Straßen um *Piccadilly* schliefen. Ich machte es mir zur Gewohnheit, stehen zu bleiben und mit einigen von ihnen zu reden. Meist erzählten sie die gleiche Geschichte. Sie waren auf der Suche nach einem besseren Leben aus Schottland, Wales oder dem Norden Englands nach London gekommen. Ihre Eltern hatten sich getrennt und manche waren Alkoholiker, die ihre Kinder nicht mehr ernähren konnten. Die Kinder und Jugendlichen, die ich traf, waren arm und ohne Hoffnung. Ohne feste Adresse konnten sie keine Arbeit bekommen und ohne Arbeit fanden sie keinen festen Wohnsitz. Ich wurde wütend darüber, dass in einem Land der Ersten Welt Kinder und Jugendliche auf der Straße leben mussten.

Dann entdeckte ich ein neues Obdachlosenasyl an der Shaftesbury Avenue, das von der Gemeindeverwaltung geleitet und finanziert wurde. Dort fanden ein paar der Kinder ein

Bett für die Nacht und Hilfe von einem Sozialarbeiter. Eine Freundin erzählte mir, dass sie Freiwillige suchten, die das Essen kochen und ausgeben konnten und die Nacht mit den Kindern im Zentrum verbringen würden. Da ich direkt um die Ecke arbeitete, bot ich meine Hilfe für eine Nacht pro Woche an.

Ich werde die Wut dieser jungen Obdachlosen niemals vergessen. Ein großer, schlaksiger Jugendlicher steht mir besonders vor Augen. Er trug immer ein T-Shirt, auf das er vorne ein Bild des Teufels gemalt hatte. Er weigerte sich, es auszuziehen oder zu waschen, damit die Zeichnung nicht abging. Eines Morgens nach dem Frühstück fragte ich ihn: »Woher weißt du, dass der Teufel so aussieht wie auf deinem Bild?«

Er schaute mich mit seinen kalten, grauen Augen an und antwortete: »Ich sehe ihn nachts in meinen Träumen. Er spricht zu mir und sagt mir, dass mein Leben sinnlos ist.«

Ich war von seiner Offenheit erschüttert – und von dem Gedanken, dass der Teufel so real ist. Ich versuchte, mich zusammenzureißen, und fragte: »Weißt du denn auch, wie Jesus aussieht? Denn der kann dir ein neues Leben schenken, das lebenswert ist.«

»Ja, ich weiß. Aber ich habe keine Lust, mein T-Shirt zu wechseln«, antwortete er gleichgültig. Ich war frustriert, denn ich wusste, dass nur Jesus ihm das neue Leben geben konnte, dass er so verzweifelt nötig hatte.

Die dreizehn Monate, in denen wir *Jameson Tonight* produzierten, waren sehr anstrengend und es blieb mir kaum Zeit, um meine Beziehungen zu pflegen. Ich verdiente eine Menge, doch das ganze Gehalt schien sich in nichts aufzulösen, ohne dass ich viel davon hatte. Ich versuchte, schlank zu werden, indem ich einem teuren Fitnessclub am *Piccadilly* beitrat, erreichte damit aber wenig. Ich hatte weiter mit überschüssigen

Hollywood oder Brasilien? Mein Wille oder deiner?

Pfunden zu kämpfen. Und obwohl ich jetzt den Job besaß, den ich mir immer gewünscht hatte, verlagerten sich meine Prioritäten. Einmal betete ich am Wochenende mit meinen Freunden, als Gott mir ein Bibelwort schenkte, das augenblicklich mein Leben verändern sollte: »Laßt ab und erkennt, dass ich Gott bin« (Ps 46,11). Ich wusste sofort, dass ich meine Zukunft in seine Hände legen musste. Ich musste aufhören, selbst Pläne zu machen und rastlos nach vorn zu blicken. Ich musste davon ablassen und einen Tag nach dem anderen leben, immer im Vertrauen darauf, dass er sich um meinen Lebensablauf kümmern würde. In diesem Moment wurde ich von einem tiefen Frieden erfüllt, wie ich ihn noch nie zuvor erlebt hatte.

An einem Winterabend im Januar 1990 saß ich in der Kirche und fragte Gott, was ich laut seinen Plänen für ihn tun sollte. Plötzlich hörte ich ihn so klar und deutlich, wie ich ihn im Dezember 1988 gehört hatte, als er mir gesagt hatte, ich solle nicht nach Afrika gehen und nicht nach Australien zurückkehren, sondern in England bleiben. Nun sprach er: »Ich will, dass du nach Brasilien gehst.«

Ich war wie vor den Kopf gestoßen. War ich das gewesen oder war es Gott? Brasilien? Ich hatte nie die Absicht gehabt, nach Brasilien zu gehen. Fragen schossen mir durch den Kopf. Was passiert dort? Warum Brasilien? Sicher wollte Gott doch vielmehr, dass ich in London blieb und weiter fürs Fernsehen arbeitete, oder?

Mir war nicht bekannt gewesen, dass Loren Cunnigham, der Gründer der überkonfessionellen und internationalen Organisation »Jugend mit einer Mission«, an diesem Abend als Gastredner zugegen war. Am Ende seiner herausfordernden Ansprache über die Mission ermutigte er diejenigen aus der Gemeinde, die für Christus »hinausgehen« wollten, aufzustehen und für sich beten zu lassen. Wieder fühlte ich, wie ein Scheinwerfer auf mich zeigte, und voller Unruhe stand ich auf, um Gott mein Leben anzuvertrauen und überall hinzugehen, wohin er mich senden wollte.

Als ich an diesem Abend die Kirche verließ, kam eine Freundin auf mich zu und sagte: »Weißt du Sarah, wenn Gott dir das Land nennt, in das du gehen sollst, kannst du nicht Nein sagen.« Heute kann sich meine Freundin nicht mehr daran erinnern, dies zu mir gesagt zu haben, aber ich habe ihre Worte niemals vergessen. Ich war geradezu erschrocken, als ich sie damals hörte, weil ich dachte, dass die Dinge doch nicht so einfach und klar sein konnten.

Anfang Juli, nachdem ich meinen auf dreizehn Monate befristeten Vertrag für *Jameson Tonight* erfüllt hatte, ging ich für zwei Wochen nach Israel. Obwohl das Geschehen um Jesus schon 2 000 Jahre zurücklag, war es für mich ein besonderes Privileg, an die Orte zu gehen, an denen Jesus selbst gewesen war: das galiläische Meer, Kafernaum, Jerusalem, Bethlehem, den Ölberg. Doch am meisten war ich vom Garten Getsemani überwältigt, in dem Jesus vor seiner Verhaftung und Kreuzigung zu Gott gesprochen hatte: »Abba, Vater, alles ist dir möglich. Nimm diesen Kelch von mir! Aber nicht, was ich will, sondern was du willst (soll geschehen)« (Mk 14,36). Mir wurde klar, was der Herr für mich getan hatte. Ich setzte mich hin und weinte. Und dann betete ich: »Vater im Himmel, nicht, was ich will, sondern was du willst, soll geschehen.«

Als ich mich schließlich wieder erhob, wurde mir bewusst, dass die Gruppe über eine halbe Stunde geduldig auf mich gewartet hatte. Aber ich wusste, dass in mir etwas geschehen war, und nun gab es kein Zurück mehr.

Kaum war ich nach London zurückgekehrt, erschien es mir, als würde jede Zeitung und jede Zeitschrift, die ich las, einen Artikel über Rio de Janeiro bringen. Ich erhielt sogar eine Karte mit der berühmten Christusstatue von Rio. Es war einfach unglaublich.

Hollywood oder Brasilien? Mein Wille oder deiner?

Schließlich traf ich Anfang August auf einem Seminar mit Nicky Gumbel eine junge Frau namens Lydia. Sie stammte aus Peru und durch sie sollte sich alles klären. Als sie zwanzig Jahre alt gewesen war, war sie mit einem einfachen Ticket ohne Rückflug und ohne ein Visum nach England gekommen. Ihre Familie war arm, doch sie waren gläubige Christen. Sie hatte an ihrem zwanzigsten Geburtstag eine Prophetie empfangen, durch die Gott sie nach England rief. Obwohl es ihr und ihrer Familie unmöglich zu sein schien, vertrauten sie Gott, dass er für das Nötige sorgen werde. Tatsächlich bekam sie genügend Geld für den Flug nach London. Doch sie besaß kein Visum und so machte sie dies zu der Frage, an der sich Gottes Wille klären würde. Wenn er sie dort haben wollte, würde er sich um diese Sache kümmern müssen. Als sie am Flughafen *Heathrow* ankam, sagte sie dem Beamten der Einwanderungsbehörde, der sie beiseite genommen hatte, mit Hilfe eines Dolmetschers, wie es sich verhielt. Man sagte ihr, sie solle in einem Raum warten. Nach ein paar Stunden kehrten die Beamten zurück und erklärten ihr, sie könne bleiben.

Als ich Lydia traf, hatte sie bereits einige Jahre in London gelebt und sprach ausgezeichnet Englisch. Sie arbeitete zu dieser Zeit in der Kaffeestube der St. Michaelskirche, gegenüber vom Bahnhof *Victoria Station*. Dort besaß sie ein Büro mit einem Fenster, durch das sie das Innere der Kaffeestube überblicken konnte. Wenn sie den Eindruck hatte, Gott sage ihr, auf wen sie zugehen und mit wem sie reden sollte, setzte sie sich zu dieser Person an den Tisch. Immer hatten diese Menschen große Probleme, waren äußerst betrübt und spielten manchmal sogar mit dem Gedanken, Selbstmord zu begehen. Allein im Jahr zuvor hatten über vierhundert Menschen durch den Dienst dieser kleinen Missionarin aus Peru Jesus in ihr Leben eingeladen.

Nachdem ich ihre Geschichte gehört hatte, wusste ich, dass ich mit ihr reden musste.

Zuerst wollte sich Lydia einfach nur meine Geschichte anhören. Und schließlich gestand ich ihr dann all meine Zweifel, meine Familie, meine Karriere, meine Freunde und mein Apartment hinter mir zu lassen. Noch wichtiger war für mich, dass ich mit neunundzwanzig Jahren nun doch bald heiraten und Kinder haben wollte. Und ich glaubte nicht, dass dies möglich sein würde, wenn ich als Missionarin nach Brasilien ginge.

»Sarah«, meinte sie seufzend, »du hörst auf die alte Lüge des ewigen Lügners.«

»Was meinst du damit?«, fragte ich gespannt.

»Satan will nicht, dass du nach Brasilien gehst, weil er weiß, dass Gott Großes mit dir vorhat. Also flüstert er dir genau das ein, was du nicht hören möchtest, weil du so von deinem Vertrauen und Gehorsam Gott gegenüber abgelenkt wirst.«

Ich war sprachlos.

Dann betete Lydia für mich und bat im Namen Jesu um Schutz vor diesen Lügen. Augenblicklich spürte ich, wie eine riesige Last von mir genommen wurde. Ich fing an zu weinen, denn ich erlebte erneut, wie Gottes wärmende Gegenwart meinen Körper durchflutete. Plötzlich beendete Lydia ihr Gebet und sagte: »Gott hat mir zwei Bibelworte für dich gegeben. Das erste betrifft deinen Wunsch zu heiraten. In Psalm 37, Vers 4-6 heißt es: ›Freu dich innig am Herrn! Dann gibt er dir, was dein Herz begehrt. Befiehl dem Herrn deinen Weg und vertrau ihm; er wird es fügen. Er bringt deine Gerechtigkeit heraus wie das Licht und dein Recht so hell wie den Mittag.‹ Sarah, freu dich am Herrn und er wird sich um alles weitere kümmern – und nicht umgekehrt. Er ist alles, was du brauchst.«

Sie fuhr fort: »Das zweite Bibelwort steht im Buch Jeremia, Kapitel 33, Vers 3: ›Rufe zu mir, so will ich dir antworten und dir große, unfaßbare Dinge mitteilen, die du nicht kennst.‹ Sarah, Gott will zu dir reden.«

Am Abend desselben Tages beteten wir noch einmal miteinander. Nur diesmal übernahm ich das Reden.

»Herr, sage mir, was ich für dich in Brasilien tun soll«, bat ich erwartungsvoll. Wir warteten auf eine Antwort.

Schließlich meinte Lydia zu mir: »Wenn wir Gott etwas fragen, wird er immer antworten. Aber manchmal müssen wir Geduld haben. Selbst wenn es die ganze Nacht dauern sollte, wir werden warten.«

Ich wiederholte meine Bitte und wieder warteten wir. Dann fragte ich noch ein drittes Mal.

Plötzlich tauchte wie ein Blitz ein Bild vor meinem inneren Auge auf. Ich sah den Rattenfänger aus dem Märchen, der auf der Straße tanzte und seine Flöte spielte, und all die schmutzigen kleinen Straßenkinder folgten ihm tanzend, lachend und singend.

Ich betete laut: »Herr, was soll das bedeuten?«

Dann hörte ich ganz deutlich in meinen Gedanken die Worte: »Du bist der ›Rattenfänger‹, Sarah. Und du tanzt mit diesen Kindern, um sie außer Gefahr zu bringen.«

Ich war völlig verwirrt und teilte Lydia mit, was ich gesehen und gehört hatte. In meinem Kopf waren lauter Fragen: Wer sind diese Kinder? Ich habe noch nie in meinem Leben mit Kindern zu tun gehabt! Ich kann kein Musikinstrument spielen! Doch dann hörte ich in meinen Gedanken wieder die ruhige Stimme Gottes: »Sarah, nicht durch ein Musikinstrument werden diese Kinder zu dir hingezogen, sondern durch meine Liebe.«

Damals hatte *Amnesty International* noch nicht die entsetzlichen Berichte über Straßenkinder herausgegeben, die von

Todesschwadronen ermordet wurden. Es gab darüber noch keine nennenswerte Berichterstattung in den Medien.

Doch am darauf folgenden Tag sollte ich Näheres in Erfahrung bringen. Lynne Greene, einer der Leiter von »Jugend mit einer Mission«, sprach bei uns über die Arbeit seiner Organisation und über ihre Schulungseinrichtungen. Am Ende seines Vortrags fragte ich ihn, ob er Brasilien kenne.

»Ja«, sagte er lächelnd. »Ich komme sogar gerade von dort.«

Ich konnte kaum glauben, dass ich so viel Glück hatte. Ich fragte weiter.

»Wissen Sie, ob es dort Kinder gibt, die auf der Straße leben und in Gefahr sind?«

»Gefahr?«, meinte er mit tiefer Sorge in seiner Stimme. »Tausende von Kindern sind gezwungen, auf der Straße zu leben, weil die Situation bei ihnen zu Hause so schlimm ist. Und Hunderte werden ermordet.«

Als ich diese Worte hörte, wusste ich augenblicklich, dass ich nicht in Englang bleiben konnte. Wenn Gott einige dieser Kinder mit meiner Hilfe retten wollte, dann musste ich gehorsam sein, selbst wenn ich noch nicht wusste, wie das gehen sollte.

Ich fing an, regelmäßig für die Kinder zu beten, und bat Gott auch, mir deutlich zu zeigen, was ich als nächstes tun sollte. Doch ich musste noch lange warten, bevor ich das herausfinden sollte.

Es schien, als ob jeder, mit dem ich mich unterhielt, den gleichen Vorschlag machte. »Warum machst du keine Jüngerschaftsschule bei ›Jugend mit einer Mission‹? Man sagt, ihre Niederlassung in Lausanne in der Schweiz biete einen ausgezeichneten Unterricht an.«

Mir war bewusst, dass ich eine gründlichere Schulung benötigte und es unklug wäre, einfach meine Koffer zu packen und allein nach Rio de Janeiro zu fliegen. Also rief ich »Jugend mit einer Mission« in Lausanne an.

Zügig erhielt ich die Information, dass es eine fünfmonatige Schulung gab, die in drei Wochen, Ende September, beginnen sollte. Zum ersten Mal würden sie ein Team für die zweimonatige praktische Schulung nach Chile in Südamerika schicken. Es seien noch Plätze frei, die Kosten betrügen ungefähr 2 000 Pfund. Ich bedankte mich und erklärte, ich sei auf dem Weg nach Brasilien und nicht nach Chile.

Doch als ich später an diesem Abend ein schnelles Gebet sprach, hörte ich in meinen Gedanken wieder diese ruhige Stimme: »Sarah, Chile wird ein Sprungbrett für Brasilien sein. Ich möchte, dass du die Schule in Lausanne besuchst.« Ich konnte es nicht glauben. Ich dachte: Es kann doch wohl nicht Chile sein. Woher sollte ich die 2 000 Pfund nehmen? Warum hatte Gott mir all das nicht bereits im Juni gesagt? Ich hatte das meiste Ersparte in der dreimonatigen Arbeitspause seit der Fertigstellung von *Jameson Tonight* verbraucht.

Am darauf folgenden Tag fragte mich meine Großmutter, eine Christin, völlig überraschend, wie meine Pläne in nächster Zeit aussähen. Erstaunt erklärte ich ihr, so gut ich es konnte, was Gott offensichtlich von mir wollte.

»Nun«, meinte sie, »wie viel wirst du denn brauchen?«

»Ich benötige zweitausend Pfund«, antwortete ich.

»Hm«, überlegte sie. »Ich könnte es dir jetzt geben oder du bekommst es, wenn ich sterbe. Doch wenn du es jetzt benötigst, scheint mir das vernünftiger.«

Alles geschah so schnell. Aber ich dankte Gott und meiner Großmutter und ging meinen Weg weiter. Ich schickte meine Bewerbung an »Jugend mit einer Mission« in der Schweiz. Mein Pastor Nicky Gumbel und seine Familie gaben mir ihren Segen. Meine Mutter, die etwa zur selben Zeit Christin geworden war wie ich, gab den ihren. Meinem Vater, der noch kein Christ war, fiel es schwer zu verstehen, was mit seiner erfolgreichen ältesten Tochter geschehen war. Doch weil ihm daran lag, dass ich glücklich war, schob er seine Zweifel beiseite und wünschte mir alles Gute. Meine beiden Schwestern, Vanessa und Maria, standen wie immer hinter mir. Maria war bereits verheiratet und hatte einen Sohn. Jack war der erste Enkel meiner Eltern.

Dann erhielt ich plötzlich Stellenangebote für äußerst erfolgreiche Fernsehsendungen. Das konnte doch wohl nicht wahr sein! Aber jedesmal, wenn ich mit dem Gedanken spielte, die Sache mit der Schweiz zu verwerfen und eines der Angebote anzunehmen, verlor ich jeglichen Frieden und wurde ruhelos und unsicher. Es gab einfach kein Zurück mehr.

Ich war auf dem Weg nach Brasilien.

Kapitel 4

Ein Tummelplatz des Teufels

»Wir werden in einer Stunde in Rio de Janeiro ankommen. Warum versuchst du nicht, ein wenig zu schlafen?«, meinte Lennart mit starkem spanischen Akzent. Wir waren die vergangenen drei Tage gemeinsam mit dem Bus von Santiago de Chile durch Argentinien und nun durch Brasilien gereist. Doch wenn ich auch noch so müde war, ich konnte nicht schlafen. Die Aufregung war zu groß. Nun war ich endlich in Brasilien. Es war der 29. März 1991.

Das Hügelland um uns herum war voller tropischer Pflanzen und Bäume in allen möglichen satten Grüntönen. Die exotischen Blüten stachen durch ihre klaren Farben heraus – rot, purpur, violett, orange und gelb. Neben der schmalen Straße, auf der wir unterwegs waren, schlängelte sich ein Fluß mit starker Strömung und am anderen Ufer weidete Vieh in der warmen Morgensonne. Überall auf den Hügeln waren zauberhafte alte Farmhäuser verstreut, die von ihren Bewohnern weiß getüncht worden waren. Argentinien war im Vergleich dazu flach und trocken gewesen.

»O, Herr«, flüsterte ich. »Jetzt bin ich endlich da. Du allein weißt, was mich erwartet. Diesmal bist du der Produzent, der Drehbuchautor und der Regisseur. Das Skript liegt ganz in deiner Hand.«

Ich war, via Rio de Janeiro, unterwegs nach Belo Horizonte, der drittgrößten Stadt Brasiliens. Dort wollte ich bei einem holländischen Ehepaar, Johan und Jeanette Lukasse, ein »Befreiungs- und Wiederherstellungsseminar« machen. Sie arbeiteten bereits seit fünf Jahren mit den Straßenkindern und leiteten das *Rescue and Restauration House* [ein Haus, in dem sich die Straßenkinder von ihrem alten Leben lösen können und seelische, körperliche und geistliche Gesundung erfahren; Anm. d. Übers.] im Zentrum der Stadt. Ich hatte durch eine brasilianische Missionarin, die für einige Monate nach Lausanne gekommen war, von diesem Seminar erfahren. Nach der Schulung hatte ich vor, nach Rio de Janeiro zurückzukehren.

Während ich zum Fenster hinausblickte, dachte ich über die vergangenen Monate in der Schweiz und in Chile nach. Die Zeit schien so schnell vergangen zu sein. Meine ersten Tage in der Schweiz waren sehr schwierig gewesen und ich hatte mit Gott einige Male gehadert, ob es wirklich sein Wille war, dass ich dort war. Eines Morgens kamen mir völlig unvermittelt ein paar Bibelverse in den Sinn. Schnell öffnete ich meine Bibel und las zu meiner Verwunderung die Worte: »… um die Heiligen für die Erfüllung ihres Dienstes zu rüsten, für den Aufbau des Leibes Christi. So sollen wir alle zur Einheit im Glauben und in der Erkenntnis des Sohnes Gottes gelangen, damit wir zum vollkommenen Menschen werden und Christus in seiner vollendeten Gestalt darstellen« (Eph 4,12-13). Das traf genau ins Schwarze.

Gott zeigte mir meine Grenzen und ich musste mich meinem hässlichen Stolz stellen. Plötzlich war ich nicht mehr Sarah Jarman, die Fernsehproduzentin. Ich war ganz einfach Sarah Jarman, eine Gleichgestellte unter all den anderen Menschen an dieser Schule. Paulus schreibt in seinem Brief an die Galater: »Geht es mir denn um die Zustimmung der Menschen, oder geht es mir um Gott? Suche ich etwa Menschen zu gefallen? Wollte ich noch den Menschen gefallen, dann wäre ich kein Knecht Christi« (Gal 1,10). Diese Worte waren ganz eindeutig an mich gerichtet. Der einzige Vergleich, der mir einfiel, um dies zu beschreiben, war der einer reifen Banane, die Stück für Stück geschält wird, bis nur noch das ungeschützte Fruchtfleisch übrig bleibt. All die früheren Schutzmechanismen und Fassaden, all die Krücken, die Titel, wurden heruntergepellt, bis von mir nur noch ein Niemand übrig blieb, der sich ziemlich verletzlich fühlte. Schließlich sagte ich voller Verzweiflung: »Herr, ich bin so schwach. Ich bin nichts vor dir. Mach du mich zu der Frau, die ich nach deinem Plan sein sollte. Ich möchte, dass deine Herrlichkeit durch mich hindurchstrahlt und nicht meine eigene.« An jenem Morgen war mir klar geworden, dass nichts von dem, was ich für Gott tun würde, ihn dazu veranlassen konnte, mich noch mehr zu lieben, als er es ohnehin schon tat. Was ich für Gott tun würde, würde immer die Folge meiner Beziehung zu ihm sein, niemals umgekehrt.

In Lausanne kam eines Tages nach dem Gottesdienst ein junger Mann aus Ägypten, der eine Seelsorgeschulung machte, auf mich zu und sagte, er würde mir gern etwas mitteilen. Er erklärte, Gott habe ihm im Gebet mich als kleines Mädchen gezeigt. Ich sei damals elf oder zwölf Jahre alt gewesen und habe im Bett gelegen; es sei mitten in der Nacht gewesen. Er sagte, Jesus habe neben meinem Bett gestanden und mich angeschaut. Während er sprach, füllten sich meine Augen mit Tränen und ich erinnerte mich deutlich an das Erlebnis, das ich mit zwölf Jahren gehabt hatte; jenes Erlebnis, das ich am darauf folgenden Tag als bloße Einbildung abgetan hatte.

»Sarah«, meinte Nashaat sanft. »Ich glaube, Gott möchte dir damit sagen, dass er dich bereits in jener Nacht berufen hat, ihm zu dienen, und dass seine Hand von dem Tag an bis heute auf dir geruht hat. Fürchte dich nicht vor dem, was sein wird. Vertrau deinem himmlischen Vater.«

Das war genau das, was ich in diesem Augenblick brauchte – denn ich hatte Angst.

In Chile war ich mit drei anderen aus der Gruppe südwärts gereist, um die atemberaubend schönen Inseln vor Puerto Montt zu besuchen. Dort leben die Indios noch so wie vor Hunderten von Jahren. Sie nahmen uns in ihr kleines, einfaches Heim auf, als ob wir zur Familie gehörten, und boten uns Essen von ihrem eigenen Teller an. Es wäre eine schlimme Beleidigung gewesen, das abzulehnen. Wir tranken Wasser aus einem tiefen Brunnen, wuschen uns mit Hilfe eines Eimers und benutzten ein Loch im Boden als Toilette. Es fehlten all die materiellen Luxusdinge der westlichen Welt, doch wir waren höchst zufrieden und passten uns ohne Klagen an. Vielleicht entschädigte uns die Schönheit der Natur um uns herum. Die Inseln waren bedeckt mit Wiesen voller Blumen; im Meer konnte man ständig springende Delfine und Thunfische sehen; Adler, Falken und Möwen breiteten ihre Schwingen aus und kreisten hoch über uns am blauen Himmel; schneebedeckte Vulkane waren am Horizont zu sehen.

Wir beteten für die Leute dort. Viele waren krank und baten uns um Gebet. Eine alte Frau hatte ganz besonders zu leiden, weil unerträgliche Schmerzen ihren ganzen Körper geschwächt hatten. Sie war bereits seit zwei Monaten bettlägerig. Ich werde den schmerzverzerrten Ausdruck in ihrem gealterten Gesicht und ihren eingefallenen schwarzen Augen nie vergessen. Wir hatten schon über zwei Stunden für sie gebetet, als ihr winziges Zimmer plötzlich mit der warmen und mächtigen Gegenwart Gottes erfüllt wurde. Ihre beiden Töchter, die bei uns waren, brachen in Tränen aus. Dann veränderte sich vor unseren Augen der Ausdruck in dem welken Gesicht der alten Frau. Die Haut wurde kräftiger und rosiger. Sie sagte uns, der Schmerz habe beträchtlich nachgelassen.

Im März trafen wir uns wieder mit den übrigen Mitarbeitern in Santiago, der Hauptstadt von Chile. Von dort aus traten die anderen den Rückflug in die Schweiz an und ich blieb allein zurück. Der Abschied war tränenreich. Dann machte ich mich auf nach Brasilien. Das Geld, das ich für meine Reise nach Belo Horizonte benötigte, war eine Woche vor meiner geplanten Abfahrt überraschend eingetroffen. Ein Brief von Nicky Gumbel und seiner Familie hatte irgendwie sicher seinen Weg zu mir gefunden und enthielt eine Summe, die genau den Betrag abdeckte, den ich für die Busfahrt durch Chile und Brasilien und dann für den Flug von Rio nach Belo Horizonte benötigte. Dies war eine Gebetserhörung, denn niemand wusste, was ich brauchte. Erneut erlebte ich, dass Gott dieses große Abenteuer, auf das ich mich eingelassen hatte, in seinen Händen hielt.

»Wir erreichen den Busbahnhof von Rio«, sagte Lennart und brachte mich damit in die Gegenwart zurück.

Lennart, ein junger Chilene, war der einzige im Bus, der Englisch sprach. Er spielte auch vortrefflich Gitarre, zur Freude aller Mitreisenden. Wir verabschiedeten uns voneinander und er blieb in Rio bei einem Freund, um später nach Deutschland abzureisen.

»Sarah Jarman?«, fragte eine Mädchenstimme hinter mir. Ich drehte mich um. Vor mir stand eine kleine, dickliche junge Frau mit einem breiten Lächeln und einem noch breiteren Hut, von dessen Krempe Korken herabhingen.

»Hallo, Sarah. Ich bin Myriam von ›Jugend mit einer Mission‹ in Rio. Ich freue mich riesig, dich kennen zu lernen.« Sie umarmte mich herzlich. »Du musst erschöpft sein! Ich werde dich zum Flughafen bringen. Leider müssen wir einmal umsteigen und es hat angefangen zu regnen. Das tut mir wirklich Leid«, meinte sie entschuldigend, als läge es an ihr. Sie sprach ausgezeichnet Englisch ohne jeglichen brasilianischen Akzent.

Regen! Ich hatte noch nie einen solchen Regenguss erlebt. Wir erreichten schließlich völlig durchnässt den Flughafen *Ilha do Governador*. Nachdem ich meine nassen Koffer aufgegeben hatte, folgte ich ihr in ein Café, in dem wir die nächsten zwei Stunden bis zu meinem Flug nach Belo Horizonte totschlugen.

»Sarah«, meinte sie, während sie von einer Tasse des stärksten und süßesten Kaffee nippte, den ich je getrunken hatte. »Wir freuen uns so sehr, dass du da bist. Du bist die Antwort auf unsere Gebete. Und ich glaube, Gott wird durch dich im Leben dieser Kinder wundervolle Dinge tun. Er hat einen besonderen Plan mit dir.«

Ich war von ihrer Offenheit überwältigt.

»Weißt du«, fuhr sie fort, »in diesem Land gibt es Millionen von Kindern, die von ihren Eltern verlassen wurden, die auf der Straße leben und Hilfe brauchen. Hunderte werden getötet.« Ihr ganzes Gesicht spiegelte wider, wie sehr sie das bewegte, und ihre dunkelbraunen Augen funkelten aus einem gerechten Zorn heraus.

»Ich war bestürzt zu lesen, dass im letzten Jahr hier in Rio vierhundertsiebenundzwanzig Kinder von den Todesschwadronen ermordet und diese Kerle sogar dafür bezahlt wurden«, sagte ich. Mir wurde schlecht bei dem Gedanken daran. »Offensichtlich bestehen diese Todesschwadronen häufig aus Soldaten und Polizisten sowie privaten Wachmännern.«

Myriam nickte und bestellte noch mehr Kaffee. Ich lehnte ab und bestellte mir stattdessen frischen Orangensaft. Mein Mund war trocken und mir war etwas schwindlig nach den drei Tagen im Bus.

Ich hatte auch gelesen, dass die Regierung eine Kommission eingesetzt hatte, die zu gleichen Teilen aus Regierungsbeamten und Vertretern freier Organisationen bestand und die

Rechte dieser Kinder schützen sollte. Sie empfahlen die Untersuchung der Morde, die von Todesschwadronen begangen worden waren, sowie eine Überprüfung der Rekrutierungs- und Trainingsmethoden der Polizei. Darüber hinaus forderten sie, rechtliche Schritte gegen Polizeibeamte zu ergreifen, die der Gewalt gegen Kinder beschuldigt wurden, und eine strengere Kontrolle privater Sicherheitsdienste, besonders solcher, die Polizeibeamte und Wachmänner beschäftigten, die nachweislich Todesschwadronen angehörten. Doch das Problem bei diesen Empfehlungen war, dass die Polizei in Brasilien von den Einzelstaaten kontrolliert wird und nicht von der Bundesregierung. Jeder Bundesstaat besitzt sowohl eine eigene zivile wie auch eine militärische Polizei und die Bundesregierung kann nur Empfehlungen für Veränderungen aussprechen, die die Einzelstaaten nach Belieben umsetzen oder ignorieren können.

Auch die Ausbeutung von Menschen hat in Brasilien tiefe Wurzeln, die auf das erste Erscheinen der Portugiesen in diesem Land im Jahr 1500 zurückgehen. Sklaven wurden zu Hunderten aus Afrika importiert, um die riesigen Güter zu bewirtschaften und in den Zucker- und Kaffeeplantagen zu arbeiten. Ihnen widerfuhr viel Unrecht und Grausamkeit. Die Sklaverei war erst vor hundert Jahren abgeschafft worden. 1985 ging in Brasilien eine Militärdiktatur zu Ende, die einundzwanzig Jahre gedauert hatte. Die Militärs hatten große Darlehen bei westlichen Banken aufgenommen und als Fernando Collor im März 1990 das Amt des Präsidenten übernahm, litt Brasilien unter einem Haushaltsdefizit von 25 Milliarden US-Dollar und einer Auslandsverschuldung von 115 Milliarden US-Dollar. Die Inflation betrug über 80 %. Wenn man das Bruttoinlandsprodukt aller Nationen miteinander verglich, stand Brasilien an achter Stelle; doch bei einer Bevölkerung von über 150 Millionen Menschen lebten sieben von zehn Brasilianern unterhalb der Armutsgrenze.

»Das erscheint alles so hoffnungslos. Glaubst du, dass es eine Lösung gibt?«, fragte ich zögernd.

»Gebet. Nur durch Gottes Barmherzigkeit sind Veränderungen möglich, Sarah. Es herrscht sozusagen Krieg, es geht um einen geistlichen Kampf. Doch als Christen kennen wir eine Antwort; wir haben die Verantwortung zu beten. Jesus hat den Kampf gegen Satan bereits gewonnen, als er am Kreuz starb und drei Tage später wieder auferstand. In seinem Namen tragen auch wir den Sieg davon.« Sie hielt einige Sekunden inne, bevor sie fortfuhr: »Wenn du helfen willst, darfst du nicht das Problem als Ganzes betrachten, sonst fühlst du dich ohnmächtig, überhaupt irgendetwas zu tun. Wenn jeder in der Gemeinde Gottes seinen kleinen Teil tun würde, könnten wir vielen Menschen in Not helfen«, seufzte Myriam.

Die beiden Stunden flogen nur so dahin und ehe ich es begriff, bestieg ich auch schon die Maschine nach Belo Horizonte. Zuvor verabschiedete ich mich noch von meiner neuen brasilianischen Freundin. Wir sollten uns drei Monate später wiedersehen, als ich nach Rio zurückkehrte.

»Im zehnten Kapitel des Johannesevangeliums, Vers 10 können wir nachlesen, was Jesus seinen Jüngern über das Thema ›Diebstahl‹ erklärt: ›Der Dieb kommt nur, um zu stehlen, zu schlachten und zu vernichten‹; und genau das tut der Satan heute mit den Kindern, die auf der Straße leben«, erklärte Johan Lukasse während unserer ersten Schulungswoche.

Er fuhr fort: »Ein Drittel der brasilianischen Bevölkerung ist unter vierzehn Jahre alt. 25 Millionen Kinder leben unter denkbar schlechten Voraussetzungen und in bitterster Armut. Acht Millionen Kinder wurden von ihren Eltern verlassen, sind hilfsbedürftig und leben auf der Straße. Fünfunddreißig Prozent dieser Kinder sterben auf der Straße, bevor sie achtzehn Jahre alt sind. Sie werden getötet und sie töten sich gegenseitig, ihre Kindheit wird zerstört und sie zerstören sich selbst durch Drogen und Alkohol. Man nimmt ihnen ihre Kindheit und sie wiederum berauben andere. Doch Jesus sagt: ›Ich bin gekommen, damit sie das Leben haben und es in Fülle haben‹ (Joh 10,10). Und genau aus diesem Grund sind wir hier. Wir sind die Kanäle für dieses neue Leben, das nur Jesus ihnen geben kann. Warum? Ich führe dieses Projekt nun schon fünf Jahre durch und mir ist klar, dass nur Jesus diese Kinder von innen heraus verändern kann; nur er kann sie von der Ablehnung und dem Hass heilen.«

Seine Erläuterung wurde mir auf schreckliche Weise deutlich, als ich zum ersten Mal hinaus auf die Straßen von Belo Horizonte ging, um die Banden der Straßenkinder zu besuchen. Ich sah diese erschreckende Realität mit meinen eigenen Augen. Nichts kann einen darauf vorbereiten.

Ich schrieb an diesem Abend in mein Tagebuch:

»*5. April 1991*

Oh Herr, ich war so schockiert, als ich diese Kinder sah und erlebte, wie sie in Kartons unter den Schnellstraßen leben. Die Bande, die wir besuchten, war so high von dem Klebstoff und dem ›tiner‹ (er ist stärker als Farbverdünner), dass sie nicht normal gehen und reden konnten. Der ganze Platz stank nach Urin und Fäkalien. Es waren insgesamt ungefähr elf Kinder, davon nur drei Mädchen. Der Jüngste war neun und der Älteste, der Anführer, siebzehn. Doch die meisten der Jugendlichen sahen aus, als wären sie erst zehn, weil sie derart unterernährt sind.

Elias, einer der Jungs, sah genauso aus wie Artful Dodger aus Oliver Twist. *Er sagte, er sei vierzehn, aber er sah vier Jahr jünger aus und sprach wie ein kleiner alter Mann. Er schnüffelte Dispersionsfarbe aus einem alten schmutzigen T-Shirt und war so high, dass seine Augen sich nach hinten in den Schädel hinein verdrehten. Dazu rauchte er noch. Er versuchte, sich mit uns zu unterhalten, und lud uns ein, uns auf die Kartons zu setzen. Alles war verdreckt und mir fielen die Flaschen von reinem Alkohol auf, die überall in ihrem Lager zwischen Abfall und Fäkalien herumlagen.*

Plötzlich tauchte ihr Anführer wie ein Verrückter aus einem der Kartons auf. Er brüllte und war angriffslustig wie ein Krieger, der auf Töten aus ist. Die Adern in seinem Nacken stachen hervor und jeder Muskel seines schmutzigen und blutverschmierten Körpers war gespannt. Er hatte ein großes Messer in der Hand und stach wild nach einigen der jüngeren Jungen und Mädchen, um ihnen zu zeigen, dass er der Chef der Gruppe war und sie sich unterordnen mussten. Er hatte mit Claudia, einem der Mädchen, Sexualverkehr gehabt. Diese erschien jetzt hinter ihm. Sie war so betrunken und stand unter Drogen, dass sie nicht mehr gerade gehen konnte. Sie war etwa dreizehn Jahre alt. Die meisten der Mädchen in diesen Banden werden bereits mit zwölf oder dreizehn das erste Mal schwanger und bekommen mit vierzehn bereits ihr zweites Kind. Wenn die Freundin des Anführers Interesse an einem anderen Jungen zeigt, holt der Anführer alle anderen Jungen zusammen – selbst die Neunjährigen –, damit diese sie zur Strafe vergewaltigen.

Oh Herr, das ist ein Tummelplatz des Teufels.

Dann tauchte wie aus dem Nichts ein schlaksiger, schwarzer Jugendlicher auf. Er hatte einen verbrannten, verkrüppelten Arm und brachte einen neuen Eimer mit ›tiner‹. Sie rannten alle zu ihm und tauchten einen Ärmel ihres T-Shirts in den stark riechenden ›tiner‹ und schnüffelten begierig daran. Der Anführer, der mit Claudia in den Karton zurückgekrochen war, begann, laut zu lachen, als sei er der Teufel in Person, und die Älteren schlossen sich dem Lachen an. Der Lärm war ohrenbetäubend.

Dann spürte ich plötzlich, dass mich der Heilige Geist erfüllte, und ich konnte mich nicht mehr bewegen. Ich hatte noch nie so viel Böses gespürt. Es war, als lachten uns aus jedem dieser Kinder die Dämonen selbst entgegen. Dort herrschten Gewalt, Tod und Zerstörung. Dann tauchte der Anführer erneut brüllend und angriffslustig aus den Kartons hervor; diesmal mit einer leeren Flasche reinen Alkohols in der Hand. Er schlug den Hals ab und begann, damit seine jüngeren Bandenmitglieder anzugreifen. Einige standen so unter Drogen, dass sie sich nicht schnell genug wegbewegen konnten.

Die übrigen aus unserem Team wollten gehen. Wir hatten Angst. Aber ich sagte, dass ich den Eindruck hätte, ein paar von uns sollten bleiben, beten und diesen Raum und diese Kinder wieder für Gott beanspruchen. Wir sollten die bösen Mächte mit der Kraft und Autorität, die uns im Namen Christi gegeben ist, zurückschlagen. Karin, ich und zwei andere aus unserer Gruppe beteten eine gute halbe Stunde lang.

Danach waren die Kinder spürbar verändert. Sie waren zwar immer noch high, aber das Lachen hatte völlig aufgehört und sie kamen auf uns zu und baten uns ruhig um Gebet.

Oh Herr, erbarme dich über diese Kinder, mach sie frei. Du bist Alpha und Omega. Du hast den Sieg davongetragen. Du bist der Schöpfer aller Dinge. Du bist so barmherzig. Mach sie frei, Herr, mach sie frei von den Fesseln des Satans.

Gott sagte zu mir: ›Sarah, dir wird nichts zustoßen, du wirst von höchster Stelle beschützt. Lass nicht zu, dass der

> *Satan deinem Herzen und Denken Furcht einflößt. Denn der Herr hat dir seinen Schutz zugesagt und er hält seine Versprechen.‹*
>
> *›Empfangt Macht und Stärke: Fürchtet euch nicht, und weicht nicht erschreckt zurück, wenn sie angreifen; denn der Herr, dein Gott, zieht mit dir. Er läßt dich nicht fallen und verläßt dich nicht‹ (Dtn 31,6).*
>
> *Wo Gott ist, da ist Liebe, und wo Liebe ist, da ist keine Furcht.«*

Ich lebte mit den übrigen vom Schulungsteam im *Restauration House* für Jungen, das direkt im Zentrum der Stadt lag. Zu dieser Zeit lebten dort zehn Jugendliche zusammen mit einigen Betreuern. Das andere Haus, das *Rescue House*, befand sich am anderen Ende der Stadt und hatte nur tagsüber geöffnet. Es blieb nicht aus, dass unter den dreißig bis vierzig Kindern, die dort jeden Tag eintrafen und die oft unter Drogen standen, das reinste Chaos herrschte. Nach dem Mittagessen machten die Kinder Holzarbeiten, bevor sie auf die Straße zurückkehrten. Es gab Sozialhelfer, die mit den Kindern und Jugendlichen redeten, sowie ein Team, das ihre Familien besuchte.

Nach drei Monaten war ich total frustriert und dachte, das ich die Sprache nie lernen würde; das Portugiesische besitzt zu jedem Verb einundzwanzig Konjugationen. Ich empfand es als starke Einschränkung, dass ich nicht mit den Kindern reden konnte. Auch hatte ich oft genug gesehen, wie Kinder auf dem Bürgersteig oder vor den Türen der Geschäfte schliefen, wie Kinder von Autos angefahren wurden, weil sie völlig *high* waren vor lauter Drogen, wie Jugendliche mit unbarmherziger Gewalttätigkeit miteinander kämpften, wie Kinder unschuldige Bürger auf den Straßen beraubten. Alles schien so hoffnungslos zu sein. Und ich begann, Gott zu fragen, wie ich diese Kinder erreichen sollte. Wie war es möglich, ihnen entgegen all der widrigen Umstände die unglaubliche Liebe zu zeigen, die Gott für sie empfand?

Es dauerte nicht lange, bis meine Fragen durch eine bemerkenswerte Frau namens Debra beantwortet wurden. Sie hatte über zwanzig Jahre auf den Straßen New Yorks zugebracht. Sie fiel mir sofort in der Gruppe von Mitarbeitern auf, die aus den Staaten zu Besuch gekommen waren. Sie waren an einem Freitagabend im *Restauration House* eingetroffen, um uns auf unserem nächtlichen Ausflug zu den Straßenkindern der Stadt zu begleiten. Sie war eine groß gewachsene Dame, etwa Mitte vierzig, mit kräftigem blonden Haar, das sie nach hinten gebunden hatte. Ihre großen braunen Augen schienen die Geschichte einer Frau widerzuspiegeln, die das Unmögliche erlebt hatte. Sie besaß bei den Kindern eine Autorität, wie ich es zuvor noch nicht erlebt hatte, und sie konnte auf diese Weise sogar die trennende Sprachbarriere überbrücken, da sie kein Wort Portugiesisch sprach.

Das Außergewöhnliche war, dass sie, sobald wir draußen auf der Straße waren, auf mich zukam und sagte: »Du wirst für mich übersetzen.« Damit war die Sache für sie erledigt. Mir blieb keine Zeit zu erklären, dass mein Portugiesisch miserabel war und ich unmöglich für jemand anderen dolmetschen konnte. Es war eine sanfte Anordnung.

Die Kinder und Jugendlichen scharten sich um sie. Ich war verblüfft. Keiner von ihnen kannte ihre Vergangenheit. Was war das Besondere an ihr? Dann setzte sie sich auf eine Bank auf dem zentralen Platz von Belo Horizonte, den man *Praca Sete* nennt, und öffnete die große rote Tasche, die sie bei sich trug.

»Wer braucht Erste Hilfe?«, fragte sie, so laut es ihre dröhnende Stimme erlaubte.

Ich übersetzte, so gut ich konnte. Die Kinder reagierten. Bald versorgte sie die infizierten Verbrennungen und Schnittwunden der Kinder.

Mir fiel auf, dass sie immer eine Pinzette benutzte. »Sarah«, meinte sie, »diese Kinder sind übersät mit Infektionen. Allein dadurch, dass du die Wunden gut reinigst, entzündungshemmende Salben aufträgst und einen Verband darüber machst, wirst du die Kinder schon vor Schlimmerem bewahren. Und benutze niemals deine bloßen Hände, hörst du mich – niemals! Aids ist Realität und hier auf der Straße ist diese Krankheit allgegenwärtig.«

Nachdem sie etwa fünfzehn Kinder um sich geschart hatte, zog sie ihre Bibel heraus und begann, zu ihnen zu reden.

»Kinder, ich habe mehr als zwanzig Jahre in New York auf der Straße gelebt. Ihr habt nur halb so viel gelitten wie ich.« Jedes Kind hielt den Atem an. Nun hatte sie ihre volle Aufmerksamkeit gewonnen. Fünf weitere Kinder schlossen sich uns an.

»Ich war Prostituierte und spritzte jahrelang Heroin direkt in die Venen. Mein ganzer Körper quoll auf und mein Nacken war so dick wie ein Baumstamm. Man muss hart sein, wenn man überleben will, und ich war hart. Mit mir hat sich keiner angelegt. Schließlich hat das Heroin mich verrückt gemacht und vor zwei Jahren brachte man mich in eine Irrenanstalt. Die Schwestern steckten mich von oben bis unten in einen Verband, damit ich mich nicht bewegen konnte, und sie brachten mich in eine Isolationszelle mit gepolsterten Wänden. Außerdem war ich todkrank, da ich einen bösartigen Tumor hatte.«

Debra sprach langsam, um mir Zeit für die Übersetzung zu geben. Irgendwie gelang mir das auch. Mir kamen portugiesische Worte in den Sinn, die ich zuvor noch niemals gelernt hatte, und ich wusste, dass Gott mir auf die Sprünge half. Ihre

Zuhörer waren mucksmäuschenstill; nur das Dröhnen des nächtlichen Verkehrs war im Hintergrund zu hören. Mir fiel auf, dass die Kinder weit aufgerissene Augen hatten; sie waren ganz gefesselt von Debras Worten. Vorübereilende Fußgänger blieben stehen, um zu sehen, was so viele Straßenkinder anzog.

Sie fuhr fort. »Eines Tages begann ein Pastor, mich in meiner Isolationszelle zu besuchen. Er war ein alter Mann, sehr hager, mit grauen Haaren. Immer hatte er eine kleine Bibel bei sich. Er erzählte mir, dass es jemanden gab, der mich ohne Vorbehalte lieb hatte. Dieser Jemand hatte mich sogar so lieb, dass er für mich gestorben war. Und durch seinen Tod wurden mir meine Sünden vergeben. Sein Name ist Jesus.«

Debra machte eine kurze Pause und schaute jeden ihrer Zuhörer an. An ihrer Stimme konnte man hören, wie sehr sie die Ereignisse noch immer bewegten: »Ich wollte nicht auf diesen Pastor hören. Ich hatte in meinem Leben einfach zu viel angestellt, als dass mir jemand vergeben konnte – und am wenigsten Jesus. Auch schien mir der Gedanke, dass jemand für mich gestorben war, viel zu weit hergeholt. Schließlich konnte ich mich ja nicht einmal selbst lieben. Aber wisst ihr was – dieser kleine alte Pastor kam immer wieder, Woche für Woche. Schließlich begann ich, die Liebe Jesu zu mir in diesem alten Mann zu erkennen. Also bat ich eines Tages Jesus Christus, in mein Leben zu kommen. Ich bat um Vergebung für die schrecklichen Dinge, die ich in meinem Leben getan hatte, und ich bat um geistige, körperliche und emotionale Heilung. Der alte Mann legte mir seine Hand auf die Schulter und betete für mich. Plötzlich spürte ich diese Wärme, die meinen Körper durchströmte. Ich spürte die gewaltige Gegenwart Gottes. Und ich erkannte, dass es ihn wirklich gab. Ich wusste, dass er mir vergeben hatte. Zwei Wochen später wurde ich vor den Augen der verblüfften Ärzte und Schwestern aus dem Krankenhaus entlassen. Ich war völlig geheilt – geistig und körperlich, sowohl der Tumor als auch der Wahnsinn waren verschwunden.«

Debra schlug ihre Bibel auf und begann, laut vorzulesen: »Jesus sagt: ›Der Dieb kommt nur, um zu stehlen, zu schlachten und zu vernichten; ich bin gekommen, damit sie das Leben haben und es in der Fülle haben‹ (Joh 10,10).« Dann schaute sie auf und sagte: »Kinder, der Dieb, das ist der Satan. Und ich habe ihn zwanzig Jahre lang nur zu gut gekannt. Auch ihn gibt es wirklich und er will uns nur zerstören. Aber es gibt nur einen, der stärker ist als der Satan und uns aus seinen zerstörerischen Klauen reißen kann – und das ist Jesus Christus. Ich war dem Tode nah und befand mich auf dem Weg in die Hölle; jetzt lebe ich und es geht mir gut. Das verdanke ich Jesus, der für jeden von euch gestorben ist. Hört mir heute Abend genau zu: Wendet euch an Jesus, bittet ihn, dass er euch rettet und euch ein neues Leben gibt. Bittet ihn, euch zu vergeben, und er wird es tun. Bittet ihn, dass er euch hilft, euren Eltern zu vergeben, die euch allein gelassen oder geschlagen haben, und er wird es tun.«

Sie hielt inne, öffnete erneut ihre Bibel und las: »Gott [hat] uns das ewige Leben gegeben; und dieses Leben ist in seinem Sohn. Wer den Sohn hat, hat das Leben; wer den Sohn Gottes nicht hat, hat das Leben nicht« (1 Joh 5,11-12). Sie betete für jedes Kind und verabredete sich für den folgenden Tag mit ihnen. Dann machten wir vom Team uns auf, um wieder zum *Restauration House* zurückzukehren. Es war 22:30 Uhr.

»Wir werden noch nicht zurückgehen«, flüsterte mir Debra ins Ohr. »Das Leben auf der Straße beginnt gerade erst. Komm, lass uns ein wenig in der Stadt herumlaufen.«

Mir verschlug es die Sprache. Ich nickte zustimmend. Zusammen mit Danielle, einer Freundin vom Seminar, machten wir uns auf, eine Nacht zu erleben, die ich so schnell nicht vergessen werde.

Um Mitternacht saßen wir auf einem dreckigen Gehsteig und lehnten uns mit dem Rücken gegen eine feuchte Wand. Wir befanden uns in einem der ärmeren Stadtteile. Diese Gegend war als die »Papierstadt« bekannt, weil die Leute von der Straße hier Wagenladungen von Papierresten und Kartons gegen ein paar Cruzeiros eintauschten. Der ganze Platz stank nach abgestandenem Urin.

Wir waren umgeben von Straßenkindern und Pennern, von denen die meisten auf Pappe oder alten Zeitungen schliefen. Es war kalt und ich konnte sehen, wie sich die jüngeren Kinder in der Stellung eines Ungeborenen zusammenkauerten und versuchten, ihre schmutzigen Beinchen unter ihrem weiten T-Shirt zu vergraben. Es war ein armseliger Versuch, sich warm zu halten.

Debra unterhielt sich mit einem Jugendlichen namens Reinaldo, der schon seit vier Jahren auf der Straße lebte. Sein langes dunkles Haar war verklebt und sein Gesicht, seine Hände und Füße waren verdreckt; Schuhe besaß er nicht. Das zerlumpte T-Shirt und die Jeans, die er trug, stanken nach Schweiß. Er war betrunken und klagte, er habe Hunger. Debra öffnete noch einmal ihre treue Begleiterin, die rote Tasche, und zauberte ein belegtes Brot für ihren neugefundenen Freund daraus hervor. Begleitet von einer Reihe von *Obrigados* (Danksagungen), verschlang er das Brot mit drei Bissen.

Reinaldo bot jedem von uns einen Teil seiner Zeitung an, damit wir uns darauf setzen konnten. Das war eine gewisse Linderung nach dem Sitzen auf dem feuchten Beton. Und Debra fuhr fort, ihm ihre Geschichte zu erzählen.

Doch dann tauchten plötzlich aus dem Nichts drei Polizeiwagen mit heulenden Sirenen auf und kamen nur ein paar Schritte von uns entfernt quietschend zum Stehen. Mir blieb das Herz stehen und ich schielte zu Debra hinüber, um zu sehen, was sie tun würde.

Sechs Polizisten sprangen aus ihren Wagen und liefen auf uns zu. Gleichzeitig zogen sie die Pistolen. Sie schrien uns an: »Aufstehen und umdrehen!«

Wir befolgten den Befehl. Sie traten einige der Kinder und Penner, die mühsam erwachten. Dann kam ein stämmiger Polizist mit Brille auf uns zu, spreizte Reinaldos Beine mit einem Fußtritt auseinander und befahl uns: »Die Arme auch auseinander! Kopf zur Wand!«

Die Wand an meiner Wange fühlte sich feucht an. Mein Puls raste.

Debra machte eine Mundbewegung in meine Richtung. Reinaldo befand sich zwischen uns beiden und Danielle war neben mir auf der anderen Seite. Insgesamt waren wir wohl ungefähr sechzehn Personen, alle in einer langen Reihe an der Wand. Ich konzentrierte mich auf ihre Lippen und versuchte verzweifelt, ihre Worte zu entziffern. Dann verstand ich plötzlich, was sie sagte.

»B e t e i n S p r a c h e n !«[1]

Ich begann, in Sprachen zu beten.

»Wer sind Sie?«, fragte ein Polizist, der genau hinter Danielle stand. Er war größer und schlanker als der erste, doch seine Stimme war genauso aggressiv und laut.

»Ich bin eine Schweizer Missionarin. Wir arbeiten für ›Jugend mit einer Mission‹, um den Straßenkindern hier in Belo Horizonte zu helfen«, versuchte sie in ihrem gebrochenen Portugiesisch zu erklären. Er fing an zu lachen.

Mir kam ein schrecklicher Gedanke. Ich hatte meinen Pass vergessen, den wir eigentlich immer bei uns tragen sollten, wenn wir auf der Straße unterwegs waren. Und ich wusste, dass Danielle ihren niemals bei sich trug.

»Wo sind die Drogen?«, wollte der Polizist wissen, der nun hinter Reinaldo stand. Er zerrte an dem jungen Mann und begann, ihn zu filzen.

»Ich habe keine. Ich habe keine«, rechtfertigte sich Reinaldo.

»Die drei sind Missionare«, fuhr er fort. »Bitte, tun Sie ihnen nichts. Sie wollen uns nur helfen.«

Während dies alles geschah, beteten wir ununterbrochen und fast unhörbar in Sprachen. Oh Herr, schrie ich in meinem Herzen, bitte hilf uns.

Die übrigen vier Polizisten sprachen in einem aggressiven Tonfall zu den anderen Kindern, die sich zu unserer Linken befanden. Die ganze Atmosphäre flößte Furcht ein. Wir hatten hässliche Geschichten über die Brutalität der Polizei gegenüber Missionaren gehört, die man für Drogendealer gehalten hatte.

Noch einmal schrie ich in meinem Herzen: Im Namen Jesu weise ich diese Aggressivität zurück.

Ganz unvermittelt änderten die beiden Polizisten hinter uns ihren Tonfall.

Der Stämmige sagte: »Komm, lass uns gehen.«

»Nein«, meinte der große Schlanke, der immer noch hinter Danielle stand. »Ich will ihren Ausweis sehen.«

Mir rutschte das Herz in die Hose. Danielle begann, in ihren Taschen herumzukramen. Ihre Hände zitterten.

Ich war völlig überrascht, als sie schließlich aus der Gesäßtasche ihrer Jeans ihren Schweizer Pass herauszog. Das schien den Polizisten zu genügen. Sie forderten keine Dokumente von mir oder Debra. Die beiden Polizisten kehrten zu ihrem Wagen zurück, an dem immer noch die orangen Warnlichter blinkten. Dann fuhren sie davon. Auch die übrigen vier Polizisten ließen bald von ihren Opfern ab und folgten dem ersten Wagen mit quietschenden Reifen.

Wir warteten in unserer unbequemen Haltung ab, bis sie außer Sichtweite waren.

»Preist den Herrn«, sagte Debra triumphierend und durchbrach damit die Stille. »Ich bin so froh, dass das passiert ist.«

Danielle und ich sahen sie entgeistert an.

»Jetzt wisst ihr, welche Macht das Sprachengebet besitzt. Vergesst diese Lektion nie. Ihr habt mit eigenen Augen gesehen, dass ihr nichts und niemanden zu fürchten braucht, wenn Jesus euch zur Seite steht.«

Am nächsten Morgen wachte ich früh auf und begann, über die vergangenen vierundzwanzig Stunden nachzudenken. Durch Debra hatte ich erlebt, wie Jesus sich um diese Kinder kümmert. Auch er hat den Hungrigen etwas zu essen gegeben und die Kranken geheilt. Gottes Antwort auf meine Frage lautete: »Wenn die Kinder mit Wunden bedeckt sind, dann reinige die verletzten Stellen. Wenn sie hungrig sind, gib ihnen zu essen. Wenn ihnen kalt ist, gib ihnen Kleidung. Aber vor allem: Sei ihr Freund.«

Die Bekräftigung dieses Auftrags erhielt ich später in jener Woche, als ich Marcelo traf. Marcelo war ein hübscher junger Schwarzer von achtzehn Jahren. Er begleitete unser kleines Team auf der Straße. Wir kamen ins Gespräch.

»Ich war fast sechs Jahre lang eines der Straßenkinder hier in Belo Horizonte«, meinte er plötzlich.

Ich blickte in seine friedvollen Augen und sein freundliches, sanftes Gesicht. Es war kaum zu glauben.

»Ich habe gestohlen, gekämpft und Drogen genommen«, fuhr er fort. »Eines Tages, vor über vier Jahren, begann eine Gruppe von Missionaren, die Bande, zu der ich gehörte, regelmäßig zu besuchen. Zuerst wollte ich nichts mit ihnen zu tun haben. Doch schließlich erkannte ich, dass sie uns wirklich liebten, denn sie kamen immer wieder, brachten Essen und medizinische Hilfe. Also freundete ich mich mit ihnen an. Eines Tages bat ich Jesus, in mein Leben zu kommen, und ich habe niemals zurückgeschaut. Ich ging auf eine Farm, weit weg von der Stadt, wo ich genesen konnte. Ich war gern dort und nun bin ich als Mitarbeiter auf der Straße, um anderen Straßenkindern zu helfen.«

Er hielt inne und blickte auf die kleine Gruppe von schmutzigen und drogenkranken Straßenkindern, mit denen wir uns unterhalten wollten.

»Nur Jesus kann ihr Leben von innen heraus verändern. Ich weiß das, weil ich es selbst erlebt habe.«

Das ist es, dachte ich. Das ist der Grund, warum ich hier bin. Und wieder gab ich meinen Wunsch auf, zu meinem alten Job und meinem bequemen Zuhause zurückzukehren. Im Juli 1991 suchte ich mir eine Mitfahrgelegenheit nach Rio de Janeiro, um mit einem kleinen Team von jungen Missionaren, die bei »Jugend mit einer Mission« mitarbeiteten, in einer der schlimmsten Favelas zu leben, die es gibt – in Borel. Dort sollten mir die Augen für das Leid dieser Kinder geöffnet werden und ich erkannte, warum sie schließlich von ihrem elenden Zuhause davonliefen, um auf den gefährlichen Straßen zu Füßen der Favelas zu leben.

Anmerkung:

[1] »Sprachengebet: *Kommt jemand an die Grenze seiner Ausdrucksfähigkeit, kann es sein, daß er auf einmal unbekannte Silben und Worte spricht, die ganz von seiner inneren Bewegung erfüllt sind, sei es Lob oder Bitte, Freude oder Klage und vor allem Liebe. Dieses ›Sprachengebet‹, das in der Urkirche weit verbreitet war (Mk 16,17; Apg 2,4; 10,46; 19,7; 1 Kor 12,10.28; 14), ist nicht etwa eine ›verzückte Rede‹, auch nicht ein unkontrolliertes Lallen [...], sondern ein oft sehr ruhiges Sprechen vor Gott. Darin ist der Mensch gesammelt und ganz ›bei sich‹; und dies um so mehr, je mehr er bei Gott ist. Bei einer gesunden Entwicklung wachsen also im Umgang mit dem Sprachengebet Freiheit und Gelassenheit. [...] Der Sinn dieser Gebetsart ist eine ganzheitliche Beziehung zu Gott, wodurch der betreffende [sic] selbst ›aufgebaut‹ wird (1 Kor 14,4).*«
Aus: Norbert Baumert, Gaben des Geistes Jesu, Das Charismatische in der Kirche, Graz, Wien, Köln: Verlag Styria, 1986, S. 15.

Kapitel 5

Borel, Rio de Janeiro – »Es sind doch alles noch Kinder!«

Ich konnte hören, wie unterhalb meines Balkons Kinderstimmen immer wieder meinen Namen riefen. Dazwischen mischte sich Gekicher.

Gerade war ich dabei, die trockene Wäsche von der Leine zu holen. Als ich hinunterschaute, sah ich Carla, ihre jüngeren Geschwister, Vitor und Vivianne, sowie deren Freunde Livia und Leticia, die vom zentralen Platz der Favela Borel aus zu mir hinaufschauten.

»Bom Dia, Sarah«, riefen sie im Chor. Auf ihren Kindergesichtern stand ein breites Lachen. Ich schaute auf die Uhr. Es war acht Uhr dreißig an einem Montagmorgen. Die Kinder genossen die letzten Tage der Schulferien.

»Bom Dia«, antwortete ich. Bei ihrem Anblick wurde ich um einiges fröhlicher. Es war kaum zu glauben, dass ich mich nur einen Tag zuvor mitten im Kreuzfeuer befunden hatte. Welche Zukunft wartet wohl an einem solchen Ort auf meine kleinen Freunde?, fragte ich mich.

»Vem tomar cafe [Komm frühstücken]«, forderte Carla mich auf. Sie war mit ihren dreizehn Jahren älter als die übrigen. Durch die Unterernährung wirkte sie sehr dünn, da sie auch gleichzeitig sehr groß war. Sie hatte nicht denselben Vater wie Vivianne und Vitor und sah ihnen auch überhaupt nicht ähnlich. Ihre Haut war dunkler und ihr raues Haar kringelte sich zu Hunderten kleiner Kräusel. Carla brauchte vierundzwanzig Stunden am Tag Zuwendung. Sie war durch ihre unsichere Kindheit seelisch gestört und ich betete aus diesem

Grund oft für sie. Ihre Großmutter, die mit dem spiritistischen *Macumba*-Zentrum zu tun hatte, soll Carla mehrfach als »Pferd« benutzt haben; das bedeutet, dass die Dämonen bei Séancen durch sie gesprochen haben. Gott sei Dank hatte das inzwischen aufgehört.

Ich signalisierte ihnen meine Zustimmung und stieg die enge Treppe zwei Stockwerke hinunter. Dort traf ich in der Küche die alte *Senhora* des Hauses an, die gerade ihr Frühstück einnahm. Anita, die Krankenschwester, und ich aßen unser Frühstück immer mit den übrigen des Teams im Haus auf der anderen Seite des Platzes.

»Bom Dia«, sagte die alte *Senhora*. Ihr zerbrechlicher, gebeugter Körper, ihr durchfurchtes schwarzes Gesicht und ihre grauen Haare ließen sie zehn Jahre älter aussehen, als sie mit ihren fünfzig Lebensjahren tatsächlich war. Die inzwischen verwitwete *Senhora* hatte fünf Kinder. Aparecida, ihre jüngste Tochter, die bereits weit über zwanzig war, und deren zehn Jahre alte Tochter Priscilla lebten bei uns im Haus, ebenso wie Marcelo, ein Jugendlicher, den die *Senhora* adoptiert hatte, als er noch ein Baby gewesen war. Ihre beiden älteren Töchter waren verheiratet und hatten selbst Kinder; sie lebten in den beiden angrenzenden Häusern. Der älteste Sohn war mit seiner jetzigen Frau aus der Favela weggezogen. Alle waren Christen.

»Bom Dia, Senhora«, antwortete ich im Hinausgehen.

Die Kinder begrüßten mich mit einer Umarmung und kämpften untereinander um das Recht, an meiner Hand zu gehen, während wir den belebten Platz überquerten. Ich spürte die wärmende Morgensonne auf meinem Rücken. Über uns erstreckte sich ein wolkenloser, strahlend blauer Himmel. Doch während ich über den Platz blickte, packte mich immer noch diese schreckliche Angst und ich war froh, als wir das Haus auf der anderen Seite erreicht hatten.

Das Haus war von einer hohen Backsteinmauer umgeben, die vor allem vor verirrten Kugeln Schutz bieten sollte. Während wir alle zugleich versuchten, uns durch das enge Eisentor zu zwängen, erreichten mich weitere *Bom Dias* von Pedro, dem Leiter unseres Teams, und von Claudio, Geraldo, Ivan, Anita und Marcia. Das Frühstück bestand aus einer halben Tasse starken, süßen, schwarzen Kaffees und einem Brötchen mit etwas Margarine, die nach Käse schmeckte. Doch ich konnte damit das Loch in meinem Magen stopfen. Außerdem hatte ich bereits gelernt, für jeden Bissen, den wir hatten, dankbar zu sein.

Das Haus bestand aus zwei Stockwerken. Im Erdgeschoss war eine einfache Küche, deren Boden und Wände aus blankem Zement bestanden. Neben der Küche befanden sich ein Bad, ein Erste-Hilfe-Zimmer und ein kleinerer Raum, in dem Marcia mit Carla, Vitor, Vivianne, Livia, Leticia und einigen anderen Kindern, die in unserer Umgebung wohnten, arbeitete. Eine weitere Tür führte auf eine kleine Veranda im Hinterhof. Dort befand sich ein Spülbecken, in dem Kleider gewaschen werden konnten. Im Augenblick beherbergte die Veranda jedoch einen altersschwachen Hund, den Anita gerettet hatte. Neben vielen anderen Leiden hatte der Hund einen kranken Magen und der Gestank, der ins Haus drang, wenn die Tür nicht geschlossen war, konnte einem Tränen in die Augen treiben. Oben befanden sich zwei Schlafräume und ein kleiner Versammlungs- und Gebetsraum. Die Ausstattung war einfach, an Möbeln gab es nur das Nötigste. Claudio war im vergangenen Jahr für die Bauarbeiten zuständig gewesen.

Marcia gehörte ebenfalls bereits seit einem Jahr dem Team an. In dieser Zeit hatte sie eine kleine Schule aufgebaut, in der sie den Kindern mit künstlerischen Mitteln, Zeichentrick, Tanz und Gesang biblische Geschichten beibrachte. Sie hatte uns vor kurzem verlassen, um einen australischen Missionar zu heiraten, war aber nun für die letzte Ferienwoche zurückgekehrt: Sie war Mitte zwanzig und mit ihren 1,55 Metern für eine Brasilianerin sehr groß. Für mich war sie eine der bemerkenswertesten Frauen, die ich je kennen gelernt hatte. Ihr langes, kräftiges schwarzes Haar reichte bis an ihre schmale Taille und ihre olivfarbene Haut hob ihre großen Mandelaugen hervor. Sie sprach ausgezeichnet Englisch, was ich bei meinem bruchstückhaften Portugiesisch sehr begrüßte.

Nach dem Frühstück setzten wir Mitarbeiter uns zusammen.

»Wir haben kein Essen mehr im Haus«, meinte Pedro beiläufig. »Also werden wir uns etwas Zeit nehmen, um Gott zu danken, dass er uns bisher jeden Tag versorgt hat, und um ihm zu vertrauen, dass er auch heute für uns sorgen wird.«

Sein Glaube machte mir Mut. Pedro besaß viel Energie und saß kaum lange still. Er war siebenundzwanzig Jahre alt, von mittlerer Größe, hatte hellbraune Haut und braunes lockiges Haar, dazu ein paar große braune Augen, die stets das Feuer in seinem Innern widerspiegelten. Er liebte Jesus und er liebte die Menschen in Borel. Als ausgebildeter Krankenpfleger machte er täglich seine Runde in der Favela, um die Leute zu besuchen, die nicht in der Lage waren, zu uns ins Haus zu kommen.

Nachdem wir etwa zwanzig Minuten gebetet hatten, fragte Pedro uns, ob jemand eine Ankündigung machen wolle oder ein Gebetsanliegen habe. Mein Gesicht muss ein offenes Buch gewesen sein, denn Marcia wandte sich umgehend zu mir und fragte mich, ob mit mir alles in Ordnung sei.

»Nicht ganz«, antwortete ich ehrlich. Ich erzählte ihnen von der Angst, die mich seit der Schießerei am Vortag ergriffen hatte, und dass ich mich bereits fürchtete, wenn ich nur den Platz überqueren musste.

»Sarah«, meinte Marcia sanft, »uns ging es genauso, als wir vor einem Jahr dieses Zentrum eröffneten. Wir kamen zu einer Zeit hier an, als es mit den Schießereien besonders schlimm war, und trafen uns, um Gott um Kraft und Mut zu bitten. Als wir beteten, erkannten wir, dass wir uns ihm ganz zur Verfügung stellen sollten – und zwar bis zum Äußersten! Das war kein leichtes Gebet, aber wir wussten, dass wir keine andere Wahl hatten, wenn wir bleiben und und unsere Arbeit für ihn erfolgreich sein sollte. Und sobald wir dieses Gebet gesprochen hatten, verloren wir die Angst.«

Ich traute meinen Ohren nicht. Gott wird von mir doch nicht das Gleiche fordern, oder?, fragte ich mich.

Doch ich wusste, *dass* er es von mir verlangte. Und so sprach ich dort noch im selben Augenblick das schwerste Gebet, das ich je in meinem Leben beten musste.

»Oh Herr«, betete ich laut, »ich bin hier, weil du mich gerufen hast. Du willst durch mich einige dieser Not leidenden Kinder retten. Aber ich habe Angst und das ist nicht richtig, denn in deinem Wort heißt es, dass deine Liebe alle Furcht vertreibt. Deshalb bekenne ich, dass ich bereit bin, für dich zu sterben. Bitte gebrauche mich. Ich will deinen Willen tun. Füll mich neu mit deiner Liebe für diese abgewiesenen Kinder. Amen.«

Dann betete Marcia für mich. Sofort verließ mich die Furcht und mir fiel ein Bibelvers aus dem Lukasevangelium zu diesem Thema ein. Jesus sagte: »Wer mein Jünger sein will, der verleugne sich selbst, nehme täglich sein Kreuz auf sich und folge mir nach. Denn wer sein Leben retten will, wird es verlieren; wer aber sein Leben um meinetwillen verliert, der wird es retten« (Lk 9,23-24). Von dem Augenblick an wusste ich, dass nicht *ich* es war, die durch die gefährliche Favela Borel ging; auch war nicht *ich* es, die hinunter auf die Straßen von Rio de Janeiro ging und in die gefahrvollen Gegenden der

Stadt, in der die Kinder herumhingen – es war *Jesus,* der dies durch mich tat. Daher hatte ich überhaupt nichts zu befürchten.

Plötzlich hörten wir das Geräusch einer Hupe, das sich schnell näherte, und dann das Quietschen der Bremsen jenseits der Mauer. Wir rannten nach draußen und fanden einen kleinen Lieferwagen vor, der bis obenhin mit frischem Obst und Gemüse vollgepackt war.

»Das war eine schnelle Gebetserhörung«, meinte Claudio mit einem breiten Grinsen. Claudio trug immer ein Lächeln im Gesicht.

Es dauerte zehn Minuten, bis wir gemeinsam alle Nahrungsmittel aus dem Wagen geladen und in die Küche geräumt hatten. Überall lag Gemüse herum.

»Hast du schon gehört, dass Rose gestern Abend in den Gottesdienst gegangen ist und Jesus in ihr Leben eingeladen hat?«, fragte Ivan voller Freude, während wir gemeinsam einen Sack Kartoffeln ins Haus trugen. »Sie ist hingegangen, weil sie während des Schusswechsels gestern Nachmittag Gottes Schutz erlebt hat!« Ich war von der guten Neuigkeit begeistert.

»Sarah«, rief Anita aus dem Erste-Hilfe-Zimmer. »Ich möchte dir jemanden vorstellen.«

Wir legten den Kartoffelsack ab und ich ging in den Behandlungsraum hinüber. Er war klein und bestand aus einem Tisch unter dem einzigen Fenster (von hier aus konnte man die anderen kleinen Hütten von oben sehen), zwei Stühlen, Regalen voller Medikamente (größtenteils Spenden) und einem Schrank mit entzündungshemmenden Lotionen und Salben, Binden, Pflaster, Gaze, Watte, Plastikhandschuhen, Pinzetten und Scheren. Auf einem der Stühle saß ein junger Schwarzer. Sein verletzter rechter Fuß, den Anita gerade behandelte, ruhte auf dem anderen Stuhl.

»Sarah, das ist George«, sagte Anita.

George wandte seinen Kopf scheu in meine Richtung, sagte: »Hallo«, konnte mir aber nicht in die Augen sehen.

»George wurde letztes Jahr durch einen Schuss in den Knöchel verletzt«, fuhr Anita fort. »Die Kugel hat den Fuß glatt durchschlagen, wie du sehen kannst, aber die Wunde heilt nicht. Deswegen habe ich ihm gesagt, er solle jeden Tag herkommen und wir werden die Wunde neu verbinden und schauen, ob das etwas bringt. Ich habe mich gefragt, ob du das nicht für George tun könntest, wenn du da bist?« Glücklicherweise war ich nicht zimperlich, denn die Wunde sah schlimm aus.

»Sim«, antwortete ich. »Das mach ich gern.« Ich war froh, dass ich mich nützlich machen konnte.

Anita gab mir klare Anweisungen, was zu tun sei. Dann verabschiedete ich mich von meinem neuen Patienten. George und ich sollten in den darauf folgenden Monaten noch gute Freunde werden. Es stellte sich heraus, dass er und seine drei Brüder zu der *quadrilha* (Gangsterbande) von Borel gehörten – ihre Mütter taten mir wirklich leid –, doch seit George verletzt worden war, hatte man ihn ausgeschlossen. Mit seinen achtzehn Jahren hatte er außer Drogenhandel und Bandenkriegen nicht viel gelernt.

Noch am selben Montagnachmittag kamen Mitglieder einer örtlichen Kirche und brachten uns Einkaufstaschen mit Reis, Bohnen, Zucker, Mehl, Kaffee, Salz und Tee aus dem Supermarkt. Und am Abend kamen drei Nachbarn aus Borel mit selbstgebackenem Kuchen und Keksen. Das alles stärkte unseren Glauben, denn keinem dieser Personen hatten wir etwas von unserer Not gesagt. Am Ende dieses Tages besaßen wir sogar so viele Lebensmittel, dass wir den Familien in unserer Nachbarschaft, die wenig besaßen, noch etwas abgeben konnten.

In derselben Woche gingen wir am frühen Abend in das Stadtzentrum, um in einem Nachtasyl für junge Straßenjungen und -mädchen mitzuhelfen. Es befand sich in einer methodistischen Kirche in der Nähe des zentralen Zug- und Busbahnhofs. Das Asyl wurde von dem Holländer Roberto und seiner brasilianischen Frau geführt. Er hatte bei der Zentrale außerhalb von Rio angerufen, um mitzuteilen, dass er freiwillige Helfer brauche.

Roberto traf sich um 18:30 Uhr mit mir und nahm mich zu einer Bande von Kindern mit, die in der Nähe des Zentralbahnhofs herumlungerten. Kaum waren wir oben an der Rolltreppe, die von der U-Bahn heraufführte, angekommen, hatten die Kinder Roberto auch schon entdeckt. Man konnte ihn unter all den Brasilianern auch schwerlich übersehen, da er sehr groß und gut gebaut war und blonde Haare hatte.

Sie liefen uns aus allen Richtungen entgegen. Manche sprangen an uns hoch, andere umarmten unsere Beine und Arme. Ich konnte mich buchstäblich nicht rühren. Die abendlichen Pendler klammerten ihre Taschen fest und eilten schnell an uns vorüber.

Der Geruch von Klebstoff ließ mich schwindelig werden und in meinem Kopf begann es zu klopfen. Ich bemerkte einen Jungen, dessen Kopf mit einem dicken Klumpen getrockneten Kleber bedeckt war.

»Das hier ist Minerinho«, rief Roberto mir zu und übertönte damit das Geschrei der Kinder.

Ich drehte mich um und stand einem kleinen, dünnen Jungen von etwa zehn Jahren gegenüber. Seine helle Haut war verdreckt, seine Kleidung zerrissen und stinkend. Er schaute mir direkt in die Augen. Sein Blick war kälter und zorniger als alles, was ich bisher gesehen hatte. Seine Augen schienen sich tief in meine Seele zu bohren und ich spürte einen Schauer in mir. Dann jedoch fühlte ich plötzlich die Wärme des Heiligen Geistes in mir aufsteigen, die ich schon einige Male empfunden hatte, wenn ich dem Bösen gegenüberstand. Ich ahnte, dass der Junge, der vor mir stand, wahrscheinlich von Dämonen besessen war.

Während wir uns alle auf den Weg zur methodistischen Kirche machten, die etwa einen halben Kilometer entfernt lag, erzählte mir Roberto mehr über Minerinho.

»Er ist einer der gefährlichsten und mächtigsten Jungen auf der Straße«, erklärte Roberto. »Er tötet. Und er ist einer der gefürchtetsten Bandenführer in der Stadt. Er hat sogar Macht über die Jugendlichen. Viele von ihnen könnten ohne ihn gar nicht überleben. Er wird von den älteren Drogendealern in den Favelas in dieser Gegend oft als ›Aviaozinho‹ [›kleines Flugzeug‹] benutzt. Das bedeutet, er ist ihr Kurier, der die Drogen zu den Kunden und das Geld zu den Dealern bringt. Als Belohnung geben sie ihm Kokain, Klebstoff und Geld. Wir müssen für ihn beten, denn wenn er einmal von der Straße wegkommt, werden ihm viele folgen.«

Ich beobachtete Minerinho, während Roberto von ihm sprach. Und ich wusste, dass die Autorität, die er über so viele Kinder und Jugendliche besaß, nicht von ihm selbst – einem kleinen, dünnen Zehnjährigen – stammte, sondern von dämonischen Mächten. Ich wusste aber durch das, was ich bereits erlebt hatte, dass er durch die Liebe Jesu Christi völlig verändert werden konnte. Ja, sagte ich mir, ich werde für Minerinho beten. Sein wirklicher Name war Luiz Andrea. Man nannte ihn *Minerinho* (»kleiner Minas«), weil er aus Belo Horizonte im Bundesstaat Minas Gerais nach Rio gekommen war. Die meisten Kinder riefen sich mit Spitznamen.

Wir näherten uns dem langen dunklen Tunnel, der den Berg vor uns durchschnitt. Ich blickte zu der riesigen Favela hinauf, die sich vom Bahnhof hinter uns über den gesamten

Berg zu erstrecken schien. Es war bereits dunkel und die Lichter, die durch die Fenster der Abertausenden von kleinen Hütten zu sehen waren, flackerten.

Roberto folgte meinem Blick und meinte mit ernster Stimme: »Mach niemals ein Foto von dieser Favela oder irgendeiner anderen Favela in Rio de Janeiro. Denn wenn die ›quadrilha‹ das sehen, könnten sie dich für eine Reporterin halten. Sie würden nicht zögern, dich zu töten.« Ich war froh, dass ich meine Kamera zu Hause gelassen hatte.

Als wir das Nachtasyl erreicht hatten, duschten die Kinder zunächst; sie hatten es wirklich nötig. Es waren etwa sechzehn Kinder, von denen jedoch nur drei Mädchen waren.

»Fünfundachtzig Prozent der Straßenkinder sind Jungen«, rief mir Roberto zu, als wir die Treppe zu den Duschen hinaufstiegen. Der ohrenbetäubende Lärm, den die Kinder veranstalteten, hallte durch das alte Haus. Es war das reinste Chaos und ich fragte mich langsam, wer in diesem Nachtasyl eigentlich die Zügel in der Hand hatte: die Mitarbeiter oder die Kinder?

Das Asyl bestand aus einem großen Rezeptionsraum mit einem Tischfußball-Spiel, einem Essraum mit einem einzigen großen Tisch und einer kleinen Küche. Im oberen Stock befanden sich zwei große Schlafräume mit Etagenbetten für die Jungen und ein kleinerer Schlafraum für die Mädchen. Das einzige Badezimmer mussten sich alle teilen.

Roberto beschäftigte vier Mitarbeiter: einen Koch, einen jungen Mann, der bei den Jungen im Zimmer schlief, und eine Frau, die bei den Mädchen übernachtete. Und dann war da noch CaCa, eine große schwarzhäutige Dame, die als Sozialarbeiterin die Familien der Kinder betreute.

Nach dem Abendessen gingen wir alle zu Bett und Roberto verabschiedete sich, um nach Hause zu gehen. Minerinho kehrte zurück auf die Straße und nahm noch drei weitere Jungen mit.

Ich schlief auf einer dünnen Matratze auf dem Boden im Schlafraum der Mädchen. Telma und Fernanda, zwei Straßenkinder, schliefen auf je einer Seite neben mir und drängelten sich mit ihren dünnen Matratzen so nah wie möglich an mich heran. Die Mitarbeiterin und ein weiteres kleines Mädchen schliefen in dem Etagenbett.

Am darauf folgenden Morgen wachte ich als erste auf, da ich dringend zur Toilette musste. Doch ich wurde von meinen beiden Bettgenossinnen geradezu am Boden festgenagelt; sie lagen buchstäblich auf mir drauf. Ich musste lachen, als ich mir vorstellte, welchen Anblick wir boten.

Nach dem Frühstück mussten alle Kinder wieder zurück auf die Straße. Die meisten wollten nicht und es zerriss mir das Herz. Adriano, der Junge, dessen Kopf dick mit getrocknetem Kleber bedeckt gewesen war, hatte sich von einem der Mitarbeiter alle Haare abrasieren lassen. Jetzt sah er genauso aus wie Yul Brynner in »Der König und ich«.

Ich verabschiedete mich und machte mich mit neun Kindern auf den Weg zurück zum Bahnhof. Es waren Fernando, Sergio, Adriano, Telma, Isaac, Fernanda, Cristiano, Luis und ein weiterer Fernando. Die meisten waren entweder Geschwister oder Cousins und Cousinen, die aus der gleichen gefährlichen Favela auf dem Berg über uns stammten. Doch sie zogen es vor, auf der Straße zu leben und nicht zu Hause. Sie verbrachten ihren Tag in der Nähe einer großen Müllkippe, die hinter dem Bahnhof lag. Dort fand man auch Drogendealer, Prostituierte und Penner. Es war ein Ort, den ich noch gut kennen lernen sollte.

Telma, Fernanda, Isaac und Cristiano hielten sich an meinen beiden Hände fest. Sergio klammerte sich an meine Tasche, Adriano, Luis und der große Fernando ergriffen von hinten mein T-Shirt. Der kleine Fernando machte derweil ein mittleres Tamtam und ging beleidigt auf der anderen Straßenseite, weil es für ihn keinen Platz mehr gab. Als wir aus dem langen, dunklen Tunnel herauskamen, blieben viele der morgendlichen Pendler stehen, um die verrückte Ausländerin anzustarren, die von so vielen »gefährlichen« Straßenkindern umringt war.

»Vorsicht«, meinte ein Mann im Vorbeigehen. »Die könnten Ihnen die Tasche klauen.«

»Nein«, antwortete ich lächelnd. »Ich bin ihre tia [Tante].« Er ging kopfschüttelnd weiter.

Im Gebiet um den Bahnhof herrschte ein Treiben wie in einem Bienenstock. Auf der einen Straßenseite war der riesige Busbahnhof, auf der anderen ein beliebter Markt. Der eigentliche Zugbahnhof bestand aus einem großen Gebäude voller kleiner Bars und Imbiss-Stände. Es war ein guter Platz für die Leute von der Straße und für Prostituierte, denn hier fanden sie sowohl ein Dach über dem Kopf, als auch einen Platz für ihr Gewerbe. Viele der Leute von der Straße stellten um den Bahnhof herum kleine Tische auf, an denen sie Kekse, Trockenmilch, Hot Dogs, *cachaca* (todbringender reiner Alkohol, der aus Zuckerrohr gewonnen wird), Popcorn und Schokolade verkauften. Der Müll wurde einfach auf die Straße geworfen; in brasilianischen Städten findet man sowieso kaum einen Abfalleimer!

Gegenüber des Marktplatzes, auf der anderen Seite der Hauptstraße, entdeckte ich einen wunderschönen Park. Doch er war von einem hohen Zaun umgeben und der Eingang wurde von Aufsehern bewacht. Als ich den Park sah, kam mir eine tolle Idee: »Kinder«, verkündete ich laut, nachdem ich abrupt stehen geblieben war, »kommt, wir wollen in den Park gehen.«

Sie sahen mich verwirrt an.

»Wir können da nicht hineingehen«, meinte Cristiano mit gesenktem Kopf.

»Gott ist nichts unmöglich«, sagte ich zu ihnen. »Wer von euch hat kein T-Shirt und keine Schuhe?« Ich schaute mich fragend um.

Der kleine Fernando besaß kein T-Shirt und Adriano, Fernanda und Luis hatten keine Schuhe.

Es war acht Uhr morgens und die meisten Händler auf dem Marktplatz bauten gerade erst ihre Stände auf. Doch einer der Stände hatten bereits ganze Ladungen von Badesandalen und T-Shirts in der Auslage. Wieder regte sich Fernando auf, dieses Mal wegen der Farbe seines T-Shirts. Der amüsierte Standbesitzer machte mir einen günstigeren Preis für meinen ohnehin geringen Kauf und dann machten wir uns auf zum Park.

»Oh Herr«, betete ich unhörbar, »lass uns an den Wächtern vorbei in den Park gelangen, ohne angehalten zu werden. Amen.«

Während wir die Hauptstraße überquerten und uns dem Eingang näherten, begann mein Herz, schneller zu schlagen. Zu beiden Seiten des Tores standen je zwei uniformierte Wärter. Doch ich ging einfach weiter und schaute immer geradeaus, während sich die Kinder an mich klammerten. Bis ...

Ja, wir hatten es geschafft. Wir waren geradewegs an den Aufsehern vorbeigegangen, ohne angehalten zu werden.

»Oh, danke, Herr«, sagte ich laut. Der Park stand in einem dramatischen Gegensatz zu dem, was sich auf der anderen Seite des hohen Zauns befand. Riesige Bäume mit dicken Stämmen und viel dunkelgrünem Laub thronten über uns. Exotische Tropenpflanzen in allen erdenklichen Farben säumten den Weg. Sonnenstrahlen schienen durch jeden Spalt, den sie zwischen dem kräftigen Laub hoch über uns entdecken konnten. Die Kinder konnten kaum glauben, dass sie so viel Glück gehabt hatten. Und nachdem wir erst einmal außer Sichtweite der Wärter waren, fingen sie an, zu laufen, zu hüpfen und zu spielen. Wir überqueren eine kleine malerische Bambusbrücke, die über einen Teich führte, und die Kinder blieben stehen, um in dem trüben Wasser unter uns nach Goldfischen Ausschau zu halten. Das Singen der Vögel dämpfte den Lärm des morgendlichen Verkehrs. Es schien, als befänden wir uns in einer anderen Welt!

Ich brachte ihnen ein Lied bei, das sie schnell lernten: »Deus esta aqui aleluia. Tao certo como o ar que eu respiro, Tao certo como amanha que se levantara, Tao certo como eu te falo e podes me ouvir.« (»Gott ist hier, halleluja. Das ist so sicher wie die Luft, die ich atme, so sicher wie die Sonne, die morgen wieder aufgehen wird, so sicher wie die Tatsache, dass ich spreche und du mich hören kannst.«)

Ich schaute mich nach den neun kleinen Straßenkindern um, die mir singend und tanzend folgten, und erinnerte mich lebhaft an die Vision, die Gott mir vor einem Jahr in England geschenkt hatte – das Bild vom »Rattenfänger«. Plötzlich schien mein Herz vor Freude zu platzen, denn ich erkannte, dass ich genau an dem Ort war, an dem Gott mich haben wollte.

Die Kinder rannten zu einem anderen, größeren Teich unterhalb eines Felsens und fingen an, ein paar Enten zu jagen, die sich vom Teich entfernt hatten. Ganz überraschend, bevor ich wusste, was geschah, sah ich drei bewaffnete Aufseher, die aus verschiedenen Richtungen auf uns zuliefen.

Sie schrien so laut sie nur konnten: »Macht, dass ihr hier weg kommt. Ihr könnt hier nicht bleiben. Verschwindet!«

Die Kinder kamen gerannt und versteckten sich hinter mir. Sie hatten große Angst, verhaftet und geschlagen zu werden.

Dann tauchte ein vierter Mann auf; er trug einen Anzug. Er stellte sich als der Verwalter des Parks vor.

»Diese Kinder dürfen hier nicht bleiben«, meinte er aggressiv und versuchte gleichzeitig, wieder zu Atem zu kommen. Die drei bewaffneten Aufseher standen mit vorgestreckter Brust wie eine Mauer hinter ihm und blickten auf die Kinder herab. Auf ihren Gesichtern stand blanker Hass zu lesen.

»Wer sind Sie?«, fragte der Verwalter und schaute mich neugierig an.

»Ich kümmere mich um die Kinder. Sie haben die vergangene Nacht in einem Haus ganz in der Nähe verbracht«, antwortete ich nervös und vergaß dabei all meine Portugiesisch-Kenntnisse.

»In welchem Haus?«, wollte der Mann wissen.

»In der methodistischen Kirche« antwortete ich unerschrocken.

»Nun, sie können hier trotzdem nicht bleiben. Benutzen Sie den nächsten Ausgang. Jetzt sofort!« Er deutete nach links. Dann machte er auf den Hacken kehrt und ging in die entgegengesetzte Richtung. Die drei Aufseher folgten ihm.

Die Kinder fingen an, zu weinen und ihn anzubetteln: »Oh bitte, können wir nicht bleiben? Wir werden auch bestimmt nichts anstellen.«

Sie waren verzweifelt, denn zum ersten Mal seit langem genossen sie das Gefühl, Kinder zu sein. Aber er hörte nicht zu. Während wir uns zum nächsten Ausgang begaben, begann ich zu beten.

Dann hörte ich deutlicher denn je die sanfte, ruhige Stimme Gottes in meinen Gedanken: »Sarah, es sind doch alles noch Kinder!«

Sofort drehte ich mich um und rief dem Verwalter, so laut ich konnte, nach: »Es sind doch nur Kinder!«

Er blieb unvermittelt stehen, ebenso wie die drei Aufseher, drehte sich um und kam wieder auf uns zu.

»Was haben Sie gesagt?«, wollte er wissen, als er bei uns angekommen war. Er war verärgert; wir vergeudeten seine kostbare Zeit.

»Es sind doch alles noch Kinder!«, wiederholte ich mit der Autorität und dem Vertrauen eines Menschen, der nichts anderes tut, als das wiederzugeben, was Gott selbst gesagt hat.

Sein verärgerter Ausdruck verschwand. Der Verwalter rang nach Worten und wir alle warteten geduldig darauf, dass er seine Stimme wiederfand.

»Okay. Sie können bleiben, aber einer der Aufseher wird Sie begleiten.«

Der Wächter, den er für diese Aufgabe bestimmte, machte einen völlig verwirrten Eindruck. Doch er gehorchte seinem Vorgesetzten und machte mit uns eine Führung durch den Park. Sicher fürchtete er sich jetzt schon vor dem Spott, den er in der Mittagspause von seinen Kollegen zu hören bekommen würde.

Die Kinder hüpften vor Freude und hielten das Ganze für den größten Spaß, den sie je in ihrem Leben gehabt hatten.

Später an diesem Morgen nahm ich die U-Bahn zurück nach *Saens Pena*, der Station, die Borel am nächsten lag. Sie war nur vier Stationen vom Zentralbahnhof entfernt. Die Kinder wollten mich unbedingt zum Zug bringen und irgendwie schafften sie es, an weiteren Polizeikontrollen vorbeizukommen, um den Bahnsteig zu erreichen. Dennoch dauerte es nicht lange, bis fünf Uniformierte sich auf uns stürzten und die Kinder aufforderten, sofort zu verschwinden. Als sie jedoch sahen, wie schwer es den Kindern fiel, von mir Abschied zu nehmen, gestanden sie ihnen die Zeit zu, die jeder brauchte, um mich zu umarmen und mir einem Kuss zu geben, während der Zug bereits in den Bahnhof einrollte. Cristiano, der meine Tasche mit seinem Leben verteidigt hatte, gab sie mir zurück und ich bestieg den Zug.

»Wer sind Sie?«, fragten fünf erstaunte Polizeibeamte durch das geöffnete Fenster, während der Zug bereits losrollte.

»Ich bin eine Missionarin aus England«, antwortete ich mit einem breiten Grinsen. »Und ich bin nur deshalb in Brasilien, weil ich diesen Kindern helfen will.«

Während ich meinen neun kleinen Freunden zum Abschied winkte, konnte ich die Reaktion der Polizisten auf diese kleine Szene nicht übersehen. Sie waren zweifelsohne gerührt.

Doch meine Freude verwandelte sich bald in eine tiefe und schwere Traurigkeit. Wahrend ich die Treppen von der Station *Seans Pena* zu dem darüber liegenden Einkaufszentrum mit all seinem Trubel hinaufstieg, spürte ich, wie Tränen auf meinen Wangen brannten. Als ich oben angekommen war, setzte ich mich auf die Bordsteinkante der Hauptstraße, ohne mich darum zu kümmern, wer mich beobachten könnte, und weinte und weinte. Ich konnte einfach nicht anders.

»Oh Herr«, rief ich. »Was kann ich für sie tun? Ich brauche ein Haus, in dem sie leben können, und Mitarbeiter, die mir helfen.« Doch die Last dieser Traurigkeit schien nur schwerer zu werden. Ich weinte jetzt in atemlosen Krämpfen tief aus meinem Innern heraus.

Dann wurden plötzlich verschiedene Verse in meinen Gedanken hochgespült: »Für Menschen ist das unmöglich, für Gott aber ist alles möglich« (Mt 19,26), »Werft all eure Sorge auf ihn, denn er kümmert sich um euch« (1 Petr 5,7); »Kommt alle zu mir, die ihr euch plagt und schwere Lasten zu tragen habt. Ich werde euch Ruhe verschaffen. Nehmt mein Joch auf euch und lernt von mir; denn ich bin gütig und von Herzen demütig; so werdet ihr Ruhe finden für eure Seele. Denn mein Joch drückt nicht, und meine Last ist leicht« (Mt 11,28-30). Wieder hatte ich den Eindruck, diese ruhige Stimme in mir zu hören: »Du musst nichts Besonderes tun, Sarah. Liebe sie, nimm sie an, wie sie sind, und erzähl ihnen von mir. Ich, der allmächtige Gott, bin mit dir.«

Ich betete: »Herr, ich vertraue dir jedes einzelne dieser Kinder an. Ich gebe dir meine Traurigkeit. Ich gebe dir meine Last.« Während ich betete, verschwand die Traurigkeit und die Freude kehrte zurück.

Während ich die zwei Kilometer zurück nach Borel lief, wurde mir bewusst, dass Gott mich etwas gelehrt hatte, das meine Arbeit unter diesen Kindern für immer verändern würde. Wenn ich alle Probleme selbst tragen und mit eigener Kraft lösen wollte, würde ich aufgeben und niemandem etwas nützen. Wenn ich mich aber mit all den Problemen, die in Zukunft auftauchen würden, an Gott wendete und von ihm die Lösung erwartete, dann würde das Leben der Kinder und ihrer Familien verändert werden. Mit anderen Worten: Wenn wir das Mögliche tun, tut Gott das Unmögliche.

Kapitel 6

Vivianne

Obwohl es erst zwei Uhr nachmittags war, war es sehr dunkel. Immer noch regnete es, obwohl das Schlimmste bereits vorüber war. Die Luft roch frischer. Es war Mitte Oktober, Frühling in Brasilien, doch die Temperatur lag bei etwa 30° C und so trugen wir trotz des Regens noch Shorts und T-Shirts. Wir waren jedoch nass bis auf die Knochen und die Kleidung klebte unangenehm auf der Haut. Durch das Busfenster fiel mir auf, dass das berühmte Wahrzeichen von Rio de Janeiro, die Christusfigur, nicht mehr zu sehen war. Die dicken, grauen Wolken, die die Spitze des Berges einhüllten, hatten auch das Denkmal verdeckt.

Wir waren auf dem Weg zu der großen Müllkippe hinter dem Zentralbahnhof, um Telma, Isaac, Fernando und die anderen Straßenkinder, die sich dort herumtrieben, zu besuchen. Gill und Marcos aus meiner Gemeinde in Rio begleiteten mich. Mir war es lieber, nicht allein auf die Straße zu gehen, sondern zu zweit oder zu dritt in einer Gruppe. Zum einen war dies klüger, wenn man bedenkt, wohin und zu wem wir gingen. Und zum anderen arbeiteten die Jünger Jesu auch niemals allein und so war es ziemlich offensichtlich, dass Gott es so besser fand.

Wir hatten immer eine Erste-Hilfe-Ausrüstung und Mittel gegen Würmer und *sarna* dabei. *Sarna* ist eine schreckliche Hautkrankheit, ähnlich der Krätze, die unter den Straßenkindern grassiert. Millionen mikroskopisch kleiner Bazillen leben unter der Hautoberfläche und vermehren sich mit unglaublicher Geschwindigkeit. Ich brauche wohl nicht zu erwähnen, dass mich die Krankheit unzählige Male erwischte, und daher spreche ich hier als Fachmann. Es juckt wie verrückt, ganz besonders nachts, und kann sehr schmerzhaft werden, wenn man es nicht schnell behandelt. Die gute Nachricht ist, dass es ein Medikament dagegen gibt, »Acarsan«, das die kleinen »Mistviecher« bei sachgemäßer Anwendung innerhalb von drei Tagen abtötet. Man konnte uns regelmäßig am Hintereingang des Bahnhofs beobachten, wie wir die Straßenkinder mit »Acarsan« einrieben. Zuvor wuschen sie sich mit dem Wasser, das pausenlos aus einer praktischerweise geborstenen Wasserleitung ganz in der Nähe hervorsprudelte.

Die Müllkippe selbst lag neben einem verfallenen Haus ohne Dach, in dem die älteren Straßenkinder wohnten. Die Kippe war etwa so groß wie ein Tennisplatz und nahm den Raum ein, an dem sich früher einmal der Garten des alten Hauses befunden hatte. Reste der ehemaligen Gartenmauer verliefen auf der Rückseite des Müllplatzes. Vier große Nischen, die sich über die gesamte Länge der Mauer erstreckten, boten einigen der Kinder einen geschützten Raum. Arbeiter verbrannten ständig große Berge von Abfall, die sich über den Tag hinweg immer wieder ansammelten. Daher war alles und jeder mit Ruß bedeckt. Der Rauch des brennenden, verwesenden Abfalls in der heißen Mittagssonne raubte einem oft den Atem. Und das Innere meiner Ohren und Nase war ständig geschwärzt.

Fatima, die Mutter von Telma und Isaac, lungerte ebenfalls auf der Müllkippe herum. Sie war ständig betrunken. Telma war zwölf und mit ihren feinen dunklen Zügen ausgesprochen hübsch. Ihre Mutter machte sich Sorgen, dass Telma Prostituierte werden könnte. Doch es kümmerte sie nicht genug, um von diesem Ort, an den sie ihre Kinder gebracht hatte, wegzuziehen. Und außerdem verhinderte Robertos Nachtasyl zumindest vorübergehend, dass ihre Angst sich bewahrheiten konnte. Sie besaßen ein altes, schmutziges Sofa, das an der Wand am Rand des Müllplatzes stand. Um eine der Nischen standen zwei große Kisten, die groß genug für eine einfache Matratze waren. Das Essen kochten sie in einer dreckigen Pfanne über einem Feuer zwischen Sofa und Nische. Fatima gab das Geld, das Telma und Isaac durch Betteln verdienten, für *cachaca* aus. Sie war aus dem Inneren der Provinz Minas Gerais weggezogen, nachdem ihr Mann sie wegen einer anderen Frau verlassen hatte. Ihre drei älteren Söhne waren dort geblieben, während sie ihre beiden jüngsten Kinder mit nach Rio genommen hatte. Isaac, der erst sieben Jahre alt war, hatte den größten Magen unter all den Straßenkindern in der Gegend. Er war so groß wie ein dicker Kürbis und voller Würmer.

Telma bettelte den ganzen Tag um Geld. Dabei trug sie einen winzigen Säugling bei sich, der Vanya gehörte, einer jugendlichen Prostituierten, die mit ihrer ersten, dreijährigen Tochter neben der Müllkippe herumlungerte. Das Baby, Vivianne, war ein trauriger Anblick. Mit ihren fast zwei Monaten litt sie an Flüssigkeitsmangel, war von *sarna* bedeckt und bedrohlich unterernährt; Vanya wollte sie nicht stillen, weil das ihr Geschäft beeinträchtigen würde; so behauptete sie jedenfalls.

Als Gill, Marcos und ich uns dem Müllplatz näherten – wir waren vor dem Marktplatz aus dem Bus gestiegen –, hörte ich plötzlich, wie jemand meinen Namen rief. Rose, eine Prostituierte, die ihren Körper bereits über fünfzehn Jahre lang verkaufte, lief uns entgegen.

»Sarah, Gott sei Dank bist du hier. Komm schnell, komm schnell, bitte, folge mir«, bat sie mich mit verängstigten, dunklen Augen. Ihr mattes schwarzes Haar war tropfnass, ebenso ihr trägerloses Minikleid. Kleine Narben von alten Verletzungen bedeckten ihre nackten Beine und Arme. Ihr zerfurchtes schwarzes Gesicht und ihr zahnloses Lachen ließen sie älter aussehen, doch sie war erst dreißig.

Wir folgten ihr in einem langsamen Laufschritt einen dunklen Weg entlang, der rechts von dem verfallenen Haus zwischen den alten Holzhütten hindurchführte, in denen Prostituierte und Drogendealer lebten. Das Regenwasser ergoss sich noch immer zu beiden Seiten von den Dächern der Hütten und ich war froh, dass ich nur Badesandalen anhatte, da wir durch lauter Pfützen liefen. Es war klar, dass etwas Schlimmes passiert war, aber keiner stellte Fragen. Schreckliche Gedanken schossen mir durch den Kopf: War jemand gestorben? War es Telma? War es Vivianne? Oder Fernando?

Rose hielt plötzlich vor der geschlossenen Holztür einer der Hütten, etwa auf halber Strecke des Pfades. Ich wusste nicht, was mich erwartete, und warf Gill und Marcos einen fragenden Blick zu, die ebenso beunruhigt aussahen. Rose öffnete langsam die Tür. Im Innern war es dunkel und es roch nach feuchtem Holz, doch die geöffnete Tür ließ etwas Licht auf den Körper eines Jugendlichen fallen, der auf dem einzigen Bett lag, das sich in der Hütte befand. Wir gingen hinein und schauten uns das Gesicht näher an, um herauszufinden, wer es war. Gill stieß einen leisen Schrei aus und ich schloss schnell die Augen in der Hoffnung, dass ich sie wieder öffnen würde und das blutige, von einem Messer zerschnittene Gesicht wäre verschwunden. Es war Anderson, ein Sechzehnjähriger, der auf der Straße Drogen verkaufte. Ein Mitglied einer rivalisierenden Bande hatte versucht, ihn umzubringen, erklärte Rose.

»Bitte, versuch, etwas für ihn zu tun. Er kann nicht ins Krankenhaus, denn dann würde die Polizei ihn verhaften«, fuhr sie flehend fort.

»Anderson, kannst du mich hören?«, fragte Gill mit fester Stimme.

Anderson bewegte sich. Er wimmerte vor Schmerz, als er erwachte. Der obere Teil seines linken Ohrs hing herab und er hatte tiefe Schnittwunden an der rechten Wange und an der Stirn. Seine Augen waren mit trockenem Blut verklebt.

»Er muss in ein Krankenhaus«, sagte Gill und schaute Rose direkt in die Augen. »Die Verletzungen sind tief und er hat viel Blut verloren.«

»Das geht doch nicht! Bitte, versuchen Sie, etwas für ihn zu tun.« Rose begann, wütend zu werden.

Gill und ich reinigten die Wunden, so gut es ging, mit oxydiertem Wasser, antiseptischer Tinktur und Salbe. Wir klebten viele Pflaster über die tiefen Schnittwunden, um die Haut wieder zusammenzuziehen. Doch der Blutverlust war groß und er verlor allmählich das Bewusstsein.

»Glaubst du, dass Jesus dich heilen kann?«, fragte ich und beugte mich dabei so nah es ging zu Andersons gesundem Ohr hinunter.

»Sim«, nickte Anderson bejahend.

Wir drei begannen zu beten. Wir wussten nicht, was wir sonst für ihn hätten tun können.

»Deus«, sagte Marcos, »wir können nichts mehr tun und darum wenden wir uns an dich und bitten dich und deinen Heiligen Geist. Im Namen Jesu, heile Andersons tiefe Wunden, bewahre sie vor Infektionen und ersetze den Blutverlust. Amen.« Es war ein schlichtes Gebet und ich muss zugeben, dass ich es nur halbherzig sprach und nicht recht glaubte, dass Gott es beantworten würde. Es herrschte einige Sekunden lang Stille. Nur das Regenwasser, das draußen vom Dach tropfte, war zu hören.

Dann wurde die winzige Holzhütte plötzlich von der unfassbaren Gegenwart Gottes erfüllt. Es war so unglaublich; ich kann es gar nicht anders ausdrücken. Der Eindruck war so stark, dass ich den Kopf beugen musste, weil ich der Kraft, die über mir schwebte, nicht länger standhalten konnte. Rose brach in Tränen aus. Wir legten Anderson die Hände auf und er fing an, bis über beide Ohren zu lächeln.

»Jesus ist hier«, brachte er hervor. »Er heilt mich!«

Wir ließen eine weinende Rose und einen fröhlichen Anderson zurück und machten uns auf den Weg zur Bushaltestelle, um den Bus nach Hause zu erwischen. Es war bereits nach sechzehn Uhr; die Zeit war nur so dahingeflogen.

Während ich die steile Hauptstraße von Borel hinaufstieg, die sich im Herzen der Favela zum Hauptplatz und darüber hinaus den Berghang hinaufschlängelt, war ich in Gedanken immer noch bei Anderson. Obwohl mein Glaube so klein gewesen war, hatte Gott unser Gebet erhört, dachte ich bei mir. Ich war sogar so sehr mit meinen Gedanken beschäftigt, dass ich nicht einmal den Gestank des großen schwarzen Schafbocks wahrnahm, der hinter dem Eingang zur Favela Borel an der zweiten Biegung der Hauptstraße lebte. Man benutzte ihn im *Macumba*-Zentrum und mit seinen großen schwarzen Augen und seinen riesigen geschwungenen Hörnern, die steil nach vorne zeigten, sah er entsprechend böse aus. Er roch wie die Stinkbomben, die wir in meiner Kindheit immer in der Schule losgelassen hatten. Ich hielt auch nicht inne, um die *quadrilha* zu bemerken, die stets an der dritten Biegung Wache hielt. Ebenso wenig bemerkte ich den Geruch des allgegenwärtigen Marihuana-Rauchs. Erst, nachdem ich den steilsten Teil des nächsten Wegabschnitts zur Hälfte hinter mir hatte – er führte von der vierten Biegung zum Hauptplatz –, blickte ich zufällig auf.

Ein tiefer Schreck durchfuhr mich wie ein Blitz. Drei der übelsten Banditen, die ich je gesehen hatte, kamen mir auf der ganzen Breite der Straße entgegen. Sie waren mit Maschinengewehren, Pistolen und Revolvern bewaffnet. Ich blieb wie angewurzelt stehen und mir wurde bewusst, dass sonst niemand in der Nähe war. Sie waren jetzt praktisch über mir und hatten zweifelsfrei nicht die Absicht, stehen zu bleiben oder zur Seite zu treten. Plötzlich rief zu meiner Linken jemand laut meinen Namen.

»Sarah, Sarah, hierher, schnell, hierher, Sarah, sofort!«

Ich blickte nach links und sah Pastor Willibaldo, der sich hinter seinem alten braunen VW Käfer versteckte und mich eilig zu sich winkte. Ich erlebte mich selbst zwar in Zeitlupe, doch in Wirklichkeit schoss ich wie ein Pfeil zu Pastor Willibaldo und seinem treuen Gefährt hinüber.

»Sarah, bist du okay?«, fragte Willibaldo besorgt.

»Was geht hier vor sich?«, fragte ich erschrocken.

»Sie machen sich für den großen Kampf mit Casa Branca heute Nacht bereit. Carlos wurde heute Morgen von der Polizei verhaftet und nun weiß die ›quadrilha‹ hier, dass sie sich entweder auf einen Kampf mit rivalisierenden Banden oder auf einen Besuch der Zivilpolizei gefasst machen muss. Während wir hier reden, suchen sie gerade Verstärkung.«

Carlos war dreiundzwanzig Jahre alt und einer der mächtigsten und gefährlichsten Anführer der *quadrilha* von Borel. Er war für die Sicherheit und für die Verstärkung zuständig. Hin und wieder hatte er uns in unserem Zentrum besucht und Pedro hatte immer wieder auf ihn eingeredet, die Favela zu verlassen und ein neues Leben anzufangen. Doch Carlos hörte nicht auf ihn.

Pastor Willibaldo hatte schon sechzehn Jahre in Borel gelebt – nicht weil er musste, sondern weil er und seine erste Frau sich von Gott berufen fühlten, dort zu leben und zu wirken. Sie hatten geholfen, die Baptistengemeinde am Hauptplatz von Borel aufzubauen, und seine Frau hatte sich um die Kinderarbeit gekümmert. Willibaldo war voller Liebe für die *bandidos* und ich hatte schon einige getroffen, die durch das Wirken dieses außergewöhnlichen Pastors zum Glauben an

Jesus Christus gekommen waren und deren Leben sich völlig verändert hatte. Willibaldo war Mitte vierzig, mittelgroß, stämmig und hatte kräftiges braunes Haar. Seine freundlichen braunen Augen spiegelten stets seine Liebe zu Jesus und zu den Armen wider. Seine erste Frau war an einer tragischen Krankheit gestorben, so dass er allein für ihren einzigen Sohn sorgen musste. Einige Jahre danach traf Willibaldo Maria und die beiden heirateten. Sie war zwanzig Jahre jünger als er. Zusammen hatten sie zwei wunderbare Söhne, Gabriel und Rafael, die beide noch nicht einmal drei Jahre alt waren.

Ich verabschiedete mich von ihm und ging schnell hinauf zur Klinik, wobei ich mich im Schutz der Häuser auf der einen Seite der Straße hielt. Als ich die Klinik erreichte, fand ich Anita allein vor, die gerade versuchte, das Regenwasser aufzuwischen, das den ganzen unteren Stock überflutet hatte. Ich nahm mir auch einen Schrubber und wir teilten uns die Arbeit: Ich konzentrierte meine Aufmerksamkeit darauf, das Wasser aus der Küche zur Vordertür zu wischen, während Anita das Wasser aus dem Behandlungsraum hinten zur Tür hinausschob.

Wir waren fast fertig, als ich zur Vordertür ging, um sicherzustellen, dass das Wasser auch tatsächlich ablief und nicht wieder ins Haus zurücksickerte.

Plötzlich durchbrach Maschinengewehrfeuer die Stille wie ein Donnerschlag. Auf der anderen Seite der Mauer, hinter der ich mich befand, ging ein Kugelhagel nieder. Wie ein verschrecktes Kaninchen ließ ich den Schrubber fallen und rannte schreiend ins Haus.

»Sarah, hier hinein, hier hinein. Leg dich auf den Boden«, rief Anita aus dem Behandlungsraum.

Ich rannte in das Zimmer und warf mich auf den feuchten Boden. Mein Puls raste und ich war völlig außer Atem. Das war zu viel. Das musste alles nur ein Film sein, es konnte nicht wirklich geschehen, dachte ich bei mir.

Doch eines wusste ich sicher: Die hohe Ziegelmauer auf der Vorderseite unseres Hauses hatte mir das Leben gerettet.

Dann hörten wir plötzlich einen Helikopter, der näher kam und schließlich über uns schwebte. Der Lärm war ohrenbetäubend.

»Bleib auf dem Boden«, rief Anita. »Das ist die Polizei. Die schießen auf alles, was sich hier unten bewegt.«

Am Berghang oberhalb von uns fielen weitere Schüsse. Nach ein paar Minuten konnten wir hören, wie ein Wagen schnell den Hang herunterkam und auf dem Platz an unserem Haus vorbeifuhr. Der Helikopter flog davon und es wurde wieder still um uns herum.

»Helfen Sie mir, bitte! Helfen Sie mir!«, rief eine Männerstimme von der anderen Seite des Tores. Anita und ich rappelten uns vom Boden hoch und rannten hinaus, um zu sehen, wer da war.

»Mein Sohn ist angeschossen worden.« Vor uns stand ein verängstigter junger Mann mit einem wimmernden Fünfjährigen im Arm. »Er war draußen auf der Straße, ganz in der Nähe des Platzes, als die Polizei wild um sich schießend vorbeifuhr. Eine Kugel prallte von der Mauer ab und schlug in seinen Hoden ein.«

Anita führte den zitternden Vater in den Behandlungsraum, und legte seinen vor Schmerz und Schreck starren Sohn auf den Tisch. Vorsichtig entfernte sie die zerrissenen Shorts und die Unterhose des Kindes. Und da war sie – eine Kugel, die sich genau unterhalb der Hautoberfläche befand. Sie war nicht vollständig in den Körper des Jungen eingedrungen, sondern kurz vor seinen Genitalien stecken geblieben. Er blutete nur ganz schwach.

»Ich denke, die Hand Gottes muss die Kugel gehindert haben, einzudringen und meinen Sohn zu töten«, sagte der Vater, der nicht weniger erstaunt war als wir.

»Nichts anderes als ein Wunder«, meinte Anita zustimmend. »Doch Sie müssen ihn ins Krankenhaus bringen, um die Kugel entfernen zu lassen. Ich werde ihm in der Zwischenzeit ein Schmerzmittel geben.«

Der Vater verließ uns, um seinen Sohn ins Krankenhaus zu bringen, und wir überquerten den Platz und gingen zu unseren Zimmern im obersten Stockwerk des turmartigen Hauses. Ich nahm eine dringend fällige Dusche, bevor ich erschöpft auf mein Bett fiel.

»Sarah, ola, ist jemand zu Hause?« Es war George.

Ich ging in die Küche und ließ George zur Vordertür herein.

»Ola, George, tudo bom [wie geht es dir]?«, fragte ich, erfreut, einen guten Freund zu treffen.

»Mir geht es gut, aber ich wollte sehen, wie es dir geht«, meinte George, ohne mir in die Augen zu blicken.

»Ich komm schon irgendwie über die Runden, George«, antwortete ich, zog die Augenbrauen hoch und grinste. »Womit kann ich dir helfen? Möchtest du, dass ich deinen Fuß versorge?«, fragte ich.

»Wenn du Zeit hast«, sagte George scheu und noch immer ohne Blickkontakt.

»Natürlich«, antwortete ich und führte ihn in den kleinen Behandlungsraum. Er setzte sich sofort auf den Hocker und begann, den alten Verband von seinem Knöchel zu entfernen, während ich den Schrank öffnete, um eine neue Binde, Gaze, antiseptische Tinktur und Salbe zu holen.

»Sarah, ich war letzten Sonntag im Gottesdienst«, erzählte George, offensichtlich mit sich selbst zufrieden.

Ich war begeistert.

»George, das ist die beste Nachricht, die ich in dieser Woche gehört habe. Wie hat es dir gefallen?«, fragte ich, während ich die Tinktur und etwas Mull auf die Wunde tat.

»Nun, ich bin nach vorne gegangen und habe für meinen Fuß beten lassen«, antwortete George. Tatsächlich gelang es ihm jetzt, mir in die Augen zu blicken. Sein sanftes Gesicht verzog sich zu einem breiten Lachen.

»Und?«, fragte ich weiter.

»Es war ganz toll«, antwortete George.

»Wirst du diesen Sonntag wieder hingehen?«, fragte ich und blickte dabei von meiner Arbeit hoch.

»Ja, das werde ich«, meinte George entschlossen.

Am darauf folgenden Wochenende wurde George auf dem Rückweg vom Strand von *Copacabana* im Bus ermordet. Ein Mitglied aus einer anderen Bande hatte ihn für seinen älteren Bruder gehalten und mit einem Messer sechs- oder siebenmal auf ihn eingestochen. Carla, Vitor und Vivianne hatten alles mitangesehen, da sie auf der Bank hinter ihm saßen. Ich war am Boden zerstört.

In dieser Nacht waren die Schießereien besonders gnadenlos. Die *quadrilha* von Borel war wütend und suchte Vergeltung. Ich hielt Carla in meinen Armen, während sie zwei Stunden lang ununterbrochen weinte und nicht mehr aufhören konnte. Oh Herr, schrie ich innerlich, was für eine Zukunft wird sie erwarten? Kein Wunder, dass diese Kinder davonlaufen und auf den Straßen da unten leben. Bitte, ruf du noch mehr Menschen, die mithelfen, diese Kinder aus der Hölle, in der sie leben, zu retten.

»Du wirst mich doch nicht etwa bestehlen, oder?«, wollte Pastor Willibaldo scherzhaft vom kleinen Fernando wissen, der neben der großen Müllkippe auf der Straße stand.

»Oh nein«, antwortete Fernando ernst. »Es ist ganz schlimm, wenn man einen Pastor beklaut!«

Wir mussten alle laut lachen.

Ich wischte mir den Schweiß von der Stirn und bemerkte, dass die Haut bereits mit Ruß bedeckt war. Die Mittagssonne erreichte weit über 30° C und die Hitze des brennenden Abfalls ließ die Luft vollends stickig werden. Das Atmen wurde immer schwerer.

Gill und Marcos waren mitgekommen, dazu ein kleines brasilianisches Team der Niederlassung von »Jugend mit einer Mission« außerhalb des Stadtzentrums von Rio.

»Sarah«, rief Gill, der aus der Richtung des verfallenen Hauses auf mich zukam. »Schau dir Anderson an.«

Ich war überglücklich, dass dieser sich so schnell erholt hatte. Es war erst eine Woche her, dass wir für ihn gebetet hatten.

»Jesus hat mich geheilt, tia«, meinte Anderson mit einem Lächeln. »Ich fühle mich großartig.« Seine tiefen Wunden waren völlig verheilt und man konnte kaum Narben entdecken.

Pastor Willibaldo und ich unterhielten uns mit Fatima, die ziemlich aufgelöst war, weil Roberto das Nachtasyl hatte schließen müssen. Die methodistische Kirche hatte entschieden, dass sie die Räume für die Jugendarbeit der eigenen Gemeinde benötigte! Roberto und seine Frau hatten jedoch ein Haus in der Nähe des Bahnhofs gekauft, in dem sie bis zu zehn Straßenjungen für die Zeit ihrer Rehabilitation aufnehmen konnten. Sogar Minerinho lebte seit zwei Wochen dort.

Vanya tauchte unvermittelt auf. Sie trug die zwei Monate alte Vivianne achtlos unter dem Arm. Ich war schockiert, als ich das Gesicht des Babys sah. Vivianne schien nur halb bei Bewusstsein zu sein, ihre großen braunen Augen waren tief in ihr winziges Gesicht gesunken. Die Tatsache, dass Vanya sie bei dreißig Grad Hitze in eine dicke Wolldecke gewickelt hatte, machte die Sache auch nicht gerade besser. Man fühlte sich bereits ohne Wolldecke unwohl.

»Sie lässt nicht zu, dass jemand ihr Baby ins Krankenhaus bringt«, sagte Fatima seufzend. »Sie will das Baby nicht, aber sie will auch nicht, dass ein anderer es bekommt. Sie liebt nur Veronica, ihre ältere Tochter. Wisst ihr, sie ist ein bisschen verrückt – zu viele Drogen.«

Ich ging zu Vanya hinüber und nahm ihr Vivianne ab. Dann setzte ich mich auf das alte Sofa und befreite das Kind von der erstickenden Wolldecke. Zwei Mitarbeiter aus dem Team, das zu Besuch war, stöhnten noch vor mir auf.

»O Meu Deus«, rief ich aus.

Vanya lachte mit ihrem zahnlosen Grinsen. Ihr weißes Minikleid war zerrissen und von Ruß bedeckt, ihre dünnen schwarzhäutigen Glieder waren mit Malen und kleinen Narben übersät.

Vivianne lag im Sterben. Von ihrem kleinen Körper hing die faltige braune Haut herab. Ihr Bauch war aufgebläht. Eine chronische *sarna*-Infektion, die sich entzündet hatte, bedeckte ihren Körper von Kopf bis Fuß und aus ihrer Haut quoll Eiter hervor. An den Ohren, Händen und Füßen war es besonders schlimm. Getrockneter Eiter machte es schwer, ihre winzigen Händchen zu öffnen und dünnes braunes Haar klebte an ihrer Kopfhaut.

»Lass sie uns ins Krankenhaus bringen«, sagte Marcos, der sich zu uns gesellt hatte.

»Auf keinen Fall«, antwortete Vanya, die immer noch lachte.

»Sie leidet und braucht Hilfe«, sagte Rubens, einer aus dem Team von »Jugend mit einer Mission«, mit Nachdruck.

In meinem Herzen stieg Wut hoch. Oh Herr, rief ich innerlich, sei Vanya gnädig, denn sie hat ihren Verstand verloren. Bitte, sage mir, was ich tun soll.

Plötzlich kam mir die Geschichte von Nehemia in den Sinn. Er war nur ein Mundschenk des Königs, als er von der Zerstörung der Mauern und Tore um Jerusalem hörte. Doch er betete, fastete und klagte nicht nur für die Stadt, sondern er machte sich auch im Glauben ans Werk und baute die Stadtmauer wieder auf. Und allen Widrigkeiten zum Trotz schaffte er es mit Hilfe einer Gruppe von Beamten, Kaufleuten, Priestern und Adligen. In dem Augenblick wusste ich, dass ich nicht nur die Verantwortung hatte, für Vivianne zu beten, sondern dass ich auch helfen sollte, ihr Leben vor der Zerstörung zu retten.

»Herr«, sagte ich fast unhörbar auf Englisch, »sorge dafür, dass Vanya meine Hilfe akzeptiert. Mach, dass sie mir gestattet, mich um Vivianne zu kümmern.«

Umgehend blickte ich zu Vanya auf und sagte: »Vivianne stirbt, Vanya. Sie darf nicht auf der Straße bleiben. Lass mich für sie sorgen, bis es ihr besser geht. Du kannst sie jeden Tag in Borel besuchen.«

Sie hörte auf zu lachen und schaute mich an. Alle schwiegen.

Schließlich blickte sie jeden um sich herum an und sagte: »Okay. Du kannst Vivianne mitnehmen.«

Ein tiefes Seufzen der Erleichterung ging durch unsere Reihen und selbst die anderen Straßenkinder und Erwachsenen, die um das Sofa einen kleinen Menschenauflauf veranstaltet hatten, waren erleichtert.

Rubens, Marcos und ich brachten das Baby ins nächstgelegene Krankenhaus. Nachdem wir vier Stunden gewartet hatten, bekamen wir schließlich ein Rezept gegen *sarna*, Medikamente gegen den Durchfall und das Erbrechen und eine Liste mit besonders nährstoffreicher Säuglingsnahrung, die wir ihrem Fläschchen zufügen sollten. Zum Abschied sagte uns der Arzt: »Sie wird sterben, wenn sie nicht sofort von der Straße wegkommt und angemessen versorgt wird.«

Um etwa halb neun gelangten wir an diesem Abend schließlich wieder nach Borel.

Ivan half mir, Vivianne in der Küche in einer kleinen Wanne mit Wasser und der Tinktur gegen *sarna* zu baden.

»Ivan«, sagte ich erschöpft, »ich habe keine Erfahrung mit Babys, und schon gar nicht mit kranken Babys.«

»Dann sollten wir beten und Gott um eine erfahrene Mutter bitten, die dir hilft«, meinte Ivan mit einem sanften Lächeln.

Wir hatten unser Gebet gerade erst beendet, als es an der Vordertür klopfte. Es war Beth, die älteste Tochter der *Senhora*; sie wohnte im Haus neben mir.

»Ich habe gehört, dass du auf der Straße ein sterbendes Baby gefunden und mitgebracht hast. Da hab ich mich gefragt, ob ich wohl helfen kann.«

Meine Augen waren feucht, als ich sie in dem Arm nahm.

»O, ja, bitte, Beth. Ich weiß gar nicht, wo ich anfangen soll.«

Als ich später in dieser Nacht im Bett lag, schaute ich mich in meinem Zimmer um, das vom Vollmond hell erleuchtet war. Neben meinem Schrank stand eine Babybadewanne, die Beth mir geliehen hatte. Ich musste um zwei Uhr nachts aufstehen, um Vivianne noch einmal in der medizinischen Tinktur zu baden und so den Juckreiz zu lindern. Außerdem musste ich ihr ein Fläschen geben. Babywäsche, Baumwollwindeln, Sicherheitsnadeln und Windelhöschen aus Kunststoff lagen auf meinem Holzstuhl bereit. Wir hatten Vivianne das Fläschen mit all den Beigaben, die der Arzt vorgeschlagen hatte, verabreicht, aber sie hatte sich sofort danach erbrochen; es war zu reichhaltig für ihren kranken Magen. Stattdessen hatten Beth und ich ihr Reismilch gegeben, die sie gut aufnehmen konnte. Ihre Fläschen für zwei Uhr und für fünf Uhr waren bereits vorbereitet und standen unten im Kühlschrank.

Und am Fußende meines Bettes lag Vivianne auf einer kleinen Matratze und schlief tief und fest.

»Danke, Vater, dass du mir Beth geschickt hast. Segne sie tausendfach für ihre Freundlichkeit«, flüsterte ich. »Aber ich habe Angst, wirklich Angst, dass Vivianne sterben wird. Ich bitte dich darum, dass sie überlebt, damit auch sie dich kennen lernen kann. Hilf ihr, Herr, dass sie wieder zu Kräften kommt.«

Als ich daraufhin die Augen schloss, um zu schlafen, hatte ich wieder den Eindruck, diese sanfte, ruhige Stimme zu hören: »Wenn sie älter ist, wird sie ein groß gewachsenes, gesundes Mädchen sein.«

Das ist bemerkenswert, dachte ich bei mir, ihre Mutter ist doch ziemlich klein. Trotzdem konnte ich mich freuen, denn nachdem ich diese Worte gehört hatte, wusste ich, dass sie leben würde.

Nach sieben Tagen und sieben schlaflosen Nächten war ich völlig erschöpft. Viviannes Kleidung und ihre Windeln mussten jeden Tag ausgekocht werden, um die *sarna*-Keime abzutöten, und so stand ich pausenlos am Wasserkocher und erhitzte eimerweise Wasser. Von Vanya war nichts zu sehen. Der Gedanke, dass Vivianne wieder auf die Straße zurück musste, bedrückte mich.

In mein Tagebuch schrieb ich:

»31. Oktober 1991
Oh Herr, ich fühle mich so elend. Ich bin so müde und ich frage mich, wofür ich das alles tue, wenn sie doch wieder an diesen schrecklichen Ort zurück muss.
Warum lässt du mich das durchmachen?
Ich habe eine emotionale Bindung zu ihr aufgebaut. Ich habe mich sieben Tage und sieben Nächte um sie gekümmert und sie gefüttert. Ich bin in dieser Zeit ihre Mutter gewesen. Und es fällt mir so schwer, mir vorzustellen, dass sie wieder auf diesen Müllplatz zu ihrer richtigen Mutter zurückkehrt; eine Mutter, die sich nicht um sie kümmert.
Ich habe die Nase voll und ich bin müde. Außerdem fühle ich mich sehr einsam. Ich kann als alleinstehende Frau keine missionarische Arbeit aufbauen. Ich brauche wirklich einen Partner, einen Ehemann, der mir hilft.
Ich denke, dass ich mich noch eine weitere Woche um Vivianne kümmern kann, dann wird sie zu ihrer Mutter zurück müssen. Deshalb bitte ich dich, Vater, verändere du Vanyas Herz oder ermögliche es, dass eine andere Familie Vivianne adoptiert.
Herr, bitte hilf.«

Am darauf folgenden Morgen verließ ich das Haus bei strömendem Regen, um Vivianne für eine Blut- und Stuhluntersuchung ins Krankenhaus zu bringen. Ich packte sie in warme Kleidung und in einen Regenmantel, den sie von Nachbarn bekommen hatte, und machte mich auf den Weg, um am Fuß des Berges den Bus zu nehmen. Unterwegs begann ich, darüber nachzudenken, wie großzügig die Leute in der Favela gewesen waren, seit ich Vivianne bei mir hatte. Sie hatte so viel

Kleidung bekommen, dass ich gar nicht wusste, was ich damit anfangen sollte. Eine junge Mutter, die ein paar Häuser von uns entfernt wohnte, kam jeden Tag einmal vorbei, um Vivianne an ihrer Brust zu stillen. Und die Kinder, Carla, Leticia und Livia, halfen mir an den Nachmittagen, wenn sie aus der Schule kamen. Ein kleiner Junge hatte zu mir gesagt: »Wir haben es hier in Borel nicht leicht, aber Vivianne hat es noch schwerer, da sie doch auf einer Müllkippe wohnt.«

Damit war wohl so ziemlich alles gesagt.

Während ich den Hügel hinunterging, hörte ich Pastor Willibaldo meinen Namen rufen. Er war gerade dabei, in seinen guten alten VW Käfer zu steigen.

»Sarah, wo in aller Welt willst du bei diesem Regen hin?«

»Ich bringe das Baby zu einer Untersuchung ins Krankenhaus«, antwortete ich und blieb stehen.

»Komm, steig in den Wagen. Ich bringe euch hin«, bot Willibaldo an und öffnete die Wagentür für mich.

Der Motor stotterte los und wir fuhren die Straße bis zur dritten Biegung hinunter, wo die *quadrilha* Wache stand.

Doch statt geradewegs vorbeizufahren, stoppte Willibaldo den Wagen und rief einen der *bandidos* zu sich herüber.

»Hör mir gut zu, José. Mach, dass du aus Borel wegkommst – jetzt sofort –, oder du wirst morgen tot sein. Dein Todesurteil ist bereits gefällt und dir bleibt nicht mehr viel Zeit!«, sagte Willibaldo mit Nachdruck und hob dabei seinen Zeigefinger.

»Danke, Willibaldo«, meinte ein nasser, zitternder José. Er warf seinen Zigarettenstummel auf den Boden und trat ihn aus. Wir fuhren weiter.

Auf dem Weg zum Krankenhaus meinte mein Pastor plötzlich: »Sarah, du bist ganz allein mit dieser Situation. Die Leute in deiner Umgebung denken, du bist verrückt, weil du dich um das kleine Mädchen kümmerst; sie verstehen das nicht. Aber Gott wird dir einen Mann geben, einen Ehemann, der dich geistlich, emotional und körperlich unterstützen wird. Dieser Mann wird dich in jeder Weise verstehen: deine Erfahrungen und Erlebnisse in der Vergangenheit und deine Reife.«

Ich wandte mich Willibaldo zu und lächelte: »Ist das eine Prophetie?«, fragte ich.

»Ja, das ist es«, sagte er und versuchte gleichzeitig, seine Scheibenwischer in einen schnelleren Gang zu schalten.

Ich holte tief Luft: »Willibaldo, ich glaube, ich habe diesen Mann bereits kennen gelernt.«

»Ach ja? Wer ist es?«, fragte Willibaldo, der nun nicht mehr auf die Straße blickte, sondern mir einen äußerst neugierigen Blick zuwarf.

»Sein Name ist Joao Bosco. Ich traf ihn letzten Monat bei einer Konferenz in Paraguay. Er arbeitet schon seit sieben Jahren für ›Jugend mit einer Mission‹ und war überall auf der Welt unterwegs. Er ist ein Evangelist, voller Feuer und Energie, ein Mann mit Vision, jemand, der draußen an der Front sein sollte, um Pionierarbeit zu leisten. Er hat außerdem ein paar Seminare über die Produktion von Videos besucht. Momentan arbeitet er gerade an einem Video über die Arbeit von ›Jugend mit einer Mission‹ in Belo Horizonte. Wir verbrachten fast das gesamte Wochenende damit, uns gegenseitig aus unserem Leben zu erzählen.«

»Spricht er Englisch?«, fragte Willibaldo.

»Das tut er. Er ist ein Jahr älter als ich und wurde mit einundzwanzig Jahren Christ. Davor führte er ein ziemlich wildes Leben; er liebte schnelle Autos und Motorräder. Dann hatte er eines Abends einen sehr schlimmen Motorradunfall. Während er ohne Helm durch die Luft geschleudert wurde, lief sein Leben wie ein Film vor seinem inneren Auge ab; es war eine

Vision all seiner früheren Vergehen. Sein gesamter Körper erkaltete und er konnte nichts mehr sehen. Plötzlich – es war eine Sache von Sekunden – hatte er das Gefühl, Gottes Stimme zu hören: ›Vertrau mir oder du wirst sterben.‹ Er hatte sich bereits früher einmal mit dem Glauben beschäftigt und beschloss zu gehorchen. Dann glaubte er die Worte zu hören: ›Lege deine Arme um deinen Kopf.‹ In dem Augenblick, als er das tat, landete er auf dem Asphalt und seine gesamte Haut und das Fleisch an seinen Armen und Ellbogen wurden weggeschürft. Doch es hat ihm das Leben gerettet.« Ich hielt inne, um zu sehen, ob Vivianne bequem lag.

»Weiter, weiter«, meinte Willibaldo ungeduldig.

»Dieses Erlebnis hat natürlich sein Leben verändert. Drei Monate später lud er Jesus in sein Leben ein, gab seinen Job bei der örtlichen Verwaltung auf, löste seine Verlobung, verkaufte seinen Besitz und gab das Geld einem Waisenhaus und kaufte sich einen kleinen Zeitschriften- und Buchladen in Belo Horizonte, in dem er christliche Bücher verkaufte. Außerdem evangelisierte er zusammen mit einem kleinen Team von seinem kleinen Laden aus und erreichte etwa hundert Leute am Tag. Nach drei Jahren schloss er sich ›Jugend mit einer Mission‹ an. Was mich an ihm aber am meisten beeindruckte, war sein tiefer Glaube an Gott.«

Willibaldo musste lächeln. Ich fuhr fort:

»Drei Monate, nachdem er Christ geworden war, las er im Haus seiner Großmutter Felicia in seiner Bibel und betete für seine Familie. Seine Großmutter war krank; sie litt in Folge eines unheilbaren Gehirntumors unter chronischen Kopfschmerzen. Plötzlich hatte er den Eindruck, Gott sage ihm, er solle zu seiner Großmutter in den Garten gehen und für sie beten. Im Glauben darauf gehorchte er. Seine Großmutter war eine gläubige Katholikin und freute sich sehr, dass jemand für sie beten wollte. Doch Joao sagte zu ihr, sie selbst solle Jesus um Vergebung bitten. Dann hob er die rechte Hand, lobte Gott und stellte sich im Namen Jesu gegen den Tumor in ihrem Kopf. Seine Tante, die ganz in der Nähe Pflanzen wässerte, fing an zu lachen und machte zynische Bemerkungen über Joao, ›den kleinen Priester‹. Aber Joao betete weiter. Plötzlich brach seine Großmutter in Tränen aus und begann, verschiedene Vergehen zu bekennen. Während sie sprach, spürte Joao, wie ein Brennen durch seinen rechten Arm in seine Hand strömte, die er auf den Kopf seiner Großmutter gelegt hatte. Diese stieß einen Schrei aus, als die Hitze in ihren Kopf eindrang, und sagte, Gott sei dabei, sie zu heilen und ihre Schmerzen seien verschwunden. Zum ersten Mal in ihrem Leben betete sie in Sprachen. Joaos Tante ließ die Gießkanne fallen und rannte ins Haus. Zwei Tage später wurde Großmutter Felicia von einer immer noch ungläubigen Tante ins Krankenhaus gebracht. Doch die Ärzte waren sprachlos, denn alle Tests ergaben, dass ihr Tumor völlig verschwunden war.« Während ich sprach, spürte ich bei der Erinnerung an Joaos Bericht an meinen Armen eine Gänsehaut.

»Ich kann es kaum erwarten, diesen Joao Bosco kennen zu lernen«, sagte Willibaldo und parkte seinen VW vor dem Krankenhaus.

Der Warteraum vor dem Labor war voller Patienten und die Krankenschwestern meinten sogar, wir sollten besser an einem anderen Tag wiederkommen. Glücklicherweise besaß ich ein Formular des Arztes, in dem er die Untersuchungen angeordnet hatte. Ich machte mir Sorgen, dass ich Vivianne nicht mehr lange bei mir haben würde, und musste wissen, ob es ihr besser ging oder nicht. Willibaldo ging einfach an allen vorbei, zeigte dem Arzt das Schreiben und erklärte ihm die ganze Situation. Bevor ich wusste, was geschah, riefen die Ärzte Vivianne vor allen anderen Patienten hinein und fünf Minuten später konnten wir das Labor wieder verlassen.

»Du wirst mich zum Radiosender ›Boas Novas‹ [›Gute Nachricht‹] begleiten müssen. Ich muss meine Sendung bis Mittag aufgezeichnet haben und die Zeit ist zu knapp, um euch beide zurück nach Borel zu fahren«, meinte Willibaldo, während sich der Motor erneut stotternd in Gang setzte.

Boas Novas war ein christlicher Radiosender in Rio de Janeiro und Pastor Willibaldo machte dort an sieben Tagen in der Woche eine fünfminütige Sendung. Das Programm für eine Woche wurde jeweils an einem Morgen aufgezeichnet.

Während ich vor einem der kleinen Aufnahmestudios auf ihn wartete, kam eine Radiosprecherin auf mich zu und erkundigte sich nach dem Baby. Als ich ihr Viviannes Geschichte erzählte, liefen ihr Tränen übers Gesicht. »Warten Sie«, meinte sie plötzlich, »ich mache momentan eine Sendung über Frauen, die sich für Gott einsetzen; die Botschaft ist: nicht nur reden, sondern etwas tun! Könnte ich bitte ein kurzes Interview mit Ihnen machen, während Sie auf Pastor Willibaldo warten?«

»Natürlich«, antwortete ich. »Aber glauben Sie denn, dass die Leute, die zuhören, verstehen werden, was ich sage?« Diese Frage war durchaus ernst gemeint. Mein Portugiesisch wurde zwar besser, aber sendereif war es noch lange nicht!

»Bestimmt werden sie das«, antwortete sie und eilte davon, um ihren Kassettenrecorder zu holen.

Zur gleichen Zeit waren auch einige Pastoren im Sender; sie hörten mein Interview und luden mich ein, in ihren Gemeinden zu sprechen. Sie wollten ihre Gemeindemitglieder dazu bewegen, dass sie sich ebenfalls für die Straßenkinder engagierten. Ich war überglücklich, denn mir war klar, dass den Straßenkindern und ihren Familien langfristig nur geholfen werden konnte, wenn die örtlichen Gemeinden mitmachten. Eine einzelne Gemeinde oder Organisation konnte gerade einmal an der äußerten Schicht dieses Problems kratzen, doch wenn möglichst viele zusammenarbeiteten, konnten sie sicher einiges erreichen.

In der darauf folgenden Woche kam Vanya nach Borel und wollte Vivianne abholen. Die Befunde der Untersuchungen im Krankenhaus waren alle negativ gewesen. Beth half mir, Viviannes Sachen zusammenzupacken, und Pastor Willibaldo betete für die beiden. Vanya sagte, sie werde Vivianne zu ihrer Mutter bringen, die in Caxias außerhalb des Zentrums von Rio wohnte. Nachdem sie gegangen war, trank ich mit Willibaldo und Maria einen Kaffee.

»Sarah, ich weiß, dass du jetzt traurig bist, aber du musst Vivianne loslassen, sonst wird Vanya mit deinen Emotionen ihr Spiel treiben. Gestern besuchte ich Fatima an der Müllkippe und traf dabei Viviannes Vater«, sagte Willibaldo und sah mir dabei in die Augen.

»Du hast ihren Vater kennen gelernt? Wie sieht er aus?«, fragte ich neugierig.

»Er ist sehr, sehr groß und hat helle Haut«, berichtete Willibaldo und ließ sich von Maria noch eine Tasse Kaffee einschenken.

Ich spürte, wie sich mein Gesicht zu einem breiten Lächeln verzog. Darum wird sie also so groß werden, dachte ich.

»Ich redete sehr streng mit ihrem Vater und erklärte ihm, dass er bald etwas unternehmen müsse, wenn er wolle, dass seine Tochter lebt«, fuhr der Pastor fort. »Ich erklärte ihm auch, dass er als Vater das Recht habe, sie Vanya wegzunehmen und das Kind zur Adoption freizugeben. Er arbeitet übrigens und hat eine neue Familie gegründet.« Willibaldo hielt inne, um Gabriel, seinen zweijährigen Sohn, auf den Schoß zu nehmen. »Wie auch immer. Er hörte aufmerksam zu und versprach, er werde so bald wie möglich etwas unternehmen.«

»Danke, Willibaldo!« Ich spürte, wie eine große Last von mir genommen wurde. Und ich wollte ihnen meine neueste Nachricht mitteilen.

»Ich habe eine Einladung von Joao Bosco erhalten, dieses Wochenende nach Belo Horizonte zu kommen.«

»Ich hoffe, du fährst, oder?«, meinten Maria und Willibaldo gleichzeitig.

»Ich werde darüber nachdenken«, sagte ich lächelnd.

Kapitel 7

Joao Bosco de Carvalho – mein Ehemann und Partner

Es war in der Nacht des Heiligen Abends 1991. Ich konnte nicht schlafen. Joao hatte mich gerade gefragt, ob ich ihn heiraten wolle, und mein Kopf war voller Pläne für die Zukunft. Wir waren einige Tage bei einer holländischen Missionarsfamilie, die zwei Autostunden außerhalb von Belo Horizonte ein Waisenhaus betrieb.

Die letzten Monate waren so schnell vergangen. Joao war mit mir von Belo Horizonte nach Rio de Janeiro zurückgekehrt, um für seinen Vorgesetzten einzuspringen, der in der Niederlassung von »Jugend mit einer Mission« außerhalb der Stadt ein einwöchiges Seminar über Stadtmission hätte halten sollen, aber erkrankt war. Nachdem wir mehr Zeit miteinander verbracht hatten, erkannten wir bald, dass wir nicht »bloß gute Freunde« waren.

Joao meinte immer, es sei in jener Nacht gewesen, als er übers Wochenende nach Borel gekommen war und wir um elf Uhr abends die Hauptstraße im Herzen der Favela hinaufgehen mussten: Da wurde ihm deutlich, dass Gott mit uns beiden gemeinsam etwas vorhatte.

»Sie schritt vor mir her; es war mitten in der Nacht und um uns waren lauter ›bandidos‹ mit Maschinengewehren und Revolvern«, erinnert sich Joao gern. »Ich hatte vor Angst die Hosen voll, doch Sarah ging furchtlos weiter. Ich hatte noch nie so viel Mut erlebt und ich erinnere mich daran, wie ich dachte: Mit dem Mädchen könntest du den Rest deines Lebens zusammen sein!«

Wir verbrachten möglichst viel Zeit zusammen und pendelten häufig zwischen den beiden Städten hin und her. Eines Sonntagmorgens in Belo Horizonte hatten Joao und ich gerade etwa eine Stunde auf seiner Hängematte im Gebet zugebracht, als er überraschend weg musste, um irgendein Problem in dem Vermittlungsbüro zu klären, in dem er arbeitete. Plötzlich hatte ich den Eindruck, die sanfte Stimme Gottes zu hören: »Jesaja, Kapitel 61, Vers 3.« Eilig schlug ich meine kleine englische Bibel auf und las: »Man wird sie ›Die Eichen der Gerechtigkeit‹ nennen, ›Die Pflanzung, durch die der Herr seine Herrlichkeit zeigt‹.« Ich spürte, dass ich dies Joao erzählen sollte.

Doch ich tat es nicht. Als ich am darauf folgenden Morgen wieder in Rio war, schlug ich meinen Bibelleseplan auf und war überrascht, an diesem 26. November 1991 wieder denselben Vers zu lesen: »Man wird sie ›Die Eichen der Gerechtigkeit‹ nennen, ›Die Pflanzung, durch die der Herr seine Herrlichkeit zeigt‹« (Jes 61,3). Nun wusste ich, dass ich Joao unbedingt schreiben musste, um ihm den Vers mitzuteilen. Es war mein einunddreißigster Geburtstag!

Zwei Tage später erhielt ich über den Apparat eines Nachbarn in Borel einen Anruf von Joao, der ziemlich aufgeregt klang.

»Sarah«, meinte er in einem Tonfall, der mir sagte, es wäre besser, wenn ich mich setzte, »dieser Vers aus dem Propheten Jesaja – das ist unglaublich.«

»Wirklich?« Ich verstand nicht recht, warum.

»Liest du auf Englisch oder auf Portugiesisch?«, fragte Joao.

»Auf Englisch«, antwortete ich neugierig.

»Auf Portugiesisch heißt ›Eichen‹ carvalhos. Carvalho ist mein Nachname. Also heißt das: ›Man wird sie Carvalhos der Gerechtigkeit‹ nennen, ›Die Pflanzung, durch die der Herr seine Herrlichkeit zeigt‹!«

Ich konnte spüren, wie mein Herz schneller schlug und mein Gesicht sich zu einem breiten Lachen verzog. Mein Nachbar wollte wissen, welche gute Nachricht mich erreicht habe.

»Aber das ist noch nicht alles« fuhr Joao fort. »Vor über einem Jahr, als ich verlobt war und die Beziehung mit meiner damaligen Verlobten in eine Krise geriet, war ich sehr wütend und frustriert. So fragte ich Gott eines Tages, ob er denn überhaupt wolle, dass ich einmal heirate. Da schenkte er mir genau diesen Vers aus dem einundsechzigsten Kapitel des Jesajabuches und ich begann zu ahnen, dass dieser Vers mit meiner Heirat und meinem Dienst zu tun haben würde.«

Die Härchen auf meinen Armen und in meinem Nacken prickelten. Ich war sprachlos.

»Sarah?«, fragte Joao, »ist das nicht unglaublich? Gott hat uns schon seine Zustimmung gegeben. Er kennt uns doch wohl am besten, oder?«

»Er muss wichtige Pläne mit uns beiden haben. Es geht alles so schnell«, brachte ich vor Aufregung nur mit Mühe hervor.

»Mach dir keine Sorgen. Vertrau einfach auf Gott. Ich liebe dich«, sagte Joao, bevor er den Hörer auflegte.

Einige Tage später, als ich in meinem Tagebuch blätterte, entdeckte ich zu meiner Überraschung etwas, das ich vor über fünf Monaten geschrieben und inzwischen völlig vergessen hatte:

»7. Juli 1991
Heute Morgen hatte ich den Eindruck, dass Gott zu mir sagt: ›Verlass dich auf mich und gehe dorthin, wohin ich dich schicken werden. Ich werde den Partner, den ich für dich ausgewählt habe, ebenfalls an diesen Ort bringen, da-

mit ihr einander kennen lernt. Du wirst dich nicht aufmachen müssen, um dorthin zu gehen, wo er ist.‹ Außerdem sprach mich heute ein Vers ganz besonders an: ›Man wird sie ›Die Eichen der Gerechtigkeit‹ nennen, ›Die Pflanzung, durch die der Herr seine Herrlichkeit zeigt‹‹ (Jes 61,3).«

Anfang Februar 1992 bestiegen wir ein Flugzeug nach England. Pastor Willibaldo, Wellington und Denise, die Leiter von »Jugend mit einer Mission« in Rio, winkten uns zum Abschied am internationalen Flughafen von Rio. Es war mir sehr schwer gefallen, meinen kleinen Freunden auf der Straße Lebewohl zu sagen. Immer und immer wieder hatte ich sie in Gottes Hände geben müssen, um ihm zu vertrauen, dass er sich um jeden Einzelnen kümmern würde. Inzwischen halfen weit mehr örtliche Gemeinden bei der Arbeit unter den Straßenkindern mit; das war ein Verdienst von *Boas Novas*, dem Radiosender. Und ein paar von meinen Freunden aus Borel, die mich auf die Straße begleitet hatten, würden die Arbeit fortführen.

Meine Eltern waren überglücklich, mich wiederzusehen und ihren brasilianischen Schwiegersohn kennen zu lernen. Dies war ein herrliches Wiedersehen unserer Familie. Meine Schwester Maria hatte einen weiteren Sohn, Charlie, der bereits drei Monate alt war; Jack, der andere, war achtzehn Monate alt.

Es wurde eifrig für unsere Hochzeit am 4. April geplant; dies war auch der dreiunddreißigste Hochzeitstag meiner Eltern.

»Wir können euch entweder die Hochzeitsfeier spendieren, oder wenn euch das lieber ist, könnt ihr stattdessen das Geld bekommen«, meinten meine Eltern großzügig.

Ich war versucht, das Geld zu nehmen, aber nachdem wir gebetet hatten, hatten wir den Eindruck, Gott wolle, dass wir ein großes Fest feierten, und so nahmen wir ihr Angebot für ein Essen im *Hurlingham Club* in Fulham, London, an. Wir bekamen sogar denselben Festsaal, in dem meine Eltern vor dreiunddreißig Jahren ihre Hochzeit gefeiert hatten!

Am Abend vor dem großen Ereignis kam meine ganze Familie zusammen, um für uns zu beten. Während dieser Gebetszeit gab uns mein Onkel David Aikman einen Vers mit auf den Weg, der uns unser ganzes weiteres Leben begleiten wird.

»›Ich habe euch beide erwählt, um die Kinder zu retten‹, spricht der Herr. ›Nicht nur die Kinder in Brasilien, sondern die Kinder überall auf dieser Welt.‹«

Während er diese Verse aussprach, brach meine Tante und Taufpatin Susan in Tränen aus; sie hatte fünfzehn Jahre lang für mich gebetet, bevor ich Christin geworden war.

Am darauf folgenden Morgen, am 4. April 1992, zog ich die Vorhänge in meinem Schlafzimmer auseinander und blickte in einen blauen, sonnigen Himmel. In den vorangegangenen Wochen war das Wetter nasskalt gewesen. Für mich war dies ein sicheres Zeichen dafür, dass Gott die Dinge in der Hand hatte.

Die *Holy Trinity Brompton Church* war gefüllt mit Freunden und Verwandten aus aller Welt. Joaos Eltern waren nicht bei uns; seine Mutter war gestorben, als er elf Jahre alt gewesen war, und sein alternder Vater war nicht mehr in der Lage zu reisen. Doch sein jüngerer Bruder Claudio, der damals in New York lebte, war unser Trauzeuge. Nicky Gumbel nahm die Trauung vor und unsere Freunde und Verwandten beteiligten sich am Gottesdienst: Sie sangen Lieder, beteten für unsere Ehe, unsere zukünftige Familie und unseren Dienst. Und natürlich lasen sie auch den dritten Vers aus dem Propheten Jesaja, Kapitel 61!

Nicky Gumbel sagte uns etwas, das ich niemals vergessen werde: Die Mehrzahl der nichtchristlichen Ehen seien wie ein Feuerwerk, das über die Jahre immer schwächer würde, bis nur noch eine kleine Flamme übrig bliebe; christliche Ehen hingegen begännen als kleine Flamme, die Flamme werde mit den Jahren größer, bis sie sich in ein Feuerwerk verwandele. Auch er zitierte den Propheten Jesaja, Kapitel 61, Vers 3 und erklärte, dass die *carvalhos* tiefe und kräftige Wurzeln haben; und weil Joao und ich beide starke Persönlichkeiten seien, müssten wir lernen, einander rechtzeitig um Vergebung zu bitten, denn Vergebung, so sagte er, sei der Schlüssel für das Gelingen jeder Ehe.

Doch vor allem anderen war die spürbare Gegenwart Gottes das, was uns diesen Tag so wertvoll machte. Auch viele Freunde, die keine Christen waren, fühlten dies und meine Schwester Maria und ihr Mann kamen kurze Zeit darauf zum Glauben an Jesus Christus.

Wir verließen die Feier zu Fuß und trugen blauweißgestreifte Rugby-Kleidung; zur allgemeinen Erheiterung stand auf Joaos Rücken *Just* und auf meinem *Married*. Unsere erste Nacht verbrachten wir in einer luxuriösen Suite des *Dorchester Hotels* mit Blick über den *Hyde Park*. Eine gute Freundin hatte für uns einen Preis ausgehandelt, der inklusive Frühstück und einer Flasche Champagner unter der Hälfte des normalen Preises lag, und meine Großmutter bezahlte die Rechnung als Hochzeitsgeschenk. Am nächsten Morgen machten wir uns auf den Weg nach Gstaad in der Schweiz, wo eine andere Freundin uns das hübsche, aus Holz gebaute Chalet ihrer Familie eine Woche lang für die Flitterwochen zwischen den verschneiten Bergen zur Verfügung gestellt hatte.

Eines Abends saßen wir nach einem köstlichen Käsefondue in unserem Chalet vor dem offenen Kamin. Plötzlich meinte Joao, er habe den Eindruck, Gott wolle zu jedem von uns einzeln reden. Er ließ mich am warmen Feuer zurück und ging ins Schlafzimmer, um zu beten. Ich schloss die Augen und bat Gott, zu mir zu reden. Sogleich hatte ich das Gefühl, eine sanfte ruhige Stimme zu hören: »Ich werde Joao zu einer Arbeit unter den Straßenkindern berufen. Ihr beide werdet eine neue Organisation gründen, die mit örtlichen Gemeinden zusammenarbeiten wird. Der wichtigste Teil dieses Dienstes wird in einer Farm bestehen. Ich werde Joao mitteilen, in welcher Stadt ihr beginnen werdet.« Nach einer halben Stunde kam Joao ins Wohnzimmer zurück. Wir grinsten einander an.

»Es geht um die Kinder, nicht wahr?«, fragte ich neugierig.

»Ja. Wir werden eine Arbeit beginnen, die sich ganz speziell an die Kinder und ihre Familien richtet. Das Werk wird ›Ministerio Programa Criança Feliz‹ heißen oder auf Englisch: ›Happy Child Mission‹. Im Zentrum dieses Programms wird eine Farm stehen. Und wir werden unsere Arbeit in Belo Horizonte beginnen.«

»Belo Horizonte?«, fragte ich überrascht. »Joao, bist du sicher, dass es nicht Rio ist?«

»Nein, wir werden das Werk in Belo Horizonte ins Leben rufen. Aber ich sah auch einen langen weißen Sandstrand«, fuhr Joao fort.

»Das ist Recife«, meinte ich mit fester Überzeugung.

»Ja, es ist Recife. Von Belo Horizonte aus wird sich die Arbeit eines Tages nach Recife im Norden Brasiliens ausdehnen«, bestätigte Joao. »Und eines Tages auch nach Mosambik«, sagte er prophetisch und grinste bis über beide Ohren.

Bevor wir uns kennen gelernt hatten, hatte Gott jedem von uns gezeigt, dass unser Aufgabengebiet einmal in Mosambik liegen würde. In diesem portugiesischsprachigen Land ging erst vor nicht allzu langer Zeit ein blutiger Bürgerkrieg zu Ende und Millionen von Kindern leben in verzweifelter Armut. Viele sind Waisen, weil ihre Eltern getötet wurden.

Wir knieten gemeinsam nieder und beteten, während uns Tränen übers Gesicht liefen – wir waren so überwältigt von dem, was Gott mit uns vorhatte. Aber wir dankten Gott auch für all die Kinder, deren Leben gerettet werden würden.

Von Gstaad aus reisten wir weiter nach Einigen im deutschsprachigen Teil der Schweiz. Dort nahmen wir an einer dreimonatigen Kommunikationsschulung in einem hübschen alten Schloss oberhalb des Einiger Sees teil. Joao hatte ein Jahr zuvor zwei kostenlose Plätze für diese Schulung geschenkt bekommen – und das, noch bevor er mich überhaupt kennen gelernt hatte! Es sollten unsere letzten drei Monate bei »Jugend mit einer Mission« sein, bevor wir *Ministerio Programa Criança Feliz/Happy Child Mission* gründeten und die Zusammenarbeit mit den örtlichen Gemeinden aufnahmen.

Hauptaufgabe des Seminars war die Erarbeitung eines Forschungsprojektes zu der Frage, wie man am effektivsten eine eng umrissene Zielgruppe erreichen und ihnen helfen konnte. Natürlich wählten wir die Straßenkinder Brasiliens. Die drei Monate boten uns Zeit, um »das Problem« wirklich zu erforschen, indem wir die politische, soziale und wirtschaftliche Geschichte von Brasilien studierten sowie das Realitätsempfinden von Kindern, ihre sozialen Strukturen im Umgang mit Gleichaltrigen und ihre körperlichen, emotionalen, geistlichen und intellektuellen Bedürfnisse. Auf dieser Basis hielten wir Gebetszeiten und diskutierten eine Strategie zur Lösung »des Problems«.

Uns wurde immer deutlicher, dass man die Straßenkinder aus ihrem städtischen Umfeld herausholen und ihnen eine neue Umgebung geben musste, in der sie wieder Kinder sein konnten. Ich hatte in den vergangenen Jahren erkannt, dass Rehabilitationszentren in der Stadt nur langsame Fortschritte ermöglichten. Zum Teil bestand das Problem darin, dass es den »geretteten« Straßenkindern nicht leicht fiel, ihr Leben als »freie Herumstreuner« aufzugeben und in einem geschlossenen Gebäude zu leben. Außerdem passierte es leicht, dass jemand in alte Gewohnheiten hineinschlitterte und wieder auf die Straße zurückkehrte, wenn das Zentrum sich in seiner gewohnten Umgebung befand.

Wir hatten den Eindruck, die Kinder müssten am Anfang in eine ländliche Umgebung kommen, idealerweise eine Farm, die weit entfernt vom Stadtzentrum lag. Dort konnten sie mit Tieren zusammen sein, das Land bearbeiten und Sport treiben und gleichzeitig lernen, sich künstlerisch oder musisch zu betätigen, Schnitzereien oder Seidenmalereien anzufertigen und vor allem etwas von der unglaublichen Liebe Gottes zu ihnen und von seiner Vergebung und Annahme hören.

»Aber Joao«, sagte ich eines Abends, als wir uns mit dem Projekt beschäftigten, »wir können nicht einfach auf die Straße gehen und unter den Kindern auswählen, wer auf die Farm kommen kann und wer nicht. Das würde zum Chaos führen. Wir brauchen ein weiteres Haus in der Stadt, in dem wir die Kinder besser kennen lernen und mehr über ihre Familien erfahren können. Viele haben es vielleicht gar nicht nötig, auf die Farm zu gehen.«

»Ja, da hast du Recht«, stimmte Joao zu. »Außerdem müssen wir festlegen, mit welcher Altersgruppe wir arbeiten wollen. Ich denke, zwischen sechs und vierzehn Jahren wäre gut. Fünfundachtzig Prozent der Straßenkinder sind Jungen. Wir könnten in einem Haus in der Stadt beide Geschlechter aufnehmen, aber bevor wir nicht eine ausgezeichnete Struktur aufgebaut haben, können wir unmöglich Mädchen und Jungen auf der Farm zusammenleben lassen. Oft haben die Kinder mit acht Jahren bereits Sexualverkehr, daher könnte das mehr Probleme als Lösungen bringen.«

»Das ist alles so gewagt«, meinte ich und rieb mir müde die Augen.

»Aber du musst dir darüber keine Sorgen machen, Sarah. Bete und vertraue Gott; wir stecken schließlich nicht allein in dieser Sache drin. Es gibt sogar zwei große Gemeinden in Belo Horizonte, die Gott mir bei unserem Gebet heute Morgen ans Herz gelegt hat. Die eine ist die ›Central Baptist Church‹, zu der ich gehöre, und die andere ist die ›Lagoinha Baptist Church‹ mit über 5 000 Mitgliedern. Bleiben wir also stark und sorgen wir uns nicht um die Dinge, um die man sich gewöhnlich sorgt wie Geld, Mitarbeiter, Häuser, den Zeitplan, usw. Unsere Verantwortung besteht einzig und allein darin, im Glauben und im Gehorsam zu handeln. Gott wird das übrige tun, lass dich überraschen«, sagte Joao vertrauensvoll.

In der Zwischenzeit hatte eine lokale Tageszeitung in England einen Bericht über meine bisherige Arbeit unter den Straßenkindern in Rio gedruckt und das wiederum hatte zu weiteren Artikeln in Zeitschriften und Zeitungen und sogar zu einer Berichterstattung im irischen Rundfunk geführt! Durch die Großzügigkeit vieler Menschen in England, unter anderem von Freunden aus meiner Heimatgemeinde *St. Mary's* in West Horsley, waren wir in der Lage, im September mit 12 000 US-Dollar nach Brasilien zurückzukehren.

Man braucht wohl nicht zu erwähnen, dass es mir sehr schwer fiel, meine Familie wieder zurückzulassen. Wir besaßen kein Zuhause und wussten nicht, was vor uns lag. Es veränderte sich so unglaublich viel, aber einiges war auch noch unklar. Wir hatten mehr als fünfhundert Kilo an Altkleidern gesammelt und *Blue Star Shipping* hatte sich bereit erklärt, sie kostenlos nach Rio zu befördern. Wir waren ziemlich erschöpft, als wir sie schließlich alle, nach Alter und Geschlecht sortiert, in Kisten verstaut hatten. Daher waren wir erleichtert, als sie endlich am Haus meiner Eltern abgeholt und zum Speditionslager transportiert wurden.

Die Leiter der *Holy Trinity Brompton Church* beteten am Sonntag, bevor wir England verließen, für uns beide und ermutigten uns durch Bibelworte: »Voll Freude werdet ihr fortziehen, wohlbehalten kehrt ihr zurück. Berge und Hügel brechen bei eurem Anblick in Jubel aus, alle Bäume auf dem Feld klatschen Beifall. Statt Dornen wachsen Zypressen, statt Brennesseln Myrten. Das geschieht zum Ruhm des Herrn als ein ewiges Zeichen, das niemals getilgt wird« (Jes 55,12-13).

Die folgenden fünf Monate sollten jedoch schwierig werden. Die holländische Missionarsfamilie, die das Waisenhaus außerhalb von Belo Horizonte besaß, bot uns freundlicherweise ein kleines altes Haus an, das sich auf ihrer Farm befand. Neun Jahre hatte niemand darin gewohnt. Ich werde niemals vergessen, wie wir das Haus nach einer dreißigstündigen Reise von London betraten: überall fünf Zentimeter Staub, ein kaputtes Dach, Wände, die von den Rückständen der Insekten geschwärzt waren, und eine Dusche, aus der nur kaltes Wasser kam. Zu unserem Unglück kam noch ein Streik der Gepäckbeförderer auf dem Flughafen von Rio hinzu, so dass unsere Koffer nicht mit uns in Belo Horizonte eingetroffen waren. Wir sollten sie erst drei Wochen später wiedersehen. So besaßen wir nur die Kleidung, die wir am Körper trugen.

Irgendwie schien sich die Gnade Gottes, die mir in Borel täglich begegnet war, in Luft aufgelöst zu haben. Die sechs Monate in Europa hatten mir all den Luxus und die Bequemlichkeiten zurückgegeben, die ich hinter mir gelassen hatte – nun war ich »verwöhnt«. Meine Beziehung zu Gott schien sich verändert zu haben; es war beinahe, als sei der Herr verschwunden. Ich glaubte, seine Stimme nicht mehr hören zu können und wenn ich in der Bibel las, fand ich nichts darin, was mich aufbaute. Es war wieder Zeit, meinem alten Leben abzusagen, um in dem zu leben, was Gott für mich erwählt hatte. Ich erinnere mich daran, wie eine Freundin mir einmal sagte, dass ich nach der Hochzeit Gott auf andere Weise erleben würde – als Ehefrau und nicht mehr als sein kleines Kind. Ich erkannte nun, dass dafür ein Lernprozess notwendig war.

Joao befand sich wieder in seinem Heimatland und sprach seine Muttersprache. Ich war frustriert, weil es so aussah, als hätte ich all mein Portugiesisch verlernt – und dazu noch die Unabhängigkeit verloren, die ich dreißig Jahre lang genossen hatte. Es gab zwischen uns die erwarteten sprachlichen Probleme, doch es traten zudem auch kulturelle Unterschiede in Erscheinung. Die brasilianische Kultur wird von Ereignissen bestimmt und nicht vom Ticken der Uhr. Das kann eine durchaus entspanntere Lebensweise sein, aber wenn sechs Leute um drei Uhr nachmittags zu einem Grillfest erscheinen und du für die Mittagszeit mit fünfundzwanzig Personen gerechnet hast, dann kann das zunächst ziemlich nervenaufreibend sein. Auch sind die Brasilianer sehr emotional und heben andauernd ihre Stimme, um ihren Aussagen – selbst den nebensächlichen – Nachdruck zu verleihen. Das klingt dann so, als würden sie ständig streiten. Wenn zum Beispiel ein Pastor jedes Wort seiner Predigt hinausschreit, scheint die Predigt den Leuten nur umso besser zu gefallen. Wenn Missionare aus Übersee zu uns kommen, sage ich ihnen immer zuerst: »Es ist wichtiger, die Kultur kennen zu lernen, als sich mit der Sprache abzugeben. In dem Moment, in dem man meint, es herrsche nur noch Chaos, ordnen sich die Dinge auf einmal wie von selbst und alles funktioniert perfekt. Der einzige Unterschied ist, dass der Stress nur halb so groß war.«

Nachdem wir drei Tage nichts anderes getan hatten als zu putzen, nahm unser neues kleines Heim langsam Gestalt an. Joao machte sich sogleich an die Vorbereitungen dafür, *Ministerio Programa Criança Feliz* registrieren zu lassen, und verfasste die Statuten der Organisation, die ich dann auf einem Computer abtippte, den wir aus Großbritannien mitgebracht hatten. Auf einer in São Paulo stattfindenden Konferenz christlicher Organisationen, die in Brasilien mit Straßenkindern arbeiten, stellten wir zu unserem Erschrecken fest, dass die brasilianische Regierung, wenn überhaupt, nur wenige christliche Organisationen unterstützt. Doch das konnte Joao nicht schrecken. Er hatte beschlossen, den Stadtrat von Belo Horizonte um Unterstützung von *Criança Feliz* zu bitten, sobald wir unsere Missionsarbeit dort aufgebaut hatten.

Das Land befand sich immer noch im Aufruhr, nachdem der junge, dynamische Präsident Fernando Collor zurückgetreten war. Sein jüngerer Bruder Pedro hatte ihn im Mai 1992 beschuldigt, über 5 Millionen Dollar auf private Konten umgeleitet zu haben. Schließlich war Fernando von sich aus zurückgetreten, um nicht seines Amtes enthoben zu werden und so jegliche Chance zu verspielen, auch weiterhin politisch aktiv zu sein. Sein Wahlkampfschatzmeister P. C. Farias, dem ebenfalls vorgeworfen wurde, an diesem Fall von Korruption beteiligt zu sein, kam nicht so glimpflich davon. Während Collor und seine Frau im sonnigen Miami untertauchten, landete Farias im Gefängnis. Das war das letzte, was die Brasilianer gebrauchen konnten. Nach einundzwanzig Jahren Militärdiktatur und mit einer noch unerfahrenen Demokratie hatte gerade der Mann das Volk im Stich gelassen, von dem sich die Menschen erhofft hatten, er werde sie auf den »Pfad der Tugend« zurückführen.

Im November reisten wir nach Rio, um die Kisten mit Altkleidern abzuholen, die aus England angekommen waren. Im Hafen von Rio gibt es unglaublich viel Korruption und oft sehen die Leute ihre Sachen nie wieder. Zunächst sagte die Leiterin der Zollabteilung, unsere Frachtpapiere seien unzulänglich und wir müssten viel Geld bezahlen, wenn wir die Kisten wiederhaben wollten. Doch die Speditionsgesellschaft versicherte uns immer wieder, dass alle Papiere in Ordnung waren. Nachdem unsere Freunde in Rio viel, viel gebetet hatten, erlebten wir schließlich Gottes Eingreifen.

Wir kehrten am folgenden Tag zum Hafen zurück und trafen dort auf einen Zollbeamten, der uns ebenfalls bestätigte, unsere Papieren seien völlig in Ordnung. Er hatte offenbar gerade sein Mittagessen mit viel Alkohol heruntergespült, denn er sprach sehr undeutlich. Aber er setzte sich bei der Leiterin der Zollabteilung persönlich für uns ein. Während er mit ihr redete, fingen wir an, in Sprachen zu beten. Schließlich sagte sie, sie werde die Hälfte der Kisten freigeben. Wir beteten weiter und der Zollbeamte redete noch einmal auf sie ein. Plötzlich warf sie die Arme hoch, als wolle sie sagen: »Ich gebe auf.« Mit einer völlig veränderten Haltung wies sie ihre Sekretärin an, die Freigabepapiere für unsere fünfhundert Kilo Kleidung zu tippen, und telefonierte mit einer Rechtsanwältin der Zollbehörde, damit sie sich mit uns am Lagerhaus treffen und die Kisten sofort inspizieren konnte. Der betrunkene Beamte zwinkerte uns zu.

Wir waren gerade dabei, den gläsernen Haupteingang des Gebäudes zu passieren, um zu dem nahe gelegenen Lagerhaus zu gehen, als Joao mich plötzlich zurückhielt und vorschlug, in die Cafeteria zu gehen und etwas zu essen. Mir schien das nicht der rechte Zeitpunkt zu sein, da die Anwältin auf uns wartete, trotzdem stimmte ich zu. In dem Augenblick, als wir uns an einen der kleinen Tische der Cafeteria setzten, die sich genau neben dem Büro der Zoll-Leiterin befand, hörten wir, wie ein wahrer Kugelhagel von Maschinengewehrfeuer genau an der Stelle niederging, an der wir zu dem Zeitpunkt entlanggelaufen wären. Schreie ertönten, dann weitere Schüsse. Wir sprangen auf und liefen zusammen mit einigen anderen zum Haupteingang. Als wir dort angekommen waren, flogen die Glastüren auf und zwei Männer mit völlig blassen, verschwitzten Gesichtern kamen hereingestürmt.

»Bandidos«, sagte der eine und versuchte, wieder zu Atem zu kommen. »Wir verkauften mit unserem alten VW draußen Fisch, als zwei von ihnen auf uns zukamen und verlangten, wir sollten aussteigen. Hinter uns schossen Sicherheitsbeamte, aber irgendwie gelang es mir, den Lauf ihres Maschinengewehrs festzuhalten, so dass die ›bandidos‹ nicht zurückschießen konnten. Da rannten sie davon. Aus einer anderen Richtung kamen Polizisten und begannen zu schießen. Aber die ›bandidos‹ haben ein anders Auto gestohlen und sind abgehauen. Die ganze Wand von hier bis zum Lagerhaus ist voller Einschusslöcher. Gott sei Dank wurde niemand verletzt.« Mit diesen Worten schloss er seinen Bericht und jemand führte ihn zu einem der Tische.

Inzwischen hatten sich weitere Polizisten und Hafenbeamte eingefunden. Irgendjemand weinte.

»Sarah«, sagte Joao, »ich hatte eben das Gefühl, dass mich Gott dort an der Tür zurückhalten wollte. Ich verstand nicht, warum, und wusste nicht, welche Ausrede ich dir sagen sollte, deshalb schlug ich vor, hierher zu gehen, als ich das Schild zur Cafeteria entdeckte.« Er schloss mich in seine Arme; ich zitterte und fühlte mich benommen.

Wir verteilten etwa die Hälfte der Altkleider an die örtlichen Gemeinden und an die Familien, die ich in Borel kannte, sowie auf der Müllkippe. Pastor Willibaldo half uns dabei.

»Ich habe schlechte Neuigkeiten«, meinte Willibaldo. »Anderson wurde getötet.« Ich war am Boden zerstört. Es war immer schwer, wenn man erfuhr, dass eines der Straßenkinder, das man gut kannte, ermordet worden war.

Im Dezember setzten Joao und ich sowohl die Satzung für *Criança Feliz* als auch einen Entwurf für dieses Programm auf. Es sollte aus drei Phasen bestehen: Tagesstätte, Farm, Pflegefamilie oder eigene Familie. Wir beschlossen, dass die

Farm nicht zu einem Heim oder Waisenhaus werden, sondern ein Ort sein sollte, an dem das Leben der Kinder möglichst wieder in geregelte Bahnen geleitet werden konnte und wo die Arbeit mit den Familien der Kinder genauso wichtig sein sollte wie die Arbeit mit den Kindern selbst.

Als ich eines Tages, es war kurz vor Weihnachten 1992, betete und fastete, glaubte ich, ganz deutlich Gottes Stimme zu hören: »Ihr werdet eure Farm bis März nächsten Jahres haben.«

Das schien unmöglich zu sein. Wir hatten die 12 000 US-Dollar, die wir in England gesammelt hatten, an »Jugend mit einer Mission« in Rio weitergegeben, sozusagen als Grundstock für deren zukünftige Arbeit unter den Straßenkindern.

Damals hatte Joao zu mir gesagt: »Es ist besser zu säen. Gott wird uns so viel Geld geben, wie wir benötigen. Wart's nur ab.« Sein Glaube war für mich oft wie eine Bewusstseinserweiterung, ganz besonders in unserem ersten Ehejahr.

Ich erzählte Joao, dass Gott mir zu Verstehen gegeben hatte, dass wir die Farm bis zum darauf folgenden März bekommen würden, und er meinte sofort, dann sei es an der Zeit, sich im Vertrauen darauf nach Farmen in der Umgebung von Belo Horizonte umzusehen, die zum Verkauf standen; ganz egal, ob wir mittellos waren oder nicht.

Je mehr Farmen wir uns anschauten, umso mehr verloren wir jegliche Illusion. Entweder waren sie drei Fahrtstunden vom Stadtzentrum entfernt oder verlassen und extrem renovierungsbedürftig oder irgendwo in der Pampa und viel zu klein für dreißig Kinder und fünfzehn Betreuer.

»Während ich neulich betete, konnte ich unsere Farm sehen: Es war ein großes weißes Haus mit dunkelblauen Fensterläden«, verkündete Joao bei einem unserer fruchtlosen Besuche. »Bis jetzt war noch nichts dabei, was dazu gepasst hätte.«

Im Januar schickten wir einen Freundesbrief an Bekannte und an die Gemeinden in Belo Horizonte, in dem wir die Arbeit, die wir planten, grob darstellten und um Hilfe und Rat baten. Eine Woche später bekamen wir ein Telegramm von einem Mann namens Helio Valadao, der uns nach dem Gottesdienst in der *Lagoinha Church* am darauf folgenden Sonntag zum Mittagessen einlud. Helio war Unternehmer. Zusammen mit seiner Frau besaß er eine gutgehende Bäckerei und Konditorei. Außerdem war er der Bruder von Marcio Valadao, dem Pastor der *Lagoinha Baptist Church*.

An jenem Sonntag kamen 2 000 Manschen zur *Lagoinha Church* und ich erinnere mich daran, wie ich bei mir dachte: Herr, es wäre wunderbar, wenn diese riesige Gemeinde mit uns zusammenarbeiten würde.

»Diese Kirche hat über fünfundfünfzig Dienste, die sich an die Armen richten«, flüsterte mir Joao zu, während Pastor Marcio über das Thema »Vergebung« predigte. »Und sie ist eine der beiden Gemeinden, von denen Gott in der Schweiz zu mir geredet hat. Pastor Marcio ist ein sehr demütiger Mann und er engagiert sich sehr für das Reich Gottes.«

Helio und seine Frau luden uns in das beste chinesische Restaurant der Stadt ein. Pastor Marcio und seine Frau waren ebenfalls eingeladen. Beim Essen wollten sie alles über *Ministerio Programa Criança Feliz* wissen. Während wir unsere Toffee-Bananen und die frischen Wassermelonen genossen, begann Pastor Marcio plötzlich, von einer Farm zu sprechen, die etwa achtundzwanzig Kilometer vom Stadtzentrum entfernt lag. Die Gemeinde hatte diese Farm zehn Jahre zuvor gekauft, benutzte sie nun jedoch nur noch gelegentlich für Zeltlager und Freizeiten, so dass sie mehr oder weniger leer stand.

»Warum schauen Sie und Sarah sich die Farm nicht einmal an? Vielleicht können Sie sie ein paarmal im Jahr für Zeltlager mit den Straßenkindern benutzen«, meinte Pastor Marcio, als wir vom Essen aufstanden.

Joao drückte ihm ein Exemplar unserer Projektbeschreibung in die Hand, dann verabschiedeten wir uns.

In der darauf folgenden Woche fuhren wir hinaus, um uns die Farm anzusehen. Nach dreißig Minuten Fahrt auf der Hauptstraße vom Stadtzentrum in Richtung Victoria im Norden von Rio de Janeiro bogen wir ab. Wir passierten ein altes blaues Tor und fuhren einen steinigen Weg hinunter, der durch eine verwachsene Bananenplantage führte. Der Ausblick war atemberaubend: in der Ferne hohe Berge in allen möglichen Grüntönen und mit gelben Flecken durchsetzt und um uns herum massenweise lila Blumen; am Horizont wuchsen kräftige, hohe Palmen. Wir folgten dem gewundenen Fahrweg hügelabwärts, bis ein großes weißes Haus mit dunkelblauen Fensterläden in Sicht kam. Mir stockte der Atem!

Wir wurden von Jacob, Marcios Schwiegervater, empfangen. Er lebte zusammen mit seiner Frau in einem kleinen modernen Häuschen, das man vier Jahre zuvor eigens für sie errichtet hatte. Er hatte sich einer Herzoperation unterziehen müssen und sollte die unruhige Stadt für eine Weile verlassen, um sich zu erholen. Sie nahmen die Reservierungen örtlicher Gemeinden entgegen, die die Farm für ein Wochenende oder für ein Ferienlager mieten wollten. Jacob führte uns herum. Die Farm umfasste etwa 20,5 Hektar Land und war bereits so ausgestattet, dass sie bis zu hundert Leute aufnehmen konnte. Das große weiße Haus mit den marineblauen Fensterläden besaß fünf Schlafzimmer, zwei Bäder, ein riesiges Wohn- und Esszimmer, eine Küche und eine Veranda. Daneben stand ein alter, umgewandelter Kuhstall, der nun als Kantine diente. An eine Seite der Kantine hatte man eine Großküche angebaut; beide Gebäude waren durch einen Durchgang miteinander verbunden. Unterhalb der Küche lag eines der beiden Schlafgebäude mit zwölf Schlafräumen und einem riesigen Bad, in dem sich eine große Zahl von Waschbecken, Duschen und Toiletten aneinander reihte. Bougainvilleen in schreiendem Pink, Lila und Rot wuchsen wild an jeder nur erdenklichen Hauswand. Wenn man von dem großen Haus mit den Nebengebäuden den Hang hinabblickte, erstreckte sich das Land den Hügel hinunter bis zu einem überwucherten Fußballplatz, Feldern und einem kleinen Flüsschen, das einen natürlichen Weiher gebildet hatte, der tief genug war, um darin schwimmen zu können. Neben dem Weiher lag ein riesiger Felsblock. Jacobs Haus lag auf halber Strecke zum Fluss. Das Land auf der anderen Seite des großen Hauses war ebenfalls völlig zugewuchert und es musste einiges getan werden. Doch für unsere Zwecke war dieser Ort ideal.

»Joao«, sagte ich, »das ist es; das ist unsere Farm.« Ich hatte Mühe, meine Gefühle unter Kontrolle zu halten. »Wir müssen unbedingt Pastor Marcio besuchen und ihn fragen, ob wir hier leben und das Haus die ganze Zeit benutzen können.«

Joao grinste bis über beide Ohren. »Ja, das ist es. Aber wir werden gar nichts unternehmen. Wenn Gott möchte, dass wir diese Farm bewohnen, wird er auch zu Pastor Marcio reden und der wird uns einladen, hier zu leben – und nicht umgekehrt.«

Ich konnte nicht glauben, was ich da hörte. Doch wir verabschiedeten uns von Jacob und seiner Frau und machten uns wieder auf unseren Weg durch die Bananenplantage und über die Hauptstraße nach Belo Horizonte.

Ich benötigte über eine Woche, bis ich die schöne Farm wieder an Gott »zurückgeben« konnte. Mein Gefühl sagte mir, dass wir etwas unternehmen mussten; doch ich wusste auch, dass ich es Gott allein überlassen sollte.

Hinzu kam, dass ich zu dieser Zeit ebenfalls feststellte, dass ich schwanger war.

»Was sollen wir tun, Joao?«, fragte ich besorgt. »Wir haben weder das Geld für den Arzt noch fürs Krankenhaus, wir haben keine Krankenversicherung, kein festes Zuhause, nichts!«

»Dann lass uns niederknien und beten«, meinte Joao, für den es da scheinbar überhaupt kein Problem gab. »Bitte Gott, für alles Nötige zu sorgen, Sarah. Das Baby kommt doch erst im Oktober.«

Ich kniete nieder und betete und betete und betete.

In der ersten Märzwoche rief Pastor Marcio an und bat uns, noch am selben Nachmittag in sein Büro zu kommen. Während wir ihm unruhig gegenübersaßen, meinte er gelassen: »Liebe Sarah, lieber Joao, ich habe euren Entwurf gelesen und bin überzeugt davon, dass ihr nicht zu den Leuten gehört, die alles aufgeben und ein neues Werk gründen, wenn es nicht wirklich Gott ist, der das Unternehmen leitet. Deshalb denke ich, dass ihr beiden auf der Farm leben solltet. Sarah, du kannst mit dem Haus machen, was du willst – mach es zu deinem Heim! Bring lauter Straßenkinder dorthin! Zu Beginn werden wir es noch für Wochenendfreizeiten an andere Gemeinden vermieten, doch wir wollen sehen, welche Pläne Gott mit der Farm noch hat. Vielleicht werdet ihr sie uns eines Tages sogar abkaufen!«

Joao und ich schauten einander mit offenem Mund an. Wir waren sprachlos.

»Gott segne euch beide. Ich stehe voll und ganz hinter euch« sagte Pastor Marcio, nachdem er für uns und das Baby in meinem Bauch gebetet hatte. Auch er bat Gott, zur rechten Zeit für alles zu sorgen, was das Baby benötigte.

Zwei Wochen später zogen wir in das große Haus mit den marineblauen Fenstern und Läden ein. Es war März, genau wie Gott uns angekündigt hatte, und obwohl es an unserem ersten Abend einen ungeheuren Sturm mit Stromausfall gab, konnten wir Gott nur danken für seine Treue. Wir waren gespannt, was er als Nächstes tun würde.

Kapitel 8

Ministerio Criança Feliz/Happy Child Mission – das Totenfeld

Er lief auf allen Vieren wie ein Hund, aß unter dem Tisch wie ein verschrecktes Kaninchen und lachte einem ins Gesicht wie der Teufel persönlich. Sein Name war Januario. Er war vierzehn Jahre alt und einer der ersten Jungen auf der Farm. Er und sein jüngerer Bruder Jardel waren von ihrer geisteskranken Mutter monatelang in ihrer kleinen, dunklen, fensterlosen Hütte eingesperrt worden. Die Mutter war besessen von der Vorstellung, die Polizei trachte ihr nach dem Leben. Nachbarn schoben Essen unter der Tür durch und erhielten die beiden so am Leben, bis es der *Prefeitura* (der örtlichen Behörde) von Sabara vor sechs Monaten schließlich gelungen war, Jardel zu befreien. Januario hingegen hatte fast ein Jahr in völliger Dunkelheit zugebracht und war nach menschlichem Ermessen »verrückt«. Der *Conselho Tutelar* (die Abteilung der Behörde, die sich um die Rechte von Kindern und Teenagern kümmert, d. h. die staatliche Fürsorge) wusste nicht, was sie mit den beiden machen sollte, und bat uns um Hilfe. Joao sagte zu. Das war im Februar 1994 gewesen. Zu diesem Zeitpunkt war unsere Tagesstätte, die *Casa Aberta* (das »Offene Haus«), im Kellergeschoss der *Central Baptist Church* gerade vier Monate in Betrieb.

Als wir Pastor Paulo Mazoni von der *Central Baptist Church* sieben Monate zuvor besucht hatten, hatte er zu uns gesagt: »Ich denke, die Farm ist das fehlende Glied. Unsere Gemeinde hat im vergangenen Jahr eine Tagesstätte in den Kellerräumen betrieben, aber nachts kehrten die Kinder auf die Straße zurück, weil es diese zweite Stufe nicht gab. Außerdem hatten wir keine Altersbegrenzung und die Achtzehnjährigen schüchterten die Zehnjährigen ein. Warum übernehmen Sie das Zentrum nicht? Es könnte ja ein Teil von ›Criança Feliz‹ werden. Benutzen Sie unsere Einrichtungen; wir haben eine Großküche, Bäder, ein kleines Büro, Klassenzimmer und einen großen Saal, in dem die Kinder spielen können. Ich könnte mir sogar gut vorstellen, dass einige aus dem Team, die im vergangenen Jahr hier gearbeitet haben, sehr daran interessiert wären, für Sie zu arbeiten.«

Wir waren beide überwältigt. Die beiden Gemeinden, von denen Joao bereits im vergangenen Jahr gesprochen hatte, arbeiteten nun tatsächlich mit uns zusammen, und zwar zu hundert Prozent. Selma, Josey, Marcos und Pedro, die im Jahr zuvor im Zentrum gearbeitet hatten, schlossen sich uns an. Selma war eine gestandene Frau von fast Vierzig mit einem mütterlichen Herz und Organisationstalent. So war sie die geborene Kandidatin für den Job des Koordinators. Obwohl Joao und ich die Leitung über die Gesamtarbeit behielten, brauchten wir sowohl auf der Farm als auch im Zentrum jemanden, der die alltäglichen Abläufe überwachte.

Wir trafen uns regelmäßig zum Gebet und Fasten und langsam wurde das Team immer größer. Iona aus Recife, die bei *Operation Mobilization* gewesen war, kam zu uns auf die Farm, ebenso wie Ricardo, ein guter Freund Joaos aus seiner Zeit bei »Jugend mit einer Mission«. Er wurde Koordinator der Farm. Außerdem schloss sich uns noch Mauro von der *Lagoinha Church* an; dazu Leila, Claudia, Carla und Rubens, die in der Tagesstätte mitarbeiteten. Es war keine Frage, dass wir wie ein Baum tiefe Wurzeln schaffen mussten, wenn unsere Arbeit wachsen und sich ausbreiten sollte; wir brauchten ein solides Fundament. Die Veränderungen, die Gott durch uns im Leben dieser Kinder herbeiführen wollte, konnten nur dann für die Ewigkeit Bestand haben, wenn das Fundament stark genug war. Und das ließ sich nur auf einem Weg erreichen: mit Gebet.

Bis Ende August jedoch besaßen wir noch immer nicht die nötigen Geldmittel, um das Zentrum zu eröffnen. Im Jahr zuvor war es von der *Prefeitura* unterstützt worden und wir hatten wieder einen Zuschuss beantragt, doch die Mühlen der Bürokratie mahlen bekanntlich langsam und der Papierkram war kompliziert. *Compassion International*, eine christliche Organisation aus den USA, die Projekte für Kinder in der Dritten Welt finanzierte, hatte Joao und mir im August auf der Farm einen Besuch abgestattet. Decri, der Leiter der Organisation in Brasilien, hatte uns sehr viel Mut gemacht, doch es gab keine konkreten Zusagen für eine finanzielle Unterstützung.

Anfang September erhielt Joao einen Anruf von Luis, einem Diakon, der im Gemeinderat der *Central Baptist Church* saß. Joao sank der Mut, als Luis ihm mitteilte: »Da Sie die Einrichtungen unserer Gemeinde noch immer nicht für die Straßenkinder nutzen, möchten wir sie gern für unsere Kinderkrippe benutzen. Das Haus in der Favela, das wir momentan für die Krippe benutzen, muss neu gestrichen und einige Baumaßnahmen müssen durchgeführt werden. Deshalb werden wir die Krippe in die Kirche verlegen. Tut uns leid wegen der Unannehmlichkeiten.«

Bedrückt riefen wir alle Mitarbeiter zu einem dringenden Gebetstreffen auf der Farm zusammen. Am Ende dieses Treffens verkündete Joao plötzlich: »Wir werden heute Abend zu Luis, Pastor Paulo und den übrigen Gemeinderatsmitgliedern gehen und ihnen sagen, dass wir die Tagesstätte in der nächsten Woche eröffnen werden. Lasst uns im Vertrauen auf Gott diesen Schritt tun; vielleicht ist es das, worauf Gott wartet. Er wird dann für alles sorgen.« Wir schauten ihn entgeistert an, aber keiner wendete etwas gegen Joaos Vorschlag ein, denn tief in unserem Herzen wussten wir alle, dass uns nichts anderes übrig blieb. Wir mussten diesen Schritt im Glauben wagen.

Nachdem wir an diesem Abend triumphierend von dem Treffen mit dem Gemeinderat zurückgekehrt waren – Pastor Paulo hatte uns seine uneingeschränkte Unterstützung zugesagt –, schlug ich meine Bibel auf und las im Buch Josua die Stelle, die schildert, wie Josua vor der großen Herausforderung stand, Hunderttausende Israeliten, ihre ganze Habe, das Vieh und die Bundeslade über den schnell fließenden Jordan zu bringen; dies war auf der letzten Etappe ihrer Reise zum Verheißenen Land. Plötzlich sprangen mir folgende Verse geradezu in die Augen: »Da sagte der Herr zu Josua: Heute fange ich an, dich vor den Augen ganz Israels groß zu machen, damit alle erkennen, daß ich mit dir sein werde, wie ich mit Mose gewesen bin. Du aber sollst den Priestern, die die Bundeslade tragen, befehlen: Wenn ihr zum Ufer des Jordan kommt, geht in den Jordan hinein, und bleibt dort stehen!« (Jos 3,7-8).

Ich las weiter und mein Herz füllte sich mit Freude.

»Und als die Träger der Lade an den Jordan kamen und die Füße der Priester, die die Lade trugen, das Wasser berührten – der Jordan war aber während der ganzen Erntezeit über alle Ufer getreten –, da blieben die Fluten des Jordan stehen. […] Die Priester, die die Bundeslade des Herrn trugen, standen, während ganz Israel trockenen Fußes hindurchzog, fest und sicher mitten im Jordan auf trockenem Boden, bis das ganze Volk den Jordan durchschritten hatte« (Jos 3,15-17).

In diesem Augenblick wusste ich, dass wir diesen Schritt im Glauben hatten gehen müssen, damit Gott die finanziellen Mittel freisetzen konnte, die wir benötigten. Nun mussten wir darauf warten, dass etwas geschah. Es blieben noch fünf Tage, bis zur Öffnung der *Casa Aberta*.

Am darauf folgenden Tag aßen Joao und ich gerade auf der Farm zu Mittag, als wir plötzlich hörten, dass sich ein Wagen auf dem Weg durch die Bananenplantage dem Farmhaus näherte. Joao stand auf, um nachzusehen, wer es war.

»Es ist Decri von ›Compassion International‹«, rief er von der Vordertür ins Haus.

»Ihr Besuch kommt unerwartet«, fuhr er fort, als er Decri die Hand reichte und ihn zum Mittagessen einlud. Decri war ein kleiner Mann, der immer lächelte. Er küsste mich zur Begrüßung auf beide Wangen und setzte sich an das Kopfende des Tisches zwischen Joao und mich. Wir luden ihn zum Essen ein.

»Also«, fragte Decri, während er sich mit einer Kelle *feigao* (Bohnen) auf den Teller schaufelte, »wann werden Sie beginnen?«

Joao und ich warfen uns über den Tisch hinweg einen erstaunten Blick zu. Wir erläuterten ihm eilig die Situation bei der *Central Baptist Church* und erklärten, dass wir noch fünf Tage hätten, dann müssten wir mit dem Projekt beginnen.

»Gut, gut«, meinte Decri, der immer noch lächelte. Er stürzte sich auf seinen Teller, der voller Reis, Bohnen, Kartoffelpüree, Hühnchen und Salat war. »Dann wollen wir mal schauen, was Sie haben und was Sie benötigen.«

Nachdem die Teller weggeräumt waren, nahm Decri Papier und Stift zur Hand und schrieb die Namen der zehn Leute auf, die bereit waren, in der Tagesstätte zu arbeiten, eine Köchin und eine Reinemachefrau eingeschlossen. Wir schätzten, dass zu Beginn etwa zwanzig Straßenkinder täglich von montags bis freitags in das Zentrum kommen würden. Die Mitarbeiter eingerechnet, bedeutete das, dass wir pro Woche etwas über hundert Mäuler mit einem Frühstück und einem warmen Essen zu versorgen hatten. Außerdem mussten wir Papier, Farben, Malstifte und Spiele für die Kinder kaufen, daneben noch die nötigen Dinge zur Körperpflege, Handtücher und Reinigungsmittel. Die Küche war bereits mit dem Nötigsten ausgestattet, doch in unserem kleinen Büro fehlte noch Schreibpapier, ein Aktenschrank, eine Schreibmaschine und ein Telefon. Außerdem wollten wir dem Team monatlich eine finanzielle »Unterstützung« zukommen lassen statt eines Gehaltes. Wenn Joao und ich immer im Vertrauen auf Gottes Handeln lebten, dann war es wichtig, dass unsere Mitarbeiter dies auch taten. Wir waren uns durchaus der Schwierigkeiten bewusst, die brasilianische Missionare haben, wenn sie auf finanzielle Unterstützung durch die Gemeinde angewiesen sind; deshalb wollten wir in der Lage sein, auszuhelfen. Doch für alle unsere Mitarbeiter bedeutete dies, die Sicherheit aufzugeben, die ein gutes Monatsgehalt bot, und ganz darauf zu vertrauen, dass Gott sie versorgen würde.

»Nun«, meinte Decri schließlich, »ich denke, Sie werden zunächst, um das Zentrum ins Rollen zu bringen, etwa 2 250 US-Dollar benötigen. Das schließt hundert Dollar für jeden Mitarbeiter sowie Bustickets mit ein. Mir stellt sich jedoch die Frage, wo diese Kinder nachts schlafen werden. Ich verstehe ja, dass bald viele hier auf die Farm kommen werden, um körperlich und seelisch wieder zu gesunden. Aber Sie brauchen einen Ort, an dem die Kinder schlafen können, während Sie ihre Familien suchen oder die Vorbereitungen dafür treffen, dass sie auf die Farm kommen.«

»Ja«, stimmte Joao zu. »Wir werden um ein Nachtasyl im Stadtzentrum beten müssen.«

»Tudo tem a hora certa [›alles zu seiner Zeit‹]. Gott weiß besser als wir, was gebraucht wird«, meinte Decri. »Wenden wir uns nun den aktuellen Problemen zu: ›Compassion International‹ unterstützt Sie voll und ganz. Wir werden bis Montag die 2 250 US-Dollar auf Ihr Konto überweisen und von da an monatlich für die nächsten elf Monate. Der Vertrag wird danach jährlich neu begutachtet und, wie wir hoffen, erneuert. Wir verlangen jeden Monat einen detaillierten Bericht darüber, wie das Geld ausgegeben wurde und was sich in der Arbeit des Zentrums getan hat. Und denken Sie daran: Wir werden für Sie alle beten.« Er umarmte uns. Mit Tränen in den Augen dankte Joao Gott für seine unglaubliche Treue.

Wir hatten im Glauben einen Schritt gewagt und Gott hatte diesen Glauben bereits vierundzwanzig Stunden später reich belohnt.

Die Tagesstätte *Casa Aberta* öffnete am 18. September 1993 ihre Tore für Jungen und Mädchen im Alter von sechs bis vierzehn Jahren. Die ersten vier Monate stellten uns vor einige Herausforderungen. Wir waren alle noch dabei, zu lernen und zu entdecken, welches Programm für die Kinder tagsüber am geeignetsten war, wie wichtig die Einheit unter den Mitarbeitern war und wie wichtig es war, sowohl vor der Ankunft der Kinder am Morgen zu beten als auch am Nachmittag, wenn sie das Haus wieder verlassen hatten. Das Zentrum war der Ort, an dem wir den ersten Kontakt zu den Straßenkindern bekamen. Sie kamen direkt von der Straße und brachten die Gewalt, den Zorn, den Hass und die Prostitution mit ins Haus. Das Zentrum ist auch heute noch ein unruhiger, quirliger Ort. Dort findet geistlicher Kampf statt, denn dort erfahren viele Kinder zum ersten Mal von Jesus Christus und seiner Liebe zu ihnen.

Jede Woche gingen Fensterscheiben und Einrichtungsgegenstände zu Bruch. Rund um die Uhr musste ein Polizist vor der Kirche Wache halten, um gewalttätige Auseinandersetzungen oder Beschwerden von Seiten der Nachbarn zu verhindern. Zwei Jungen wurden dabei erwischt, wie sie auf der Toilette Sexualverkehr miteinander hatten.

Auch im Team kam es zu Konflikten: Gerüchte machten die Runde; es gab Beschwerden und Zweifel, ob Gott sich wirklich um ihre finanziellen Bedürfnisse kümmern werde; die Leiter wurden kritisiert. Es schien uns, als machte sich jemand daran, unsere Einheit zu zerstören. Wir vermuteten, dass irgendetwas zu verhindern suchte, dass sich das *im* Leben dieser Straßenkinder und aber auch *durch* das Leben der Mitarbeiter verwirklichen konnte, was *Gott* wollte. Doch es war eine Zeit, in der wir reifer wurden, denn wir trafen uns zu Gebet und Fasten, bekannten einander, wo wir versagt hatten, und vergaben einander. Wir richteten im Zentrum ein regelmäßiges Mitarbeitertreffen am Freitag ein, das wir *Lavando roupas sujos* [»schmutzige Wäsche waschen«] nannten. In der Zeit, die wir zusammen verbrachten, bekannten wir offen schlechtes Verhalten, Irritationen, Verletzungen und Missverständnisse, die sich zwischen uns ereignet hatten. Das war eine beschämende Erfahrung, erwies sich aber als unerlässlich, wenn die Einheit bestehen bleiben sollte:

> »Seht doch, wie gut und schön ist es, wenn Brüder miteinander in Eintracht wohnen. Das ist wie köstliches Salböl, das vom Kopf hinabfließt auf den Bart, auf Aarons Bart, das auf sein Gewand hinabfließt. Das ist wie der Tau des Hermon, der auf den Berg Zion niederfällt. Denn dort spendet der Herr Segen und Leben in Ewigkeit« (Ps 133).

Zu dieser Zeit war das Zentrum von sieben Uhr morgens bis sieben Uhr abends geöffnet. Es gab zwei Schichten – eine vormittags, eine nachmittags – mit jeweils vier Mitarbeitern. Die Kinder duschten, sobald sie im Zentrum ankamen, dann folgte das Frühstück. Vormittags wurden Spiele gespielt, am Nachmittag konnten sie sich künstlerisch betätigen und mit Hilfe von Geschichten, Puppenspielen und Theaterstücken von der

Vergebung und Rettung durch Jesus Christus hören. Außerdem ging von Montag bis Freitag am frühen Morgen sowie Montagabends ein Team hinaus auf die Straße. Es war wichtig, dass wir »ihre Welt« und »ihr Zuhause« verstanden, sonst würde die *Casa Aberta* nicht funktionieren. In der *Casa Aberta* lernten die Kinder, dass sie ihr Leben verändern mussten, dass sie sich an unseren Zeitplan halten und die von uns gesetzten Grenzen und Regeln akzeptieren mussten. Auf der Straße waren »ihre Regeln« völlig anders als unsere: Sie mussten für ihren Bandenführer stehlen, sie mussten Drogen nehmen, sie mussten fluchen und den »Straßen-Slang« sprechen, sie mussten um ihr Überleben kämpfen.

Mark Hester, einer der ersten Kurzzeitmissionare, die aus Übersee zu uns kamen, half uns in der Zeit, als wir das Zentrum eröffneten. Er erwies sich als ein äußerst treuer Freund und spielte eine wichtige Rolle bei der weiteren Entwicklung von *Happy Child Mission*. Er begann ein Jahr vor seinem Kommen, mir und Joao zu schreiben und für die Kinder zu beten. Einer der Briefe berührte mich sehr. Er war gerade dabei gewesen, sich ein paar neue Turnschuhe zuzulegen, als er den Eindruck bekam, dass Gott vom ihm wollte, das Geld lieber uns zu schicken, damit wir einem Kind, das gar keine Schuhe besaß, davon Turnschuhe kaufen konnten.

Unser erster Sohn wurde am 26. Oktober 1993 geboren und wieder erlebten wir Gottes Fürsorge. Drei Wochen vor der Geburt waren wir in das kleine moderne Haus auf der Farm eingezogen, das Jacob und seine Frau freigemacht hatten, um wieder in die Stadt zu ziehen. Das war ein Segen, denn das weiße Haupthaus füllte sich mit Mitarbeitern und wir Leiter benötigten ein eigenes »Nest«. In der Woche, bevor Lucas geboren wurde, hatten wir immer noch kein Geld, um die Ärzte und den Krankenhausaufenthalt zu bezahlen. Dann kam unangemeldet ein Diakon der *Community Church*, zu der wir gehörten, zur Farm. Er überreichte uns einen Scheck und erklärte uns, dass Gott ihnen bei einem Gebetstreffen in der Kirche am Abend zuvor deutlich gemacht hatte, sie sollten uns eine Spende speziell für das Baby geben. Wir hatten ihnen nichts von unserer Not gesagt. Der Scheck war über eine ansehnliche Summe ausgestellt und ich war völlig überwältigt. Gott scheint bis zur letzten Minute zu warten, aber er lässt uns nie im Stich. An diesem Abend las ich: »Ohne Glauben aber ist es unmöglich, [Gott] zu gefallen« (Hebr 11,6).

Im Februar 1994 kamen neben Januario und Jardel noch neun weitere Jungen auf die Farm: Oades, Welbert, Kleber, Adriano, Eduardo, Cristiano und José Roberto aus der *Casa Aberta*, Marcos Silva durch den *Conselho Tutelar* und Joao Carlos über das *Restauration House* von »Jugend mit einer Mission«. Außerdem lebte noch ein kleines, zehnjähriges Mädchen bei mir und Joao im Haus. Sie war vom *Conselho Tutelar* zur *Casa Aberta* gebracht worden, nachdem sie zuvor auf dem Weg in das *FEBEM*, ein überfülltes staatliches Heim für Jungen und Mädchen, gewesen war. Ihr Vater lebte als Penner auf den Straßen von Belo Horizonte und hatte gedroht, sie umzubringen. Ihre Mutter war auf den Straßen von São Paulo von einem Liebhaber ermordet worden. Als Joao und ich sie da so allein sitzen und ein Buch lesen sahen, neben sich eine Plastiktüte mit ihren Habseligkeiten, schauten wir uns an und waren uns, ohne ein Wort zu verlieren, einig. Sie blieb drei Monate bei uns, bis sie von einer Pflegefamilie in unserem ersten »Pflegefamilien-Heim« aufgenommen wurde.

Oades wurde in Bahia im Norden Brasiliens geboren und war bei seiner Ankunft auf der Farm dreizehn Jahre alt. Seine Mutter hatte ihn als Minderjährige zur Welt gebracht und lebte in einem Waisenhaus. Doch sie ließ ihn bald bei dem älteren

Ehepaar zurück, das das Waisenhaus leitete. Diese schickten ihn schließlich mit elf Jahren nach Belo Horizonte, damit er in der *Cidade do Menor*, einem staatlichen Heim für Kinder und Jugendliche, leben sollte. Offensichtlich war er »ein Problemkind«. Oades hasste sein neues Zuhause und verbrachte die folgenden zwei Jahre mehr oder weniger auf der Straße. Er schlief in Geschäftseingängen oder unter Schnellstraßen. Er stahl, um Marihuana, Klebstoff und Lösungsmittel zu kaufen. Er wurde sexuell missbraucht und missbrauchte seinerseits andere Kinder beiderlei Geschlechts. Zu dem Zeitpunkt, als er auf der Farm eintraf, hatte er von seiner Mutter seit sechs Jahren nichts mehr gehört; nach allem, was er wusste, war sie tot. Seinen Vater hatte er nie gekannt.

Für seine dreizehn Jahre war er klein und hager, doch Oades war ein echter Künstler. Er malte aus dem Gedächtnis heraus und seine Zeichnungen und Bilder verschafften ihm die Aufmerksamkeit, nach der er so verzweifelt suchte. Seine großen Mandelaugen und sein Mund lächelten, wenn er wieder einmal sein neuestes Werk vorführte. Doch Oades hatte die Fähigkeit, einen zu bezaubern und im nächsten Moment zu verletzen. Unter dem süßen Lächeln verbarg er einen tiefen Zorn. Er war von seiner Mutter abgelehnt worden und fühlte sich einsam.

»Ich habe niemanden«, sagte er einmal unter Tränen zu mir; das war am Ende einer Woche voller schlechter Laune und Aufregung gewesen. »Meiner tia bin ich inzwischen auch egal.«

Sein Minderwertigkeitsgefühl machte ihn zu einem Zyniker und er konnte Menschen ohne Vorwarnung fertigmachen.

»Das erste, das wir mit Oades tun werden«, meinte Joao bei einem unserer ersten Mitarbeitertreffen, »ist, ihn um seiner selbst willen zu achten und nicht für das, was er kann.«

Welbert war vierzehn Jahre alt, als er zu uns kam. Er hatte drei Jahre auf der Straße verbracht. Wir trafen mit ihm ein Abkommen: Bevor er auf die Farm kam, verbrachte er die Nächte eine Woche lang bei seiner Mutter und seinen vier Geschwistern in ihrem winzigen Zwei-Zimmer-Haus; tagsüber war er in der *Casa Aberta*. Das war wichtig für Welbert, denn seine Mutter war einige Male ins Zentrum gekommen und hatte um Hilfe gebeten. Und obwohl es für ihn nicht möglich war, ständig bei ihr zu leben (wegen der großen Armut, gestörten zwischenmenschlichen Beziehungen, emotionalen Verletzungen und weil Welbert selbst dringend Hilfe benötigte), war es doch wichtig, dass er zuerst seiner eigenen Familie Achtung entgegenbrachte, bevor er bei uns leben konnte. Welbert war von mittlerer Größe und stämmig, hatte braune Haut, krauses Haar und kleine Augen und war einer der aggressivsten Jungen auf der Straße. Er war arrogant, maß seine Kräfte sehr oft mit anderen, war launisch und besaß einen äußerst starken Willen. Sein kleines Zuhause in Palmital, einer der ärmsten Favelas von Belo Horizonte, war ein Ort voller Streitereien und Kämpfe. Mit fünf ertappte er seinen Vater mit einer anderen Frau im Bett; und in diesem Augenblick entschied er innerlich, sein Leben allein zu meistern. Er brauchte keine Eltern und er würde sein Leben selbst in die Hand nehmen. Seine Aggressivität und seine Streitsucht verschlimmerten sich, als er älter wurde. Er erzählte mir später: »Zu Hause gab es keine Liebe, keine Zuneigung, keinen Frieden, also beschloss ich, auf der Straße zu bleiben, wo ich wenigstens Freunde hatte. Aber ich wurde nicht glücklich, denn in mir war nur ein tiefer Hass auf das Leben.«

Er schloss sich einer der gefährlichsten Banden der Stadt an und wurde so gerissen, dass er sogar die Polizei austricksen konnte. Mit zwölf Jahren gehörten Diebstahl, Drogen und Morddrohungen zu seinem Alltag. Er landete im Gefängnis, wurde von einem anderen Bandenführer gefoltert, der ihm mit einer brennenden Zigarette Arme und Brust verbrannte, und wurde monatelang von den Morddrohungen eines weiteren Bandenchefs verfolgt, was bedeutete, dass er nachts nicht ruhig schlafen konnte (eine Form, Rivalen zu töten, bestand darin, sie im Schlaf anzuzünden).

Edoardo und Cristiano waren Brüder. Eduardo war dreizehn, Cristiano elf, als sie auf die Farm kamen. Sie waren in einem sehr armen Stadtteil von Belo Horizonte geboren worden. In ihrem Elternhaus lebte die Familie mit zehn Kindern in nur zwei Räumen. Mit zwei Jahren wurde Eduardo von seinen Eltern in das Kinderheim der *FEBEM* gebracht. Doch seine Tante holte ihn von dort wieder ab und ließ ihn bei sich wohnen. Eduardo hat die Ablehnung, die er von Seiten seiner Eltern erfahren hat, nie vergessen; sie wurde zu einer tief sitzenden Wut und Angst. Von seinem achten Lebensjahr an lebte er teils auf der Straße und teils bei seiner Familie. Er bestahl Passanten, was zu einem »Hobby« wurde. Das Diebesgut verkaufte er an die Händler im Busbahnhof, um sich von dem Geld Drogen zu kaufen. Doch Eduardo wollte sich ändern.

Cristiano war ihm ein Jahr zuvor auf die Straße gefolgt. Er war von einem Auto angefahren worden. Von diesem Unfall war eine hässliche Narbe an seinem rechten Fuß zurückgeblieben. Er war oft eingeschnappt und provozierte gern einen Kampf.

Sie sahen beide gleich aus, waren stämmig und muskulös, hatten schwarze, samtige Haut und ein breites, strahlend weißes Lachen.

José Roberto, auch unter dem Namen Ze bekannt, war für seine zwölf Jahre ziemlich groß. Er war ständig nervös und stotterte, als er zu uns kam. Sein sanftes Gesicht war eine Maske, hinter der sich ein tiefer Hass gegen das Leben und alles um ihn herum verbarg. Er sprach nur über den Tod oder Unfälle und erzählte morbide Geschichten. Er hasste seine Mutter, denn diese hatte ihn zur *Cidade do Menor* gebracht, als er gerade sechs Jahre alt war. Zu der Zeit, als José Roberto zu uns kam, lebte sie in einem winzigen Zwei-Zimmer-Haus in Taquaril, der gefährlichsten Favela der Stadt, in der es kein Wasser und keinen Strom gab. Ihre Toilette bestand aus einem Loch im Boden und Ze schämte sich für ihre Armut. Als Ze zehn Monate später auf einen Besuch in das winzige, aber blitzsaubere Heim seiner Mutter kam, meinte Joao zu ihm: »Nach Gott ist deine Mutter das Wertvollste, was es auf dieser Welt gibt. Sie hat dich zur Welt gebracht, Ze. Vergib ihr und akzeptiere sie, wie sie ist.« Sie war sehr stolz auf Ze und stellte ihn allen Nachbarn als Pastor vor!

Sein groß gewachsener, musikalischer Vater war an einer Alkoholvergiftung gestorben, als Ze noch ein Baby war. In der *Cidade do Menor* wurde Ze körperlich und sexuell missbraucht; einmal war es so schlimm gewesen, dass er wegrannte und zwei Nächte allein in den Wäldern verbrachte. »Ich habe häufig geweint und war ziemlich wütend«, erinnerte er sich. Es war eine schmerzhafte Erinnerung. Sechs Jahre lang lebte er zum Teil auf der Straße und zum Teil im staatlichen Heim. Obwohl Ze durch seine Vergangenheit in der Schule weit zurückgefallen war, war er intelligent und hatte das musikalische Talent seines Vaters geerbt.

Der schlanke, kleine Körperbau von Marcos Silva, seine braune Haut, sein dickes schwarzes Haar und seine großen braunen Augen erinnerten mich an Mogli aus dem Zeichentrickfilm »Das Dschungelbuch« von *Walt Disney*. Er war durch den *Conselho Tutelar* zu uns gekommen, nachdem sein betrunkener und gewalttätiger Vater ihn mit einem Messer am Kopf verletzt hatte. Der Richter verwehrte dem Vater bis auf

Ministerio Criança Feliz/Happy Child Mission – das Totenfeld 153

weiteres den Kontakt zu seinem Sohn. Marcos war mit seiner Schwester, die schließlich vom *Tutelar* zur *FEBEM* gebracht wurde, davongelaufen, um auf der Straße zu leben. Seine Mutter war offensichtlich mit seinen übrigen Geschwistern ins Landesinnere geflohen.

Marcos weinte ständig und machte jede Nacht ins Bett. Er war zu diesem Zeitpunkt bereits zehn Jahre alt.

Joao Carlos war zweimal aus dem *Restauration House* von »Jugend mit einer Mission« davongelaufen und wurde zu uns geschickt. Er war vierzehn Jahre alt und sah nicht wie ein Straßenjunge aus. Joao Carlos war groß, attraktiv, hatte ein bezauberndes Lächeln und kleidete sich stets makellos. Doch er konnte Menschen manipulieren, wie er wollte, und log mit einer kaltschnäuzigen Arroganz, die es uns manchmal schwer machte zu erkennen, mit wem wir es eigentlich zu tun hatten. Seine Mutter hatte ihn und seine Schwester verlassen, als sie noch klein waren, und sein Vater hatte erneut geheiratet. Doch Carlos und seine Stiefmutter hatten ständig Streit miteinander und schließlich lief er von zu Hause davon und lebte auf der Straße in einem alten, verlassen Auto. »Jugend mit einer Mission« hatte ihn in ihr *Restauration House* aufgenommen. Dadurch gewöhnte er sich an einen regelmäßigen Tagesablauf und hörte von der Liebe Jesu zu ihm. Doch sein starker Wille machte es oft schwierig, ihm zu helfen, weil er sich nicht einfach unterordnen wollte. Nachdem er jedoch einen Tag auf der Farm verbracht hatte, kam er zu Joao und mir und fragte, ob er bleiben könne. Er brauchte die Weite und Offenheit auf der Farm.

Kleber stammte aus dem Inneren von Minas Gerais, wo seine alkoholkranke Mutter ihn und seinen Bruder allein großgezogen hatte. Sein Bruder wurde Berufsdieb und Kleber sein

Komplize. Einmal wurden sie geschnappt und kamen ins Gefängnis. Als man Kleber wieder freiließ, schickte man ihn zur *Cidade do Menor* in Belo Horizonte. Dort war Adriano, der gewalttätigste Junge, der am häufigsten andere missbrauchte, sein bester Freund. Obwohl beide vierzehn Jahre alt waren, waren sie in ihrem Temperament durchaus verschieden. Kleber versteckte seinen Zorn und seine Aggressivität, die sich in ihm aufgestaut hatten und die Adriano mit Leichtigkeit für ihn ausdrücken konnte, hinter seiner scheuen, unbeholfenen Art. Sie waren unzertrennlich und erschienen gemeinsam in der *Casa Aberta*. Die *Prefeitura* hatte eine Verwaltungsstelle eingerichtet, die sich *PROMAN* nannte und speziell dafür gedacht war, Straßenkindern Arbeit und Ausbildungsstellen bei staatlichen Unternehmen in der Stadt zu vermitteln. Bei *CEMEG* (dem Elektrizitätswerk) gab es zwei offene Stellen und so schlugen wir Kleber und Adriano vor, die beide angenommen wurden.

Adriano war in der Stadt bereits aus jedem Heim und jeder Organisation, die sich um Jungen kümmerte, hinausgeflogen. Man bezeichnete ihn als »unverbesserlich«. Er war in einem kleinen Ort etwa zwanzig Kilometer von Belo Horizonte entfernt zur Welt gekommen. Seine Mutter war gestorben, als er noch ein Baby war, und ließ ihn mit seinem alkoholabhängigen und gewalttätigen Vater zurück. Der Vater ließ sein aufbrausendes Temperament über Jahre hinweg an Adriano aus, der so schlimm verprügelt wurde, dass die Ärzte einmal sogar einen leichten Gehirnschaden als Folge der Prügel vermuteten. Adriano war groß und schlaksig, hatte große, abstehende Ohren und kleine Narben auf seinem hellhäutigen Gesicht. Adriano forderte ständig hundertprozentige Aufmerksamkeit; er wollte die Dinge in der Hand haben. Um das zu erreichen, nahm er dieselbe gewalttätige Haltung an wie sein Vater und versuchte, die Menschen um sich herum zur Unterordnung zu zwingen. Adriano sollte uns in den ersten vier Wochen seines

Ministerio Criança Feliz/Happy Child Mission – das Totenfeld 155

Aufenthalts einige Sorgen bereiten, weil er sich nicht ändern wollte – er wollte keine Hilfe annehmen. Er verprügelte andere Jungen; er schlug sich mit Ricardo und Mauro – beide für brasilianische Verhältnisse groß gewachsene Männer. Schließlich stellte er die Leitungsautorität von Joao und mir in Frage, indem er die Jungen einschüchterte und verlangte, sie sollten »seine Sprache« sprechen und »seinen Befehlen« gehorchen und nicht unseren. Das Fass kam schließlich zum Überlaufen, als er eines Nachts Joao angriff und ihn vor den anderen zu Boden warf. Wir mussten eine schnelle Entscheidung fällen, denn so war niemandem geholfen. Am darauf folgenden Tag gelang es uns, seinen Vater ausfindig zu machen, der wieder geheiratet hatte, vom Alkohol losgekommen war und eine feste Anstellung als Krankenwagenfahrer hatte. Er hatte Adriano bereits gesucht, denn er wollte einen Neuanfang machen und sich als Vater um ihn kümmern. Silvia, eine christliche Psychologin, die in der *Casa Aberta* die Familien betreute, erklärte sich bereit, diesen Fall zu übernehmen und alle vierzehn Tage Therapiesitzungen durchzuführen. Sobald Adriano die Farm verlassen hatte, veränderte sich die gesamte Atmosphäre.

»Zwei Dinge, die einem Menschen seine Würde wiedergeben können, sind Arbeit und Verantwortung«, sagte Joao, als wir das Programm für die Farm planten. »Wir müssen den Jungen die täglich hier anfallenden Aufgaben übertragen und sie müssen uns bei der Landarbeit helfen: das Lagerhaus bauen, den Gemüsegarten anlegen, sich um die Pferde, die Hühner, die Bananenplantage kümmern, usw. Und sie müssen alle zur Schule gehen.«

Wir hatten von der *Besom Foundation* in England eine Spende über 55 000 US-Dollar erhalten, um ein dringend benötigtes Gebäude auf der Farm zu errichten. Das dreihundert Quadratmeter große »Lagerhaus«, wie wir es nennen, mit sieben Zimmern sowie Toiletten sollte als Schulhaus dienen, in dem die Kinder zusätzlichen Unterricht erhalten und Kunst, Musik und Schnitzerei lernen konnten. Obwohl die Spende nicht groß genug war, um das Bauprojekt fertigzustellen, beschlossen wir, im Glauben mit dem Bau zu beginnen und Gott zu vertrauen, dass er einen Weg finden würde, uns die noch nötigen 15 000 Dollar zukommen zu lassen – was er dann auch zur rechten Zeit tat.

Pastor Marcelino, der auch Bauarbeiter war, half uns beim Bau, ebenso wie Ailton. Marcelino wohnte die Woche über auf der Farm und kehrte am Wochenende zu seiner Frau und seinen drei Söhnen zurück. Sie lebten in Sabara, einem Ort außerhalb von Belo Horizonte, etwa eineinhalb Stunden Fahrtzeit von der Farm entfernt. Außerdem übernahm er den Part des Pastors bei unseren mittwochs stattfindenden Gottesdiensten. Ailton, seine Frau und zwei kleine Söhne stammten ebenfalls aus Sabara, aber Ailton wurde von einem Drogenhändler bedroht, der bereits einen Monat zuvor Ailtons Bruder ermordet hatte. Sie mussten eine Zeit lang wegziehen und so boten Joao und ich ihnen ein kleines Nebengebäude auf der Farm an. Er war ein ausgezeichneter Bauarbeiter und seine Frau Marina wurde zweite Köchin in der Küche der Farm.

Hauptköchin war Maria. Sie war Ende vierzig und hatte sieben Kinder. Jeden Tag kam sie zu Fuß von Ravena, dem nächstgelegenen Dorf, zur Farm herüber; das waren etwa eineinhalb Kilometer Wegstrecke. Sie kam bald zum Glauben an Jesus Christus. Bislang hatte sie ein erbärmliches Leben in einer fünfundzwanzigjährigen, äußerst schwierigen Ehe geführt. Doch ihr Mann sollte ihrem Beispiel folgen und so begann Gott, ihre Ehe wiederherzustellen. Zwei Jahre später, im September 1995, sollte ihr Heim lebhafter Treffpunkt für die Christen dieser Gegend werden. Tonica, die ebenfalls aus Ravena stammte, übernahm das Putzen im Haupthaus und die Wäsche

Ministerio Criança Feliz/Happy Child Mission – das Totenfeld 157

für die Kinder. Vilma half Joao und mir im Haushalt und kümmerte sich zeitweise um Lucas.

Die örtliche Schule in Ravena mit etwa vierhundert Schülern ging nur bis zum Ende der *Primero Grau* (Erste Stufe). Die *Primero Grau* bestand aus acht Schuljahren sowie der Vorschule, sollte mit fünf Jahren beginnen und mit vierzehn beendet sein. Wer mit der *Segundo Grau* (Zweite Stufe) weitermachen wollte – das waren drei Schuljahre von fünfzehn bis achtzehn Jahren –, musste nach Belo Horizonte fahren. Nur wenige gingen auf die Universität. Die Mehrzahl der Straßenkinder haben nie eine Schule besucht und die meisten Jungen auf der Farm waren erst in der ersten oder zweiten Klasse der *Primero Grau*, obwohl sie bereits dreizehn oder vierzehn Jahre alt waren. Gilberto Dimenstein schreibt in seinem Buch »Krieg der Kinder, Kindermorde in Brasilien«:

> *»... das Erziehungssystem ist nicht darauf vorbereitet, mit bedürftigen Kindern und mit Straffälligen umzugehen, die schwer zu disziplinieren und reichlich aggressiv sind. Die meisten Jugendlichen besitzen keine Dokumente, um in die Schulen eingeschrieben werden zu können. Sie haben auch niemanden, der sie einschreibt. Aber falls sie diesen Schritt doch geschafft haben, stehen sie einem Stoffplan gegenüber, der ihrer Wirklichkeit nicht entspricht und der für sie praktisch unverdaulich ist. Diese Umstände vergrößern den Abgrund zwischen Schule und Schüler. [...] Den Zahlen des Erziehungsministeriums zufolge gibt es ungefähr 4,3 Millionen Kinder und Jugendliche, die nicht die Schule besuchen. [...] Offizielle Statistiken beweisen das Ansteigen der Schulflucht und das sehr niedrige Unterrichtsniveau. Von 100 Kindern, die in die Grundschule eintreten (in Brasilien sind es sechs Jahre, die jedes Kind absolvieren muß; Anm. d. Übers.), beenden nur 13 Kinder die Pflichtschuljahre.«*[1]

Penha, die Schulleiterin, benötigte dringend Unterstützung. Der Staat hatte ihr neue Stühle und Pulte versprochen, sofern bis Anfang März ein neues Klassenzimmer gebaut war. Als Joao und ich zu ihr gingen, um sie zu fragen, ob sie in dem Jahr elf Straßenjungen als Schüler aufnehmen könnte, blieb ihr noch eine Woche, um den Bau zu beenden. Joao sprach mit Pastor Marcelino und Ailton, die ihre Hilfe gern anboten und es sogar schafften, das Klassenzimmer einen Tag vor Ablauf der Frist fertigzustellen! Wir bekamen die Zusage für elf Plätze ohne irgendwelche Auflagen, ebenso wie für jeden weiteren Schulplatz, den wir in Zukunft benötigen sollten.

Alle Jungen außer Oades und Joao Carlos lernten nachmittags zwischen 12:30 Uhr und 16:30 Uhr den Stoff des ersten und zweiten Schuljahres. Oades lernte den Stoff des dritten Jahres, Joao Carlos den des sechsten; sie beide gingen morgens von 7:00 Uhr bis 11:00 Uhr zur Schule. Der erste Schultag war ein besonderes Fest, denn sie gingen zu Fuß mit neuen Schulranzen, neuen weißen T-Shirts, Jeans und Turnschuhen zur Schule!

Der wöchentliche Zeitplan spielte bei der Veränderung ihres Lebens eine wichtige Rolle. Es war Zeit, dass in ihrem Leben Grenzen gesetzt wurden, *unsere* Grenzen. Es musste Zeiten zum Spielen, zum Lernen, zum Arbeiten, zum Ausruhen, zum Beten und Bibellesen und für Ausflüge geben. Sie mussten lernen, wie man seinen Körper sauber hält, wie man sein Bett macht, wie man seine Unterwäsche wäscht, wie man sein Zimmer aufräumt und dass man täglich duscht und die Zähne mit Zahnpasta putzt. In ihren Zimmern im separaten Schlafgebäude neben der Küche und der Kantine schliefen sie zu viert in einem Raum. Jeder Junge besaß einen eigenen Spind mit einem Vorhängeschloss. Ricardo und Mauro schliefen abwechselnd bei den Jungen im Haus. Die Jungen mussten lernen dreimal am Tag zu festen Zeiten zu essen: Frühstück um

7:30 Uhr, Mittagessen um 12:00 Uhr, Abendessen um 19:00 Uhr. Sie mussten lernen, dass es nicht nötig war, einen dritten und vierten Nachschlag zu fordern, weil sie sicher sein konnten, zur Teezeit einen Imbiss und abends eine ganze Mahlzeit zu bekommen. Auf der Straße wussten sie nie, wann sie das nächste Mal wieder etwas zu essen bekommen würden. Die meisten hatten noch nie am Tisch gegessen und man musste ihnen beibringen, wie man mit Messer und Gabel isst. Sie mussten Manieren lernen: wann man »Bitte« und »Danke« sagt; dass man wartet, bis man an der Reihe ist; wie man um etwas bittet, ohne gleich danach zu greifen oder es zu verlangen; wie man einander um Vergebung bittet, statt zu kämpfen oder zu schmollen. Wir mussten ihnen beibringen, dass sie einen von den Mitarbeitern zur Schlichtung eines Streits holen sollten, bevor es zu einem Kampf kam.

»Sarah, Sarah« schrie Cristiano, »Marcos ist an meinen Schrank gegangen und hat mein T-Shirt gestohlen.«

»Das ist mein T-Shirt und dein Schrank war offen. Und überhaupt, er hat mich einen ›Hurensohn‹ genannt«, schrie Marcos zurück.

»Okay, okay – jetzt mal ganz ruhig«, sagte ich, während ich mich setzte und ihnen mit einer Geste bedeutete, sich neben mich zu setzen. »Wer, meint ihr, ist hier im Unrecht?« fragte ich.

Einige Sekunden herrschte Stille.

»Er hat mein T-Shirt gestohlen«, fuhr Cristiano fort, ohne mir in die Augen zu schauen.

»Cristiano hat mich einen ›Hurensohn‹ genannt«, rief Marcos und schaute gleichzeitig weg.

»Wer sollte nun also um Vergebung bitten?«, fragte ich weiter.

»Es tut mir leid, dass ich dein T-Shirt genommen habe, aber ich dachte, es wäre meines; und außerdem war dein Schrank offen«, sagte Marcos und blickte dabei auf seine Füße.

»Schaut euch ins Gesicht, Jungs«, schlug ich vor.

»Ich vergebe dir«, antwortete Cristiano und versuchte, Marcos dabei anzuschauen. »Und es tut mir leid, dass ich dich einen ›Hurensohn‹ genannt habe.«

»Esta Perdoado [›Ist schon vergeben‹]«, antwortete Marcos mit einem Grinsen.

Wie in jeder Familie musste es auch bei uns Regeln und Ordnung geben; schließlich waren wir ihr gesetzlicher Vormund. Sie durften nicht fluchen, nicht rauchen, keine Drogen nehmen, nicht raufen und den Mitarbeitern nicht widersprechen. Sie mussten sich dem Tagesablauf anpassen. In moralischer Hinsicht mussten sie begreifen, dass es nicht in Ordnung war, wenn sie miteinander Sex hatten, und dass Gott den Mann geschaffen hat, um mit einer Frau zusammen zu sein, und das erst nach der Eheschließung. Doch der große Unterschied zwischen einem Leben bei uns und dem Leben auf der Straße lag in einer von Liebe geprägten Erziehung.

Joao kam in den ersten Monaten auf der Farm eines Freitags spät aus Belo Horizonte zurück und fand alle Jungen vor den Schlafräumen vor. Dort feuerten sie Ze und Cristiano, die sich einen wilden Kampf lieferten, schreiend an. Der arme Pastor Marcelino versuchte ohne Erfolg, die Lage unter Kontrolle zu bekommen. Sobald die Jungen Joao sahen, verstummten sie – außer Ze und Cristiano, die sich gegenseitig zornig anspuckten und beschimpften. Joao schritt ein und schickte sie alle ins Bett. Den beiden Kämpfenden drohte er mit Strafe, falls er noch einen Ton von ihnen hören sollte. Dann blieb er vor ihrem Schlafraum, ohne dass die beiden es wussten, und hörte, dass Ze drohte, Cristiano zu töten. Er stürmte überraschend ins Zimmer und bestrafte Ze, indem er ihm für den nächsten Monat verbot, auszureiten (das war Zes Lieblingsbeschäftigung). Am nächsten Tag schrieb Ze einen Brief an uns alle, in dem er um Vergebung bat. Und von diesem Augenblick an änderte sich sein Leben drastisch: Er sprach nie mehr über den Tod und über Unfälle und erzählte keine morbiden Geschichten mehr.

Dieser Brief hat mich so bewegt, dass ich ihn aufgehoben habe:

»4. April 1994

Liebe tios und tias,

liebe tios, vergebt mir, dass ich euch so viel Ärger gemacht habe, seit ich hier bin.

tios, vergebt mir, dass ich böse war und dass ich so schlimme Dinge getan habe. Jetzt hat Gott mein Herz wirklich noch mehr verändert.

Bitte seid mir nicht böse, denn ich will jetzt mit niemandem mehr kämpfen.

Gott ist mit uns und beschützt uns alle. Gott hat mir für alle tios und tias hier auf der Farm viel Liebe in mein Herz gegeben.

In großer Liebe,

José Roberto«

Wenn ein Kind erkennt, dass Grenzen immer und Strafe in manchen Fällen angebracht sind, fühlt es sich geliebt und geborgen, davon bin ich überzeugt. Die Strafen, die die Kinder von uns auferlegt bekommen, variieren von Fall zu Fall und müssen mit Bedacht gewählt werden. In der Mehrzahl der Fälle kürzen wir Privilegien (z. B. dass ein Kind nicht an einem

Ausflug teilnehmen darf). In der angespannten Atmosphäre der Situation selbst schicken wir die Kinder auf ihr Zimmer, damit sie »abkühlen« können; erst danach reden wir mit ihnen.

Doch selbst wenn wir ihnen körperlich und geistig viel geben können, gibt es doch nur eine Person, die sie von innen heraus verändern kann, und das ist Jesus. Jeden Morgen erzählen wir ihnen eine Stunde lang von der Liebe Gottes, von seiner grenzenlose Vergebung, nach der sich so viele sehnen, von seiner Treue, seinem Verlangen, ihnen ein neues Leben zu schenken und für sie der Vater zu sein, den sie nie hatten. Wir sind nur die Kanäle zwischen Gott und diesen Kindern und Jugendlichen und wir Mitarbeiter werden von Gott ohne Ausnahme genauso behandelt wie die Kinder.

Im März und April kamen zwei Brüderpaare, Mauro und Marcos, José Carlos und Alberto sowie Marcello auf die Farm. Mauro, dreizehn Jahre alt, und Marcos, zwölf Jahre alt, stammen von verschiedenen Vätern ab. Mauro war durch schlechte Ernährung klein und dünn. Er hatte einen federnden Gang und ließ sich sein langes, gerades, dunkles Haar gern über die Augen fallen. Seine Haut war jedoch schneeweiß. Marcos war größer, hatte dunkelbraune Haut und dickes schwarzes Haar. Seine feinen Züge und seine braunen Augen waren vor Zorn entstellt. Ihre Mutter, eine Prostituierte, hatte sie ein Jahr zuvor einfach sitzen gelassen und war nie wieder zurückgekehrt. Sie sollten dann bei einer Tante leben. In ihrem von tiefer Armut gekennzeichneten Heim hausten jedoch Ratten, manche anscheinend weiß und so groß wie Katzen. Beide Jungen trieben sich auf der Straße herum, statt in die Schule zu gehen. Marcos diente den Drogendealern als Kurier, Mauro spielte den ganzen Tag über in einer Bar Videospiele.

»Das war der einzige Weg, wie ich meine Mutter vergessen konnte«, erzählte Mauro mir später.

Beide empfanden tiefen Hass auf ihre Mutter. Sie hatte sie abgelehnt, ohne dass sie wussten, warum.

»Ich will nicht einmal an sie denken«, sagte mir Marcos und aus seinen Augen blitzte der Zorn. »Ich werde ihr nie vergeben, dass sie mich verlassen hat.«

Sein Zorn und seine Unfähigkeit zu vergeben machten Marcos launisch und anderen Menschen gegenüber gleichgültig. Er schmollte bei jedem Jungen oder Mitarbeiter, der ihn falsch verstand, und reagierte mit übertriebener Aufregung, wenn man ihn necke – was die anderen Jungen nur umso mehr dazu anstachelte.

Marcello war sieben Jahre alt. Als er vier Monate alt gewesen war, waren seine Mutter und zwei seiner Geschwister in einem Fluss, der Hochwasser hatte und neben ihrer Grashütte vorbeifloss, ertrunken. Eine Frau aus dem Nachbardorf fand ihn einen Tag später halb verhungert zusammen mit seinen sechs anderen Geschwistern. Sein Vater lebte nicht bei ihnen. Dona Maria und ihr Mann beschlossen, Marcello zu adoptieren, obwohl sie bereits zehn eigene Kinder hatten. Sein winziger brauner Körper und besonders sein Kopf waren von offenen Wunden bedeckt und er war sichtlich unterernährt. Doch durch Medikamente und gute Ernährung normalisierte sich sein körperlicher Zustand bald und mit einem Jahr konnte er trotz alledem bereits laufen. Doch Marcello bereitete dem älteren Ehepaar mehr Probleme als alle ihre zehn Kinder zusammengenommen. Die meiste Zeit verbrachte er aus Rebellion auf der Straße. Das Ehepaar, das inzwischen fast siebzig war, wusste nicht mehr, wie sie ihn bändigen konnten, und rief den *Conselho Tutelar* zu Hilfe. Nachdem er eine Woche im *FEBEM* gewesen war, bekniete uns Fatima vom *Tutelar*, den Jungen auf der Farm aufzunehmen. Wir erklärten uns einverstanden.

José Carlos, elf Jahre alt, und Alberto, zehn Jahre alt, stammten aus einer Familie, in der Gewalttätigkeit an der Tagesordung stand. Die Nachbarn hatten schon oft die Polizei gerufen, um zu verhindern, dass der Vater die ganze Familie zu Tode prügelte.

»Ich habe einmal gesehen, wie mein Vater meine Mutter gegen die Wand geschleudert hat. Sie war damals schwanger und verlor das Baby«, erzählte mir Alberto kurz nach seiner Ankunft auf der Farm.

Alberto machte den ganzen Tag über regelmäßig in die Hosen. José Carlos versuchte, sich wie ein erwachsener Mann zu benehmen. Als Ältester hatte er die Aufgabe übernommen, seine Mutter zu beschützen. Ihr Vater hatte ihre Mutter schließlich verlassen und an einem anderen Ort eine neue Familie gegründet. Manchmal, wenn er betrunken und völlig von Sinnen war, kehrte er jedoch zurück, um sie zu verprügeln und ihnen Angst einzujagen. Ihr Mutter hatte einen Freund, der gerade halb so alt war wie sie selbst und in den beiden Zimmern ihres Hauses war nicht genügend Platz für alle. Der *Conselho Tutelar* bat uns um den Gefallen, die Kinder für einen Monat aufzunehmen, auch wenn sie nie auf der Straße gelebt hatten, damit sie wiederum Zeit hatten, die familiäre Situation zwischen Mutter und Vater zu klären. Dazu kam es jedoch nie und so blieben die Jungen eineinhalb Jahre auf der Farm.

Nach zwei Monaten auf der Farm lief Januario, der Junge, dessen verrückte Mutter ihn so lange eingesperrt hatte, nicht mehr auf allen Vieren und aß am Tisch. Doch sobald er betete, Jesus pries oder christliche Lieder sang, wurde er unruhig und sein Körper begann zu zucken. Er zeichnete dämonische Gesichter auf jedes Blatt Papier, das ihm zwischen die Finger kam. Wir hatten auch herausgefunden, dass er vor der Zeit, die er im Dunkeln eingesperrt worden war, ein Jahr lang die meiste Zeit in einem *Macumba*-Zentrum zugebracht und den Wein und das Blut getrunken hatte, das man den Dämonen geopfert hatte.

Eines Morgens, Anfang April, beklagte sich Mags, eine Kurzzeitmissionarin von der Heilsarmee aus England, Januario habe sie während der Meditationszeit mit verzerrtem Gesicht und klauenartigen Händen angeknurrt. Als am Abend des gleichen Tages Pastor Marcelino von David erzählte, der mit nur einem Stein in seiner Schleuder den Riesen Goliath bekämpft hatte, wurde Januario unruhig. Er stand von seinem Platz auf und setzte sich neben mich; sein Körper zuckte und wand sich. Alle schauten mit einem Auge auf Januario und mit dem anderen auf den Pastor – auch Marcelino schaute zu Januario herüber. Ich spürte sofort die Gegenwart des Bösen und zitterte so stark wie damals, als mir Minerinho zum ersten Mal in Rio auf der Straße begegnet war. Plötzlich spürte ich wieder diese Wärme in mir aufsteigen, die ich auf die Gegenwart des Heiligen Geistes zurückführte, und begann zu beten. Doch je mehr ich betete, umso schwerer wurde mir ums Herz.

In dieser Nacht hatten drei von uns Mitarbeitern den gleichen Traum – und ich neige in der Regel nicht zu prophetischen Träumen. In diesem Traum wurde Januario von Dämonen verfolgt und tat böse Dinge. Dann erschien plötzlich ein Pastor und sagte langsam und mit der Unterstützung Gottes zu Januario: »Jesus ist der Sohn Gottes.« Januario wandte sich mit einem erstaunten Gesichtsausdruck um und bat den Pastor, die Worte zu wiederholen. Danach hörte ich Jesus in meinem Traum zu mir sagen: »In diesem Fall werdet ihr beten und fasten müssen, denn es sind ganze Legionen.«

Am darauf folgenden Morgen versammelten wir uns alle zum Gebet. Pastor Marcelino hatte bereits Erfahrung mit dämonisch Belasteten und schlug vor, den nächsten Tag ganz dem Fasten und Gebet für Januario zu widmen.

»Die meisten bösen Mächte werden sich ohnehin nicht lange halten können, weil Gott hier gegenwärtig ist, doch bei anderen ist es nötig, zu beten und zu fasten, damit sie verschwinden«, erläuterte der Pastor mit Bezug auf das neunte Kapitel des Markusevangeliums.

Januario zeigte homosexuelle Tendenzen und verbrachte einen Großteil seiner freien Zeit damit, Ailton zu erzählen, er würde eine schöne Frau abgeben. Außerdem weigerte er sich, seine Kleidung zu wechseln, und trug einen dicken orangefarbenen Pullover bei 30° Grad und praller Sonne – und das Tag für Tag. Bei einem Besuch im dunklen und dreckigen Haus seiner Eltern hatten wir einen betrunkenen Vater vorgefunden, der seine Söhne in ihrer Kindheit offensichtlich sexuell missbraucht hatte, sowie eine verrückte Mutter, die immer noch erzählte, die Polizei werfe Steine gegen ihr Haus. Darüber hinaus gab es in diesem Haus noch drei Hunde, die niemals hinausgelassen wurden, um ihre Notdurft zu verrichten, und eine Küche, die ständig mit dem Rauch des alten Küchenofens erfüllt war, weil das Fenster niemals geöffnet wurde. Wir beteten von diesem Zeitpunkt an auch für die Eltern.

Außerdem hatte Januario vor kurzem einen freiwilligen Mitarbeiter von der *Lagoinha Church*, der bei uns zu Besuch war, in die Enge getrieben und dem schockierten jungen Mann gesagt, er wisse alles über dessen homosexuelle Vergangenheit. Der junge Mann war völlig außer sich, denn er hatte seit seiner Umkehr niemandem davon erzählt. Als Ricardo Januario zur Rede stellte, woher er etwas darüber wisse, meinte dieser, eine Stimme habe ihm das alles erzählt.

An dem Tag, an dem wir für Januario beten und fasten wollten, kamen wir unter der Leitung des Pastors zu siebt zusammen und stellten unser Leben Jesus Christus zur Verfügung.

Ministerio Criança Feliz/Happy Child Mission – das Totenfeld 167

»Lasst uns uns jetzt an den Hand fassen und Gott um Schutz für uns und unsere Familien bitten«, bat uns Marcelino. »Und dann wollen wir singen und unseren Herrn loben.«

Während wir Lobpreislieder sangen, spürten wir, dass der Raum plötzlich von der gewaltigen Gegenwart des Heiligen Geistes erfüllt wurde, und wir begannen, für Januario zu beten.

Nach einer halben Stunde riefen wir Januario hinzu, damit er sich uns anschließen konnte.

»Behaltet eure Augen offen, während wir für ihn beten«, sagte der Pastor.

Januario stand in unserer Mitte und wir fuhren mit dem Befreiungsgebet im Namen und mit der Autorität Jesu Christi fort.

Einige Wochen später hatten wir den Eindruck, Gott rufe uns auf, erneut zu fasten und zu beten. Diesmal widerrief Januario alle Pakte, die er mit dem Satan geschlossen hatte. Er bat Jesus, in sein Leben zu kommen und sein neuer Herr zu sein. Er bat um Errettung und um einen Neubeginn.

Danach wandelte sich Januarios Leben um hundertachtzig Grad. Er fand Frieden, konnte beten und Loblieder für Gott singen. Er hörte auf, dämonische Köpfe zu zeichnen. Er warf seinen Pullover fort und ließ Ailton in Ruhe.

Und zum ersten Mal in vierzehn Jahren war Januario in der Lage, in die Schule zu gehen und Lesen und Schreiben zu lernen.

Anmerkung:
[1] Gilberto Dimenstein, Krieg der Kinder. Kindermorde in Brasilien. Neukirchen-Vluyn: Aussaat Verlag, 1991. S. 29 f.

Kapitel 9

Die Familien

„Ihr werdet Wasser schöpfen aus den Quellen des Heils", prophezeite mir die Frau, die zu meiner Rechten stand und meine Hand hielt.

»Ich sehe einen Ölkrug, der zerbrochen wird, und das Öl fließt überallhin«, sagte eine andere Frau, die hinter mir stand.

»Ich habe einen Vers aus dem Propheten Jesaja empfangen.«

> »Die Elenden und Armen suchen Wasser, doch es ist keines da; ihre Zunge vertrocknet vor Durst. Ich, der Herr, will sie erhören, ich, der Gott Israels, verlasse sie nicht. Auf den kahlen Hügeln lasse ich Ströme hervorbrechen und Quellen inmitten der Täler. Ich mache die Wüste zum Teich und das ausgetrocknete Land zur Oase. In der Wüste pflanze ich Zedern, Akazien, Ölbäume und Myrten. In der Steppe setze ich Zypressen, Platanen und auch Eschen. Dann werden alle sehen und erkennen, begreifen und verstehen, daß die Hand des Herrn das alles gemacht hat, daß der Heilige Israels es erschaffen hat« (Jes 41,17-20).

Es war im September 1994. Ich war während eines kurzen Besuchs in England zur *Holy Trinity Brompton Church* gekommen. Eine Frauengruppe betete für die Familien der Straßenkinder, nachdem ich von unserer Arbeit erzählt hatte. Was ich hörte, ließ mir vor Überraschung Schauer den Rücken hinunter laufen. Gott ließ uns wissen, dass er auch die Familien der Kinder verändern würde. »... Ich mache die Wüste zum Teich ... In der Wüste pflanze ich Zedern, Akazien, Ölbäume und Myrten.« Darin offenbarte sich die Liebe Gottes. Er wollte, dass zerbrochene Familien wieder zusammenfanden. Er wollte, dass auch die Mütter, Väter, Großmütter, Großväter, Tanten, Onkel, Brüder und Schwestern dieser Kinder erfuhren, dass er sie liebte. Er wollte sie aus ihrem Elend befreien und ihnen einen neuen Lebenssinn schenken. Er wollte, dass sie Arbeit hatten, statt arbeitslos und hungrig zu sein. Er wollte, dass sie nüchtern waren, statt betrunken vor der Wirklichkeit zu fliehen. Er wollte, dass sie ein Zuhause hatten, in dem es fließendes Wasser, Elektrizität und eine funktionierende Kanalisation gab. Er wollte, dass sie zugedeckt in Betten schliefen statt nackt auf dem kalten Lehmboden. Er wollte ihnen zurückgeben, was die Heuschrecken gefressen hatten, und er hatte die Macht dazu, denn sein Sohn Jesus Christus war am Kreuz für jeden dieser Menschen gestorben und auferstanden und er lebt, damit jeder von ihnen zu Gott kommen kann. Wenn Gott das Leben der Kinder in unserm Zentrum und auf der Farm veränderte, dann wollte er auch das Leben ihrer Familien verändern.

Doch wir mussten die Sache auf Gottes Art und Weise angehen, nicht auf unsere. Die Armut vieler dieser Familien ist sehr schlimm und so neigt man dazu zu glauben, man könne ihnen nur helfen, wenn man sie aus den Favelas herausholt und ihnen ein neues Zuhause, täglich Nahrung und einen Job gibt. Ohne Zweifel konnten wir viel zur Erreichung dieser Ziele beitragen und wir taten auch einiges. Aber es bestand die Gefahr, eine neue Bevormundung und eine neue Abhängigkeit zu schaffen, statt sie dazu zu motivieren, zu lernen und Arbeit zu suchen, um das Geld für ein besseres Zuhause und Nahrung und Kleidung selbst zu verdienen – nur so konnte wahre Unabhängigkeit entstehen. Aber sie benötigten auch im emotionalen Bereich Hilfe. Wenn eine Mutter einen schwererziehbaren Sohn abgelehnt hat, dann muss sich ihr Herz verändern.

Wenn sie von ihrem Mann missbraucht worden ist, benötigt sie selbst innere Heilung. Wenn der Vater Alkoholiker ist, ist dies ebenfalls ein Schrei nach Hilfe, Liebe und Annahme. Wenn er mit Drogen handelt oder seine Frau schlägt oder hintergeht, braucht er Hilfe, denn er ist auf einem Irrweg und innerlich ziellos. Und es gibt nur einen, der diese Menschen von innen heraus verändern kann, und das ist Jesus Christus.

Statt sie aus den Slums herauszuholen, mussten wir daran arbeiten, den Slum aus ihrem Herzen zu entfernen – das Elend, das Armutsdenken, das eingeschränkte Weltbild, das geringe Selbstvertrauen, die verdrehten Ansichten, den Minderwertigkeitskomplex. Eine Raupe kriecht auf dem Boden, frisst Blätter und weiß nicht viel von ihrer Umwelt. Doch wenn sie von Gott in einen Schmetterling verwandelt wird, ist dieser nicht nur äußerlich für jeden sichtbar verändert, auch seine eigene Perspektive hat sich verändert, weil er jetzt fliegen kann, obwohl er noch in derselben Umgebung »wohnt«.

Wie eine Raupe von der Erde befreit wird, an die sie gebunden war, so werden Menschen durch Jesus von tiefen Verletzungen, von ihrem geringen Selbstwertgefühl, von Zukunftsängsten und Sorgen um die Gesundheit frei.

Das Problem ist so groß, dass man glauben könnte, es habe noch nicht einmal Sinn, auch nur über eine Lösung *nachzudenken*. Allein in diesem einen Jahr halfen wir einhundertundzwanzig Jungen und Mädchen durch die Tagesstätte, von denen mehr als vierzig zu ihren Familien zurückkehrten. Viele waren an andere Organisationen und Heime weitergeleitet worden und dreißig Jungen waren auf die Farm gekommen. Das bedeutete, dass eine ganze Menge Familien Hilfe durch Betreuung, Jüngerschaftstraining und Fürsorge benötigte. Außer einem Team von fünf ehrenamtlichen, christlichen Psychologen, die von Silvia geleitet und begleitet wurden – Silvia hielt an drei Tagen in der Woche im Zentrum Therapiesitzungen mit den Familien –, besaßen wir keine Struktur, um diese Arbeit effektiv leisten zu können.

Die Familien mussten in den Favelas besucht werden. In jenem August schenkte mir Gott im Gebet einen Plan, der einfach war und sich doch als äußerst effektiv erweisen sollte. Jede Favela befand sich in einem *bairro* (einem Stadtviertel) und jedes *bairro* besaß eine örtliche Kirchengemeinde. Wenn wir die Familien zur Jüngerschaftsschulung an Hauskreise in den lokalen Gemeinden vermitteln konnten – im Idealfall in oder nahe bei der Favela –, würden die Familien auf diese Weise in die Gemeinden hineingenommen und könnten dort geistlich wachsen, so dass der größte Teil des Problems gelöst wäre. Mit anderen Worten: Wir wären die »Vermittler«.

Es dauerte jedoch ein Jahr, um diesen Plan in die Tat umzusetzen.

Eine Woche, bevor ich nach England aufbrach, besuchte ich die Familie von Carlos in Palmital, der größten und bitterarmen Favela im Norden der Stadt. Es war ein Besuch, den ich wohl nie vergessen werde. Carlos war vierzehn Jahre alt, als er im Juni auf die Farm gekommen war. Er war mir in der *Casa Aberta* zum erstenmal aufgefallen, die er einen Monat lang besucht hatte, bevor er weitervermittelt wurde. Ein Grund, warum er auffiel, lag daran, dass ihm die *Marcia*-Bande einige Wochen zuvor das rechte Auge ausgestochen hatte.

»Eines Nachts haben sie mich eingekreist«, erzählte er mir später. »Als ich mich umdrehte, schlug mir ein dicker, richtig kräftiger Junge mit so einer fluoreszierenden Glühbirne ins Auge.« Er war zehn Tage im Krankenhaus, doch die Ärzte konnten das Auge nicht retten.

Carlos hatte sieben Geschwister. Sechs stammten vom gleichen Vater, der sie schließlich wegen einer anderen Frau verlassen hatte; die vierjährige Agatha, die siebte, stammte von dem noch jugendlichen Freund der Mutter, Rogerio, der bei ihr wohnte. Elizabete hatte es geschafft, die meisten ihrer Kinder in verschiedene Institutionen und Heime abzuschieben; die übrigen lebten auf der Straße, außer Agatha und Darlan, der mit sieben Jahren ihr jüngster Sohn war. Carlos sprach pausenlos von Darlan und sagte, dieser werde manchmal drei Tage ohne Essen und ohne Wasser allein gelassen, wenn Elizabete und Rogerio mit Agatha in dem alten reparaturbedürftigen Bus auf einen ihrer vielen Ausflüge gingen. Carlos war wütend auf seine Mutter und ihren Freund. Sie sei hart, meinte er, sie und ihr Freund hätten Darlan hinaus in den *quintal* (den Hinterhof) zum Schlafen geschickt, während sie mit Agatha im Doppelbett schliefen.

»Wir müssen ihm helfen, Sarah«, flehte Carlos mich an.

Es war um die Mittagszeit und es herrschte eine brütende Hitze. Marcia, die als Lehrerin auf der Farm arbeitete, begleitete mich bei dem Besuch. Wir baten Carlos, langsamer zu gehen, da er vor uns den Hügel zu seinem Haus hinaufrannte. Vier Monate Trockenheit hatten das Land ausgedörrt und der Boden unter unseren Füßen bestand nur noch aus rotem Staub. Carlos hatte gemeint, ich solle den Wagen am Fuß des Berges vor einer Bar stehen lassen, so dass der Besitzer der Bar darauf aufpassen konnte.

»Das ist hier ein gefährliches Viertel«, hatte Carlos mit einem Grinsen hinzugefügt.

Berge umsäumten das Tal, soweit man blicken konnte. Jeder Hügel war mit Hunderten von kleinen Häusern übersät, die von trockener, roter Erde umgeben waren. Nirgends gab es Grünflächen oder einen Baum. Am Horizont hinter den Hügeln ragten die Wolkenkratzer im Zentrum von Belo Horizonte in den Himmel. Die meisten Bewohner der Slums besaßen weder fließendes Wasser noch einen Abfluss. Das Wasser musste in Eimern und Töpfen von einem Brunnen im Tal geholt und den Berg hinaufgeschleppt werden.

Schließlich erreichten wir einen Kamm; danach wurde der Weg, der zu den Häusern führte, die sich ganz oben auf dem Berg befanden, noch steiler und staubiger.

»Wie kann ein Mensch hier heraufklettern, wenn die Regenzeit kommt?«, schnaufte die untrainierte Marcia. »Dieser Staub muss sich doch in puren Schlamm verwandeln.«

»Das ist so gut wie unmöglich«, rief Carlos, der die Spitze bereits erreicht hatte.

»Ich brauche unbedingt einen Schluck Wasser, bevor ich weitergehen kann«, keuchte Marcia.

Ein junges Paar eilte Marcia zu Hilfe, während Carlos vorauslief, um zu sehen, ob jemand zu Hause war. Das Paar kannte Elizabete und bestätigte uns, dass Darlan oft tagelang ohne Essen und Wasser zurückgelassen wurde.

»Er bettelt die Nachbarn um Essen an«, meinte der junge Mann. »Erst vergangene Woche ist er bewusstlos zusammengebrochen. Fragen Sie mich nicht, wohin die bei ihren Ausflügen fahren, aber sie lassen ihn allein.« Carlos kam zurück, um uns zu sagen, dass seine Mutter und Rogerio weg waren, Darlan jedoch wieder einmal ganz allein zu Hause war.

Wir verabschiedeten uns eilig und folgten Carlos. Eine kleine schwarze Gestalt hatte sich im Hinterhof auf einem kaputten gelben Herd zusammengerollt. Der Hinterhof erstreckte sich entlang der Hütte, die aus nur einem Raum bestand, und war mit Resten alter Bretter eingezäunt. Ein Teil war durch eine schwarze Plastikfolie abgedeckt. Darlan blickte durch ein Loch in einem der Bretter auf das Tal hinab.

»Ich warte darauf, dass meine Mutter und Rogerio zurückkommen«, sagte Darlan schwach.

Marcia deutete auf ein paar Plastikfetzen und einige leere Flaschen, die auf dem staubigen Boden zu einem Kreis angeordnet worden waren. Sie waren Darlans einziges Spielzeug.

»Wie lange ist sie schon weg?«, fragte Carlos besorgt.

»Sie ist heute Morgen weggefahren. Ich weiß nicht, ob sie heute Abend wieder da sein werden. Sie hat mir etwas Reis in der Pfanne gelassen, aber den habe ich schon zum Mittagessen aufgegessen«, sagte er und deutete auf einen altmodischen Ofen aus Gusseisen auf der anderen Seite des »Hauses«. Mir fiel auf, dass der Ofen mit ein paar Holzstücken und etwas Zeitungspapier angeheizt worden war. Neben dem Ofen befand sich eine durch einen Vorhang abgeteilte Waschstelle. Sie war klein und quadratisch, aber solchen Luxus wie eine Dusche mit fließend Kalt- und Warmwasser gab es nicht. Darlans »Bett« befand sich zwischen dem kleinen Waschraum und der Tür zur Hütte, die mit einem Vorhängeschloss gesichert war. Es bestand aus einer Decke, die auf dem blanken Boden lag.

»Meine Mutter verriegelt immer die Tür, wenn sie weggehen«, berichtete uns Darlan.

»Sie schlafen in einem Doppelbett mit Matratze, Bett-Tüchern und Decken«, fuhr Carlos verbittert fort. »Sie haben auch einen Fernseher da drinnen.«

»Du hast es ganz gut jetzt, Carlos, du hast ein Zuhause und Menschen, die dich lieben und sich um dich kümmern«, sagte Darlan traurig. »Ich bin hier ganz allein und muss jeden Tag für sie das Wasser den Berg hochschleppen. Wenn ich allein bin, habe ich nachts Angst, und manchmal geht das Licht aus.« Er zeigte auf eine einfache Glühbirne, die gefährlich ungesichert von dem Plastikdach über uns baumelte.

Ich bemerkte, dass Marcia Tränen in den Augen hatte und Carlos den Blick senkte. Ich schluckte den Kloß in meinem Hals hinunter und versuchte verzweifelt, mich zu beherrschen.

»Carlos«, sagte ich schnell, »bete doch und bitte Gott, dass er dir ein Bibelwort speziell für Darlan schenkt.«

Carlos betete und plötzlich meinte er: »Wow, mir kam ganz deutlich Psalm 3, Vers 3 in den Sinn. So was ist mir noch nie passiert. Ich habe keine Ahnung, was da steht.«

»Dann schlag deine Bibel auf und schau nach«, meinte ich erwartungsvoll.

Carlos schlug aufgeregt die Bibel auf und las dann ganz langsam: »Du aber, Herr, bist ein Schild für mich, du bist meine Ehre und richtest mich auf.«

Darlans Gesicht strahlte auf.

»Das ist erstaunlich«, lachte Carlos vor Freude. »Das ist von Gott, Darlan. Du bist hier niemals allein, weil Jesus bei dir ist und dich beschützt. Hab keine Angst.«

Wir gingen gemeinsam den Hügel hinunter, setzten uns in den kochend heißen Wagen und fuhren zum Supermarkt, um für Darlan etwas zu essen zu kaufen. Bevor wir uns von ihm verabschiedeten, sagte ich Darlan aber noch, er solle seine Mutter davon unterrichten, dass sie am Samstag – in zwei Tagen also – den ganzen Tag zu Hause sein müsse, da ich mit dem *Conselho Tutelar* zurückkehren würde. Elizabete musste Rede und Antwort stehen. Und ich wollte mit Joao darüber reden, ob wir Darlan nicht auf die Farm in Ravena nehmen konnten. Er lebte zwar nicht auf der Straße, doch es handelte sich um einen Notfall.

An diesem Samstag wartete Elizabete bereits auf uns. Der kleine Raum war nicht mehr verschlossen und wir wurden höflich hereingebeten und eingeladen, uns auf das Doppelbett zu setzen. Eine Bibel lag aufgeschlagen an einer Stelle, an der wir sie gar nicht übersehen konnten. Elizabete war eine große, energische schwarzhäutige Frau. Doch gegenüber dem *Conselho Tutelar* ging sie schnell in die Defensive und leugnete strikt, Darlan jemals über Nacht oder für mehrere Tage ohne Essen allein gelassen zu haben.

»Ihre Nachbarn erzählen etwas anderes. Wir machen uns Sorgen um das Wohlergehen Ihres Sohnes«, erklärte ich mit fester Stimme.

Elizabete war gern bereit, Darlan mit uns auf die Farm gehen zu lassen. Wir vereinbarten, dass wir sie bald mit ihren beiden Söhnen besuchen würden. Elizabete musste mit der nötigen Überzeugungskraft dazu »ermutigt« werden, sich wieder eine Arbeit zu suchen – sie war durchaus fähig zu arbeiten –, damit sich ihre Lebenssituation verbesserte und sie wieder ihre Verantwortung als Mutter für ihre vielen vernachlässigten Kinder übernahm. Als ehemalige *Macumbeira* (eine Person, die spiritistische Praktiken ausübt) fehlte ihr auch ein geistlicher Halt. Offensichtlich hatte sie den Spiritismus aufgegeben, nachdem ihr Leben immer mehr zu zerfallen drohte: Sie hatte ihren Job ebenso verloren wie ihren Mann, ihr Zuhause und ihre Kinder.

Nach ein paar Wochen auf der Farm verbesserte sich Darlans Gesundheitzustand und er nahm allmählich zu.

Jeden Freitagabend treffen sich die Jungen auf der Farm gemeinsam mit den Mitarbeitern zum Gebet für andere Menschen. Es ist wichtig, ihnen verständlich zu machen, dass wir in all den Schwierigkeiten, die uns bei *Criança Feliz* begegnen, von Gott abhängig sind. Es ist für jeden eine glaubensstärkende Erfahrung und manchmal werden die Gebete innerhalb von einigen Tagen bereits erhört: Zes Mutter kam zum Glauben an Jesus Christus; wir bekamen 23 000 US-Dollar von brasilianischen Spendern, damit wir einen *BESTA Kia* Minibus mit zwölf Sitzplätzen kaufen konnten, und selbst die letzten 1 400 US-Dollar, die uns noch fehlten, um die Versi-

23 Sonntag Juni

SA 05:10 · SU 21:37
MA 23:35 · MU 05:49

Jesus befahl ihnen, dass sie alle sich in Gruppen lagern ließen, auf dem grünen Gras. Und sie lagerten sich in Abteilungen zu je hundert und je fünfzig. Und er nahm die fünf Brote und die zwei Fische, blickte auf zum Himmel, segnete und brach die Brote und gab sie seinen Jüngern, damit sie sie ihnen vorlegten; und die zwei Fische verteilte er unter alle. Und sie aßen alle und wurden gesättigt. Und sie hoben an Brocken zwölf Handkörbe voll auf, und von den Fischen. Und die, welche die Brote gegessen hatten, waren fünftausend Männer.

Markus 6,39-44

Gedanken zum Markus-Evangelium

Es ist nicht das erste Mal, dass Jesus seine Jünger und alle anderen Anwesenden in Staunen versetzt. Schon bei der Hochzeit in Kana hat der Sohn Gottes gezeigt, dass Er aus Wasser Wein machen kann (vgl. Johannes 2,1-11). Vorher mussten allerdings seine Anweisungen befolgt werden. Dabei hat Er an das angeknüpft, was vorhanden war: Die leeren Krüge sollten mit Wasser gefüllt werden.

Hier ist es ähnlich: Zuerst werden die Jünger angewiesen, die Anzahl der Brote zu ermitteln, die ihnen zur Verfügung stehen. Dann werden alle aufgefordert, sich in Gruppen im grünen Gras niederzulassen.

Wenn der Herr die Gläubigen gebrauchen will, um andere durch ein Gespräch oder eine Predigt geistlich zu fördern, greift Er gern auf das zurück, was bei ihnen vorhanden ist: Ihre Kraft, ihre Fähigkeiten und ihr Bibelwissen erscheinen ihnen selbst oft zu gering, als dass sie damit etwas erreichen könnten. Doch wenn sie sich dessen bewusst sind, dass sie aus sich selbst heraus gar nichts tun können, dann ist das die beste Voraussetzung für den Herrn, sie als Diener zu senden. Denn nicht der Mensch und seine Stärken sollen gerühmt werden, sondern allein Jesus, der Herr.

Fünftausend Männer werden mit fünf Broten und zwei Fischen gesättigt, und anschließend werden zwölf Handkörbe voll Brocken aufgesammelt. Das bringt nur Gott, der Schöpfer und Erhalter, zustande.

Tägliche Bibellese 1. Samuel 30,1-10 · Kolosser 2,1-5

cherung zu bezahlen, trafen von einem anonymen Spender aus der *Holy Trinity Brompton Church* ein – verbunden mit einer Notiz: »Speziell für den BESTA!«. Nach fünf Monaten Trockenheit bat Juarez Gott, in dieser Nacht Regen zu senden, und es goss in Strömen, so dass die leeren Wasserbehälter bis obenhin gefüllt wurden. Die Jungen beteten füreinander und für ihre Freunde und Geschwister, die noch auf der Straße lebten; sie lernten, ihren Eltern zu vergeben. Wir erhielten Kleiderspenden, Trainingsanzüge, Fahrräder, Spielzeug. Mitglieder der *Full Gospel Businessmen's Fellowship*, die einen Obst- und Gemüsehandel besaßen, boten uns an, wir könnten jeden Freitagmorgen eine Wagenladung mit frischem Obst und Gemüse bekommen. Immer wieder konnten wir Gott danken, dass er unsere Gebete während der vergangenen Woche erhört hatte. So wuchs der Glaube der Jungen wie auch der der Mitarbeiter mit Riesenschritten.

Mit Carlos und Darlan waren neun weitere Jungen auf die Farm gekommen: Juarez, Julio, Anderson, Derson, Wender und Washington von der *Casa Aberta*, Edson und Wallace durch den *Conselho Tutelar* und Samuel vom *Restauration House*. Das Leben des neunjährigen Wallace wurde von einer Bande bedroht, die ihn wegen seiner geringen Körpergröße für Einbrüche benutzt hatte. Er lebte in einer sehr großen Favela, die *Jardim de Felicidade* genannt wurde, was »Garten des Glücks« bedeutet – dieser Name hätte kaum weiter von der Realität entfernt sein können. Er lebte mit seiner Mutter und zwei Schwestern in einem kleinen Ein-Zimmer-Häuschen, das neben einem schmalen Bach voller Abfall stand. Nachts wurde häufig geschossen und tagsüber, während seine Mutter arbeitete, tobte er mit seiner Bande durch die Straßen. Er erzählte mir später: »Die Jungen waren groß und ich war klein. Ich musste tun, was sie mir befahlen, sonst schlugen sie mich.«

Edson wurde als »hoffnungsloser Fall« eingestuft; seine Nachbarn nannten ihn einen Dieb. Der Richter in General Carneiro, Sabara, wo er wohnte, wusste nicht, was er mit dem Jungen anfangen sollte, und irgendjemand schlug vor, man solle ihn für einen Monat zu uns schicken. Aus diesem einen Monat wurden schließlich viele Monate. Edson neigte zu Nervosität und Hyperaktivität, was durch die Schläge, die ihm sein aggressiver Vater zugefügt hatte, noch verschlimmert worden war. Edson war in schlechte Gesellschaft geraten und war einer der Schlimmsten von ihnen geworden, so dass seine Mutter nicht mehr mit ihm zurechtkam. Sein Vater hatte noch andere Frauen mit Kindern und kam gelegentlich nach Hause, um mit Edsons Mutter zu schlafen. Sie ließ sich das nur deshalb gefallen, weil er immer noch die Rechnungen bezahlte. Edson war fünfzehn Jahre alt, groß und hatte blonde Haare. Auf der Farm entwickelte er seine Stärken. Er brauchte die Weite, um seine überschüssige Energie abzubauen, und wurde schließlich einer der Besten bei der Bearbeitung des Landes.

Washington, zwölf Jahre alt, und Juarez, zehn Jahre alt, waren Brüder. Sie stammten von verschiedenen Vätern ab. Ihre Mutter war Alkoholikerin. Als Washington zwei Jahre alt war, fesselte sie ihn regelmäßig ans Bett, wenn sie wegging, und ließ ihn den ganzen Tag allein. Die Jungen hatten ständig Hunger, da die Mutter ihr Geld verschwendete und ihre Zeit in einer Bar in der Nachbarschaft verbrachte. Schließlich starb sie an einer Alkoholvergiftung und Juarez und Washington zogen auf die Straße.

Julio hatte schwarze Haut, einen breiten Kopf und ein noch breiteres Lachen. Er war zehn Jahre alt und hatte zehn Geschwister. Er lebte in São Lucas, einer Favela im Zentrum von Belo Horizonte, in einem schmutzigen, aus Holzplanken gebauten fensterlosen Haus. Seine Eltern hatten sich getrennt und er hatte seinen Vater seit Jahren nicht mehr gesehen. Während seine Mutter arbeitete, pflegte ihn sein älterer Bruder zu verprügeln. Schließlich konnte Julio dies nicht länger ertragen und rannte davon, um auf der Straße zu leben. »Nachts war es kalt und manchmal fing es an zu regnen. Ich konnte meist erst am frühen Morgen einschlafen«, erzählte mir Julio. »Außerdem war ich schmutzig und stank auch fürchterlich. Zweimal wäre ich beinahe vergewaltigt worden.«

Anderson war zwölf Jahre alt. Er war schlank, hatte helle Haut und blonde, krause Haare. Anderson war in allem, was er anpackte, äußerst begabt: beim Fußballspiel, im musikalischen Bereich und in der Schule. Er war in Bahia, im Norden Brasiliens, geboren worden. Seine Mutter hatte ihn nach Belo Horizonte gebracht, als er noch ein Baby war, und seinen Stiefvater geheiratet, von dem sie vier weitere Kinder bekam. Sein Stiefvater mochte ihn jedoch nicht, weil er nicht sein eigener Sohn war, und die beiden hatten ständig Streit. »Einmal versuchte er, meine Mutter zu töten. Er hatte eine andere Frau und Mutter warf ihn aus dem Haus. Eines Tages kam er zurück und griff sie mit einem Messer an«, berichtete mir Anderson später. »Ich lief weg und lebte mit Julio und den anderen fast ein Jahr lang auf der Straße [Julio und er waren in São Lucas Nachbarn gewesen].«

Samuel hatte eineinhalb Jahre im *Restauration House* von »Jugend mit einer Mission« gelebt und uns gefragt, ob er zu uns auf die Farm kommen könne. Er war angeblich wieder völlig in Ordnung und es war an der Zeit, dass er etwas arbeitete, also übertrug ihm Joao die Aufgabe, einen großen Gemüsegarten anzulegen. Samuel war sechzehn Jahre alt und faul. Zunächst kostete er uns so viel Kraft wie alle anderen Jungen zusammengenommen. Wir hatten alle Mühe, ihn dazu zu bewegen, den Garten zu wässern, von Unkrautjäten ganz zu schweigen! Nachdem Samuel ein Jahr auf der Farm gelebt hatte, gab ihm Helio Valado, der Bruder von Pastor Marcio und Besitzer einer großen Bäckerei, die Möglichkeit, eine Ausbildung als Bäcker zu machen und in einem seiner Läden zu arbeiten.

Derson lebte unter erbärmlichen Umständen. Sein Vater war gestorben und hatte seine Mutter mit sieben Kindern zurückgelassen. Sie lebten in einem Ein-Zimmer-Haus in Teresopolis. »Eines Tages rannte ich allein von Zuhause davon«, erzählte mir Derson. »Ich versteckte mich und schlief ein. Aber es fing an zu regnen und mir war wirklich kalt. Dann gab mir eine Dame eine Decke und ich schlief ein.« Schließlich kam er zur *Casa Aberta* und wurde zur Farm weitervermittelt. Derson war schwarz, hatte ein freundliches, ausdrucksvolles Gesicht und spielte gerne den Clown, der jeden zum Lachen brachte. Doch unter dieser Fassade war er tief verletzt. Während der ersten Therapiesitzung mit seiner Mutter weinte er über eine Stunde lang.

Wender war acht, als er auf die Farm kam. Er hatte vier Brüder und eine Schwester, die alle bei den Nachbarn in Palmital lebten. »Ich wollte nicht zu Hause bleiben, weil meine Mutter uns häufig allein ließ. Meinen Vater habe ich nie gekannt. Zu Hause haben wir nur ein Zimmer, es ist ganz eng und es gibt keine Toilette«, erzählte mir Wender. »Als ich acht Jahre alt war, nahm ich den Bus in die Stadt. Nachts legten wir Plastikfolien auf den Boden, weil es so kalt war.« Zusammen mit Derson kam er zur *Casa Aberta*.

Sein bester Freund auf der Farm ist Lucas, mein Sohn.

Im März 1994 starteten wir das erste unserer drei »Pflegefamilien-Heime«. Das gehörte zu unserer dritten Phase des Programms und war für Kinder gedacht, die wirklich völlig wiederhergestellt waren, jedoch nicht zu ihren eigenen Eltern zurückkehren konnten. Die Heime sollten von christlichen

Ehepaaren geleitet werden, die sich nicht nur von Gott berufen fühlten, für diese Kinder zu sorgen, sondern die auch schon Erfahrungen mit Straßenkindern hatten. *Criança Feliz* würde bei der Finanzierung der laufenden Kosten für das Heim helfen, d. h. Miete, wenn nötig, zusätzliche Möbel, Küchenausstattungen und Wäsche, Schulbücher, Kleider, usw. bezahlen. Silvia und ihr Team würden monatliche Familientherapiestunden anbieten, damit auftauchende Probleme gelöst werden konnten. Das erste Ehepaar nahm Giselle und Marcos Silvas auf und schlug vor, in den darauf folgenden sechs Monaten zwei weitere Kinder aufzunehmen. Der Mann hatte selbst auf der Straße gelebt und war in einem christlichen Heim aufgewachsen, das von einem kanadischen Missionarsehepaar in Belo Horizonte geleitet wurde. Nun, da er selbst älter war, geheiratet und eine Familie gegründet hatte, wollte er anderen in gleicher Weise helfen. Seine Frau sagte, sie stünde voll und ganz hinter ihrem Mann.

Die anderen beiden Heime starteten im Juli desselben Jahres. Ein Ehepaar nahm Eduardo und Cristiano auf. Der Mann war Pastor in einer kleinen Gemeinde in Contagem, seine Frau hatte in der *Casa Aberta* gearbeitet. Sie hatten einen Sohn im Säuglingsalter. Das andere Ehepaar nahm Joao Carlos, Kleber und Samuel auf. Er arbeitete für die Stadtverwaltung von Sabara, seine Frau hatte bedürftigen Jugendlichen geholfen, seit sie zehn Jahre zuvor geheiratet hatten. Sie hatten selbst zwei kleine Kinder.

Nach sechs oder sieben Monaten wurde jedoch jedes dieser Heime wieder geschlossen. Das erste Ehepaar behielt Giselle und schickte Marcos Silva zu uns zurück. Sie meinten, sie wollten keine weiteren Kinder, weil die Frau nun doch nicht bereit war, eine größere Familie auf sich zu nehmen. Eduardo und Cristiano liefen aus dem zweiten Heim davon. Der Pastor kam mit ihnen nicht zurecht und bestrafte sie zu viel. Sie rebellierten dagegen und kehrten zu ihren Familien in die Favela zurück. Eduardo war jedoch nach sechs Wochen bereits wieder auf der Straße. Das dritte Heim mussten wir schließen, nachdem wir herausgefunden hatten, dass das Geld, das wir dem Ehepaar zur Unterstützungen der Jungen gaben, anderweitig verwendet wurde.

So wurde sehr schnell deutlich, dass die »Pflegefamilien-Heime« momentan nicht die richtige Lösung für die Jungen waren.

»Was ihr braucht«, meinte unser Ratgeber, Pastor Marcio von der *Lagoinha Church*, »ist eine Familie, die ein einzelnes Kind aufnimmt, jedoch ohne finanzielle Unterstützung durch das Werk. Die Familie nimmt das Kind auf und unterstützt es. Sonst treten Probleme auf, die ihr nicht brauchen könnt.«

Auch machte uns Gott wieder deutlich, dass die eigene Familie an erster Stelle im Leben jedes der Kinder stand. Falls sie nicht zu ihren Eltern zurückkehren konnten, dann war die zweitbeste Lösung, soweit möglich, ein Verwandter, sei es die Großmutter, die Tante, der Onkel oder die Geschwister; erst danach kam die Pflegefamilie. Im April des darauf folgenden Jahres ging Marcos Silva zu seiner Großmutter ins Innere von Minas Gerais. Es war eine Antwort auf sein Gebet.

Das zweite, was wir auf dem Herzen hatten, waren sogenannte *Casa Republicas*, Häuser oder Wohnungen in der Stadt, in denen bis zu sechs Jugendliche mit zwei Mitarbeitern unseres Werks zusammenleben konnten. Diese Jugendlichen kamen von der Farm, ihr seelisches Gleichgewicht war wieder hergestellt, arbeiteten in der Stadt, gingen dort zur Schule und halfen mit, die Miete und den Unterhalt zu bezahlen. Mit anderen Worten: Wir halfen ihnen, selbstständig zu werden. Im September des darauf folgenden Jahres eröffneten wir unsere erste *Casa Republica*.

Im Oktober wurde Fernando Henrique zum Präsidenten von Brasilien gewählt. Sein überragender Sieg lag zum Teil daran, dass er die neue Landeswährung, den Realdollar, fünf Monate vor der Wahl initiiert hatte. Die Inflation war drastisch gesunken – von sechsundvierzig auf vier Prozent im Monat – und an dem Tag, als er Präsident wurde, war der Realdollar stärker als der US-Dollar.

An Weihnachten 1994 sandte *Holy Trinity Brompton* das zweite Team in diesem Jahr aus. Carolin Taylor, die die Arbeit von *Happy Child* in Großbritannien koordinierte, leitete auch diesmal das Team. Wir hatten vereinzelt Neuigkeiten über den »Toronto-Segen« erfahren und waren gespannt zu erleben, was Gott durch dieses kleine, vierköpfige Team während des einen Monats, den sie bei uns waren, tun würde.

Zu Beginn des Jahres hatte sich in einer kleinen *Vineyard*-Gemeinde am Ende einer Landebahn des Flughafens von Toronto eine äußerst bemerkenswerte Ausgießung des Heiligen Geistes ereignet. Innerhalb von achtzehn Wochen waren über eine Viertelmillion Menschen aus Gemeinden in aller Welt nach Toronto gekommen, um all das zu erleben und um zu empfangen, was Gott für sie bereithielt. Ende Mai sprach Elli Mumford – zusammen mit ihrem Mann leitet sie die *South West London Vineyard Church* – in *Holy Trinity Brompton* über das, was sie in Toronto erlebt hatte.

»Die Kraft Gottes wurde in einem unglaublichen Maß ausgegossen, genau wie es in der Apostelgeschichte, Kapitel 2 und 4, beschrieben wird. Wir erlebten alles außer den Feuerzungen. Alles wurde von Erscheinungen begleitet. Doch die Phänomene sind nur sekundär, es geht bei diesem ganzen Wirken Gottes um Jesus. Das ist alles schon einmal da gewesen. Es ist nur eine Wiederbelebung durch den Heiligen Geist. In der Apostelgeschichte wird davon geredet, dass es zu einer ›Erfrischung‹ im Geist des Herrn kommen wird, und genau das tut Gott jetzt. Er gießt seinen Heiligen Geist über uns aus, er schenkt uns seine Freude und eine Erfrischung unseres Geistes, weil er uns liebt.«

Sie betete an jenem Tag auch für die Gemeinde in London und es kam zu der gleichen Ausschüttung des Heiligen Geistes: Kaputte Ehen wurden geheilt, entmutigte Pastor erfuhren eine geistliche Neubelebung, Taube konnten hören, die Beziehungen der Menschen zu Jesus wurden verändert.

Schließlich wurde die gesamte Kirche in England davon beeinflusst.

Eines Morgens in aller Frühe, als das Team noch keine Woche bei uns war, sagte mir Joao, sie beteten mit den Jungen im *Galpao* (»Lagerhaus«) und bräuchten unter Umständen meine Hilfe. Ich werde niemals vergessen, wie ich den Raum betrat und dreiundzwanzig Kinder und Jugendliche auf dem Boden liegen sah, die alle »im Heiligen Geist ruhten«. Sally, eine Frau aus dem Team, betete gerade für Marcello. Sie blickte auf, lächelte und zuckte mit den Achseln. Einige der Jungen lachten, andere weinten, wieder andere zitterten und die Gegenwart Gottes war spürbar. Oades und Julio, für die man gebetet hatte und die bereits wieder auf den Beinen waren, kamen zu mir gelaufen und meinten, sie würden jetzt gern für mich beten. Ich war müde, demoralisiert, im zweiten Monat schwanger und brauchte dringend eine geistliche Erfrischung. Also willigte ich ein. Als sie anfingen, für mich zu beten, spürte ich plötzlich eine intensive Wärme durch meinen Körper fließen, als ob Gott mein ganzes Sein in seine Arme nahm. Bevor ich es merkte, hatte mich von hinten jemand aufgefangen und ich lag flach auf dem Boden. Ich war völlig bei Bewusstsein und doch konnte ich mich nicht rühren. Wieder spürte ich die Anwesenheit des Heiligen Geistes. Ich hörte Oades mit einer solchen Sensibilität und Exaktheit für mich beten, dass ich weinen musste. Diese Kinder hatten vor zwei Monaten noch auf der Straße gelebt, ohne Liebe, ohne Ziel und ohne Zukunft. Jetzt waren sie verwandelt worden, weil sie die Liebe Gottes erfahren hatten. Und nun beteten sie für mich!

Plötzlich hörte ich so klar wie nur irgendetwas die Stimme Gottes: »Danke, danke, dass du mir gehorsam gewesen bist.« All meine Verzweiflung, mein Heimweh nach meiner Familie in England und meine Erschöpfung wichen von mir und ich erklärte erneut meine Bereitschaft, mich mit all meinen Kräften Gott zur Verfügung zu stellen.

In Kapitel 12 dieses Buches finden Sie die persönliche Schilderung der Lebensgeschichten dieser Jungen. Doch ich möchte an dieser Stelle einige Auszüge davon wiedergeben, was Gott an jenem Tag in ihrem Leben tat:

Welbert:
»Als sie für mich beteten, spürte ich, wie eine unglaubliche Freude meinen Körper durchflutete. Dann sah ich vor meinem inneren Auge, wie sich mir ein Arm entgegenstreckte. Ich rief laut: ›Ich will gehen. Ich will gehen.‹ Und dann hörte ich, wie eine Stimme zu mir sagte: ›Nein, jetzt ist noch nicht der richtige Augenblick dazu, aber ich werde dich in der Zukunft benutzen, um mein Werk zu tun.‹ Ich bin sicher, dass das Jesus gewesen ist.«

Carlos:
»Als mich der Heilige Geist erfüllte, hatte ich zum ersten Mal in meinem Leben eine Vision. Gott zeigte mir, dass Engel an meinem Herzen arbeiteten. Es war, als sähe ich eine geistliche Operation. Danach fing ich wirklich an zu beten.«

Anderson:
»Als für mich gebetet wurde, sah ich vor meinem inneren Auge Wolken und Jesus, der auf mich wartete. Ich werde

diesen Augenblick nie vergessen; er ist tief in meinem Herzen.«

Oades:
»Ich fing an, zu zittern und zu weinen. Dann hörte ich auf zu weinen und konnte nicht aufhören zu lachen. Plötzlich sah ich in meinem Geist ein Bild; ich denke, es war der Himmel. Es war ein Ort voller Wolken und schöner Bäume und Vögel. Es gab dort Seen, Wasserfälle und Tiere. Und während ich dort herumlief, kam ich schließlich an einen Ort, von dem ich glaube, dass es die Hölle sein sollte. Alles war rot und die Bäume waren tot. Die Stelle mit dem Wasserfall war die gleiche, die ich auch im Himmel gesehen hatte, nur dass dort Blut statt Wasser war. Ich hörte Menschen schreien. Ich hatte vorher Gott gebeten, mir zu zeigen, wie Himmel und Hölle aussahen; das war also eine Gebetserhörung.«

Januario:
»Ich sah ein Bild und ein Dämon sprach zu mir. Er quälte mich und ich zitterte vor Angst. Dann kam Jesus und sagte zu mir, ich müsse vor den bösen Dingen keine Angst haben, sondern ich solle dem Wort Gottes vertrauen.«

Derson:
»Ich sah ein Bild des Himmels mit Jesus und seinen Jüngern. Sie waren alle weiß gekleidet und sahen aus wie Engel. Der Himmel ist sehr schön!«

Gott hatte Marcos, Mauros Bruder, deutlich gemacht, dass er seiner Mutter vergeben könne. Das war immer noch ein sehr empfindliches Thema für ihn und er blieb auch weiterhin äußerst launisch und schwierig. Dann erzählte mir Mauro zwei

Monate später während der Andacht, er habe geträumt, seine Mutter sei auf die Farm gekommen, um ihre beiden Söhne zu besuchen. Er hatte seine Mutter nicht gesehen, seit sie zwei Jahre zuvor aus dem Haus gegangen war. Am Nachmittag desselben Tages erhielt Joao einen Anruf vom *Conselho Tutelar*: Gleice, die Mutter von Mauro und Marcos, habe zu ihrer Behörde Kontakt aufgenommen und wolle ihre beiden Söhne besuchen!

In der darauf folgenden Woche tauchte sie ohne jede Vorwarnung auf der Farm auf. Die beiden Brüder waren noch in der Schule, so dass wir Zeit hatten, mit ihr zu reden, während einer unserer Mitarbeiter zur Schule ging, um die beiden auf die Begegnung vorzubereiten.

»Das Beste, was Sie tun können, Gleice, ist, die beiden um Vergebung dafür zu bitten, dass Sie sie verlassen haben«, meinte ich vorsichtig.

»Oh nein, nein, nein«, antwortete Gleice und schüttelte den Kopf, während sie gleichzeitig ihre Füße betrachtete. »Ich habe Gott um Vergebung gebeten und das ist genug.« Sie war klein und hatte helle Haut und kräftiges, schwarzgelocktes Haar. In ihrem Gesicht war zu lesen, dass sie einiges durchgemacht hatte in ihren gut dreißig Lebensjahren. Momentan lebte sie mit ihrem neuen Freund in Rio de Janeiro und arbeitete nicht mehr als Prostituierte. Sie war ohnehin nervös, doch ihre Nervosität wurde immer offensichtlicher, während sie auf die Ankunft ihrer Söhne wartete.

»Gleice«, sagte Marcia mit fester Stimme, »Marcos hat unter dem, was geschehen ist, sehr gelitten. Er empfindet Ihnen gegenüber einen starken Zorn, weil Sie ihn abgelehnt haben. Das hat uns eine Menge Probleme bereitet, weil er seinen Zorn auf die Menschen in seinem Umfeld überträgt. Mauro hat es dagegen geschafft, Ihnen zu vergeben.«

»Nein, da irren Sie sich«, fuhr Gleice fort. »Mauro ist der schwierigere, nicht Marcos.«

»Nun, ich denke, wir sollten Sie warnen, dass Marcos Ihnen sehr negative Gefühle entgegenbringt, Gleice. Und selbst, wenn Sie Gott um Vergebung gebeten haben, müssen Sie auch die Menschen persönlich um Vergebung bitten, die Sie verletzt haben. Sonst werden sich Ihre Söhne niemals von dem tiefen Schmerz und Zorn befreien können, der in ihnen ist«, sagte ich eindringlich.

Ich ging voraus, um mit den Jungen zu reden, die von der Schule zurückgekommen waren und auf der Veranda vor meinem Haus warteten. Sie setzten sich beide und blickten nervös auf ihre Füße. Marcos Gesicht war verschlossen und voller Zorn; eine Menge Gedanken schwirrten ihm im Kopf herum, das konnte man ihm ansehen. Oh Gott, betete ich innerlich, lass dieses Wiedersehen zu einer Zeit der Heilung für die drei werden.

Plötzlich tauchte Gleice auf. Sobald sie die Jungen erblickt hatte, blieb sie stehen und senkte den Kopf. Ihre Gefühle übermannten sie und sie brach in Tränen aus. Langsam kam sie näher. Marcos wandte seinen Blick nicht vom Boden ab, während Mauro sie anschaute und nicht recht wusste, was er tun sollte.

»Nehmt eure Mutter doch zur Begrüßung in den Arm«, schlug ich vor und schluckte den Kloß in meinem Hals hinunter.

Mauro stand auf und umarmte seine Mutter. Gleichzeitig brach er in Tränen aus.

»Es tut mir Leid. Es tut mir Leid, dass ich euch verlassen habe, bitte vergebt mir«, sagte sie schluchzend.

Ich schaute Marcos an. Er blickte immer noch mit versteinertem, entstelltem Gesicht auf den Boden. Doch inzwischen rollten dicke Tränen seine Wangen hinunter.

»Ich vergebe dir«, schluchzte Mauro und hielt seine Mutter weiter fest umklammert.

»Marcos«, sagte sie voller Schmerz, »vergib mir. Bitte, vergib mir. Halt nicht an deinem Zorn fest. Es tut mir so Leid, was ich getan habe.«

Immer mehr Tränen flossen seine Wangen hinunter, doch er konnte sich nicht dazu zwingen, sie zu umarmen oder ihr zu vergeben. Ich konnte den schrecklichen Kampf, der in ihm tobte, beinahe spüren. All die schlaflosen Nächte, die er damit zugebracht hatte, sich auszumalen, wie er sie anschreien würde und wie er ihr niemals vergeben würde, dass sie ihn abgelehnt hatte. Und nun stand sie nach zwei Jahren vor ihm und sagte, dass es ihr Lcid tat.

Mauro wollte ihr seine Schulbücher zeigen, die er in seinem Schlafraum hatte. Doch Gleice machte sich Sorgen wegen Marcos. Ich sagte ihr, sie solle vorgehen, während ich mit Marcos redete.

»Es war falsch von deiner Mutter, euch zu verlassen, Marcos. Und ich verstehe, dass dich das sehr verletzt hat«, sagte ich, sobald wir allein waren. »Es muss schwer sein, ihr zu vergeben. Doch sie ist hier und bittet dich um Vergebung und du solltest ihr vergeben, Marcos. Du musst es tun. Es ist schwer und es ist normal, dass es dir so geht. Doch du darfst diese Chance, ihr zu vergeben, nicht versäumen.«

Marcos sagte kein Wort, als er den Hügel zu Mauros Zimmer hinaufging. Sobald Gleice Marcos kommen sah, rannte sie ihm entgegen und umarmte ihn. Dann sah ich, wie Marcos nach und nach auf ihre Umarmung reagierte und seine Arme zögernd hob. Da wusste ich, dass er seinen Zorn loslassen würde, an dem er so lange festgehalten hatte.

Von diesem Tag an veränderte sich Marcos allmählich. Eine Woche später konnte er allen vergeben, gegen die er einen Groll gehegt hatte. Gleice blieb mit ihren Söhnen in Kontakt und schickte ihnen zum Geburtstag etwas Geld und eine Karte. Obwohl es noch eine Weile dauern wird, bis sich Marcos' Temperament verändert, leuchtet doch der wahre Marcos ein wenig hervor. Er ist jetzt ein glücklicher, feinfühliger und freundlicher Teenager.

Kapitel 10

Das Nachtasyl – »Auf dem Weg nach Emmaus ...«

»Was ist passiert?«, fragte ich besorgt.
»Rodrigo hatte einen Unfall mit dem neuen BESTA Minibus«, antwortete Joao mit blassem Gesicht, als er ins Haus stürmte.

»Wo? Ist jemand verletzt worden?«, fragte ich wild durcheinander.

»Es ist auf der Hauptstraße von der Stadt zur Farm passiert. Ricardo und ich fahren hin. Gott sei Dank waren keine Kinder bei ihm im Wagen.«

Der Minibus hatte Totalschaden. Rodrigo war auf einer der gefährlichsten Abschnitte der BR262 zu schnell in eine Kurve gefahren, hatte die Kontrolle über das Fahrzeug verloren, war über die Gegenfahrbahn geschleudert und gegen einen Fels geprallt und dann noch drei Meter durch die Luft geflogen, bevor er schließlich auf dem Dach gelandet war. Rodrigo war mit einem gebrochenen Finger und einigen Schnittwunden und Abschürfungen davongekommen.

Doch es sollte noch schlimmer kommen. Als die Staatspolizei am Unfallort eintraf, warf sie nur einen kurzen Blick auf Rodrigos Führerschein und stellte sofort fest, dass dieser gefälscht war. Rodrigo hatte ihn in Rio de Janeiro illegal gekauft. Joao war sprachlos. Rodrigo, ein früherer Feuerwehrmann und Mitglied einer evangelikalen Gemeinde, hatte Joao versichert, dass sein Führerschein in Ordnung sei und dass er schon zwanzig Jahre lang einen Minibus gefahren habe. Dazu kam noch, dass seine Frau, die schon drei Monate in der *Casa Aberta* arbeitete, bestätigt hatte, alle seine Angaben entsprächen der Wahrheit. Und Ricardo hatte mit ihm eine Woche zuvor eine Probefahrt gemacht und grünes Licht gegeben.

Der Polizist nahm Joao und Ricardo beiseite und erklärte ihnen, dass die Versicherung nicht für einen neuen Minibus aufkommen werde, weil der Führerschein nicht in Ordnung war, aber er habe viel übrig für unsere Arbeit unter den Straßenkindern. Er könne im Unfallprotokoll vermerken, dass Ricardo den Wagen gefahren habe; dessen Führerschein sei ja gültig und dann würde die Versicherung auch zahlen. Er ermunterte sie zu diesem Schritt: Er wisse zwar, dass sie Christen seien, doch sie sollten es für die Kinder tun – die brauchten schließlich einen Minibus.

Joao wurde die große Versuchung auf dem silbernen Tablett serviert. Tausend Gedanken schossen ihm durch den Kopf. Doch schließlich sagte er:»Ich weiß, Sie wollen uns helfen, aber wir mussten sehr viele Opfer bringen, um diesen Minibus mit sauberem Geld zu kaufen und wir benutzen ihn für das Werk Gottes. Wenn Gott uns einen Minibus gegeben hat, kann er uns noch zehn weitere schenken, wenn er es will. Ich werde meine Schätze im Himmel nicht aufs Spiel setzen, indem ich die Versicherungsgesellschaft betrüge. Ich möchte lieber den Minibus verlieren als lügen.«

Der Polizist blieb jedoch hartnäckig und sagte Joao, er solle drei Tage darüber nachdenken. Auch ich bestand darauf, dass wir die Wahrheit sagen sollten, und so ging Joao drei Tage später hin, um seine ursprüngliche Haltung zu bestätigen. Und natürlich erklärte die Versicherungsgesellschaft, unsere Deckung sei unter den gegebenen Umständen nichtig. Wir hatten das Fahrzeug verloren, das wir nach Monaten des Gebets bekommen hatten. Alle fühlten sich schrecklich, ganz besonders Rodrigo, der uns um Vergebung dafür bat, dass er uns angelogen hatte.

Am 15. Januar 1995, zehn Tage nach dem Unfall, wurde bei der Versicherung ein neuer Leiter für die Abteilung »Schadensregulierung« ernannt. »Zufällig« war er Christ und gehörte der *Lagoinha Church* an. Nach einem Treffen mit Joao meinte er: »Schauen Sie, Sie haben nur eine Chance von einem Prozent, dass Ihnen der ganze Schaden erstattet wird. Aber wir wollen mit dieser einprozentigen Chance arbeiten und es Gott überlassen, denn er ist der Herr. Schreiben Sie einen ausführlichen Bericht, in dem Sie die ganze Situation erklären, und ich werde ihn der Kommission vorlegen. Beten und fasten Sie.«

Zwei Monate später, während sich die Mitarbeiter an einem Samstag auf der Farm zum Gebet versammelt hatten, schenkte uns Gott eine Gebetserhörung – wegen des Minibusses! Einer von uns hatte eine Vision, in dem ein großer, roter Minibus mit Flügeln vom Himmel herabkam. Ein anderer sah einen kleineren, rosafarbenen Minibus. Und ein dritter sah noch die Zahlen 7, 7, 7.

Aus dem Gebet heraus meinte Joao: »Ich bin sicher, dass das ein Versprechen ist, uns zwei Minibusse zu geben, einen größeren und einen kleineren. Und sieben plus sieben plus sieben ist einundzwanzig. Die Versicherungsgesellschaft wird uns Geld bewilligen, und zwar 21 000 Realdollar!«

Am darauf folgenden Montag leistete Joao im Vertrauen auf Gott eine Anzahlung auf einen roten *Topic ASIA* Minibus mit achtzehn Sitzplätzen, der 26 000 Realdollar kosten sollte. Für die Anzahlung benutzte er die 10 000 Realdollar, die wir gespart hatten, um später die Farm kaufen zu können, falls sich die Gelegenheit bieten sollte. Der Verkäufer erklärte Joao, der Preis werde am folgenden Tag um zwölf Prozent steigen und er habe achtundvierzig Stunden Zeit, um die noch fehlenden 16 000 Realdollar zu bezahlen.

Am Dienstagmorgen erhielten wir ein Fax von der Versicherung, in dem sie uns wissen ließen, dass sie allen Widrigkeiten zum Trotz 16 500 Realdollar für einen neuen Minibus zahlen würden. Wir waren überglücklich, denn unsere Gebete waren erhört worden. Doch Joao war nicht zum Feiern zu Mute.

»Gott hat gesagt, 21 000 Realdollar, nicht 16 500. Ich werde hingehen und mit ihnen reden«, meinte er eindringlich.

Wir waren bestürzt über seine Reaktion, aber alle, die Jungen miteingeschlossen, versammelten sich zum Gebet.

Als Joao sich mit den Vertretern der Schadensregulierungsabteilung traf, sagten sie unverzüglich zu, weitere 2 500 Realdollar zu zahlen. Doch Joao blieb hartnäckig und meinte, der alte *BESTA* sei auf 23 000 Realdollar geschätzt worden.

Am Nachmittag erhielten wir ein weiteres Fax, in dem uns die Versicherungsgesellschaft zusicherte, 21 000 Realdollar zu bezahlen!

Joao bezahlte die noch ausstehenden 16 000 Realdollar für den *Topic* und leistete eine Anzahlung für einen zweiten Minibus, wieder einen *BESTA Kia* mit zwölf Sitzen, den wir vier Monate später erhielten. Er war rosa.

In der Bibel wird ganz klar gesagt, dass Gott unsere Gebete immer beantwortet, wenn wir seinen Geboten gehorchen und die Gebetserhörung auch in seinem göttlichen Fahrplan vorgesehen ist.

Am 23. März eröffneten wir das Nachtasyl. Nachdem wir neun Monate gebetet und gesucht hatten, hatten wir schließlich ein Haus gefunden, das groß genug war, dass zwölf bis sechzehn Kinder und sechs Mitarbeiter darin übernachten konnten. Es lag in dem eleganten und weiträumigen *bairro* (»Stadtviertel«) von Pampulha, nördlich des Stadtzentrums. Das Haus hatte sechs große Schlafräume, fünf Bäder, zwei sehr große

Salons, eine große Küche und Waschküche. Ein Swimmingpool hinter dem Haus nahm fast den gesamten Garten ein. Es gab keine direkten Nachbarn, was für uns vorteilhaft war, denn dann würde es auch keine Beschwerden geben.

Das Asyl war das fehlende Glied in unserem Programm. Die Kinder, die zur *Casa Aberta* kamen, kehrten nachts auf die Straße zurück und das machte unsere Arbeit weniger effektiv. Auch würde das Nachtasyl unsere Arbeit auf der Farm unterstützen. Es würde uns mehr Zeit geben, die Familien der Jungen zu suchen und mit ihnen zu arbeiten, während die Jungen gleichzeitig von der Straße wegkamen und im Nachtasyl schlafen konnten. Wenn wir die Jungen einen Monat zu Kräften kommen ließen, mussten manche vielleicht nicht einmal auf die Farm kommen, sondern konnten gleich zu ihren Familien zurückkehren. Wer jedoch mehr Zeit benötigte als nur einen Monat, um sein seelisches Gleichgewicht wiederzufinden, oder wessen Familie noch nicht oder generell nicht in der Lage war, sie zurückzunehmen, der konnte – durch das Asyl besser vorbereitet – auf die Farm gehen.

Die relativ wenigen Mädchen, die auf der Straße lebten und zur *Casa Aberta* kamen, übernachteten in Unterkünften der *Prefeitura,* beziehungsweise einem *Restauration House* von »Jugend mit einer Mission«.

Wir schlugen Marcia vor, die Leitung des Nachtasyls zu übernehmen. Sie hatte schon über ein Jahr für das Werk gearbeitet, war eine reife Frau Mitte dreißig und hatte bereits viele Jahre für andere Missionswerke gearbeitet. Während einer Gebetszeit für das Nachtasyl las sie im Lukasevangelium, Kapitel 24, Vers 13-35. Dort wird die Geschichte geschildert, wie Jesus nach seiner Auferstehung zwei Jünger auf dem Weg nach Emmaus, einem Dorf außerhalb von Jerusalem, begleitet. Als sie dort ankommen, laden die beiden Jünger Jesus ein, mit ihnen zu Abend zu essen und die Nacht bei ihnen zu bleiben. Beim Essen nimmt Jesus das Brot, dankt Gott, bricht es in zwei Hälften und reicht es den beiden Jüngern. In diesem Augenblick werden ihnen die Augen geöffnet und sie erkennen Jesus.

Marcia erzählte Joao und mir davon und fügte hinzu: »Ich denke, wir sollten das Nachtasyl ›Casa Emmaus‹ nennen, weil dort ein Ort ist, an dem sich die Kinder niederlegen können, wenn sie müde sind, ein Ort, an dem sie Liebe, Trost und Geborgenheit finden. Als Jesus in Emmaus war, war er bereits auferstanden, und dies wird ein Haus sein, in dem der Tod in Leben verwandelt wird.«

Die *Prefeitura* unterzeichnete einen Jahresvertrag, mit dem sie sich am Unterhalt für das Nachtasyl beteiligte; das Gleiche hatten sie ein Jahr zuvor bereits für die *Casa Aberta* getan. Doch das bürokratische Verwaltungssystem der *Prefeitura* verlangte einen Wust an Formularen und die monatlichen Zahlungen trafen nicht immer pünktlich ein, sondern manchmal erst zwei oder drei Monate später. *Compassion International* verlängerte auch weiterhin ihre Jahresverträge, die wir jetzt für den Unterhalt der Farm einsetzten.

Ich bin der Überzeugung, dass Gott finanzielle Schwierigkeiten auch benutzt, um uns daran zu erinnern, für wen und warum wir diese Arbeit machen. Die Arbeit ist ermüdend, sie verlangt ganzen Einsatz und wenn Gott unsere Liebe nicht ständig erneuern würde, würden wir das nicht durchstehen. Wenn wir im Auftrag Gottes arbeiten, warum sollten wir dann jemals wegen Geldmangels schließen müssen? Die finanziellen Schwierigkeiten waren und sind immer wieder Gottes Weg, uns als Team zusammenzuschweißen und uns zum Beten, Beten und nochmals Beten anzuhalten. Es sind Zeiten, in denen wir uns und unsere Motivationen prüfen; es sind Zeiten, in denen wir uns daran erinnern, dass wir ganz und gar von Gott abhängig sind. Immer und immer wieder erleben wir, dass er für uns sorgt, sowohl was unsere persönlichen Bedürfnisse angeht als auch in unserem Dienst. Eine örtliche Bäckerei versprach uns, täglich kostenlos Brot in die *Casa Aberta* zu liefern. Gemeinden spenden große *Cesta Basicas* (Kisten mit Grundnahrungsmitteln wie Reis, Bohnen, Zucker, Mehl, Kaffee), die wir wiederum an die Familien weitergeben können. Einmal spendete uns eine Pizzeria sogar ungefähr 2 000 Eigelb für die Farm!

Spenden aus Übersee treffen zum passenden Zeitpunkt ein, und machen es uns möglich, Fleisch und Hühner sowie Medikamente oder Schulbücher für die Kinder zu kaufen und die Miete für das Nachtasyl zu bezahlen.

* * *

Die ersten vier Monate nach Öffnung der *Casa Emmaus* erwiesen sich als die schwierigsten. In dieser Zeit führten wir eine zeitliche Ordnung ein und bauten ein gutes Mitarbeiterteam auf. Anderson leitete die Straßenarbeit und es war wichtig, dass er zu Beginn im Nachtasyl lebte, ebenso wie Dora, die auch zu seinem Team gehörte. Sie kannten die Kinder in »ihrer Welt« und die Kinder kannten sie. Die Engländerin Ruth, die bereits für eine andere Organisation unter Kindern in Nordbrasilien gearbeitet hatte, schloss sich ebenfalls dem Team an, dazu noch Thea aus Holland, die bei »Jugend mit einer Mission« gewesen war.

Eines Samstagnachts waren acht Kinder im Nachtasyl und schauten im Wohnzimmer fern. Marcia war in ihrem Zimmer, als ihr das Haus plötzlich merkwürdig still vorkam. Eilig ging sie ins Wohnzimmer und erfuhr zu ihrem Entsetzen, dass sechs Jungen das Haus überraschend verlassen hatten. Ein Bericht in den Nachrichten hatte gezeigt, dass in den Straßen der Innenstadt gerade ein Fest stattfand. Einer der Jungen hatte seine Freunde von der Straße im Fernsehen entdeckt und beschlossen, zu diesem Fest zu gehen; fünf andere nahm er mit sich. Die Mitarbeiter folgten ihnen umgehend in der Hoffnung, sie zu finden, kamen jedoch um Mitternacht ohne Kinder zurück. Nach einer Gebetszeit hatte Marcia den Eindruck, Gott wolle ihr sagen, dass alle sechs wiederkommen würden. Und so war es dann auch: Um halb drei Uhr klingelte es an der Tür und als sie öffnete, blickten ihr sechs kleine Gesichter entgegen. Alle waren froh, doch es war für uns eine bitter gelernte Lektion.

Anfang Juli waren die Beziehungen zwischen den Teams der *Casa Aberta* und der *Casa Emmaus* auf dem Nullpunkt angelangt. Leiter wurden ebenso kritisiert wie die Tagesabläufe oder die Art, wie sich die Jungen nach einer Nacht im Asyl aufführten. Es gab negatives Gerede darüber, dass dem Nachtasyl Mitarbeiter fehlten. Man kritisierte auch, dass man die Jungen montags bis freitags, abends und morgens mit dem Bus zum Zentrum und von dort zum Nachtasyl transportieren musste. Letzteres war verständlich, denn die Fahrt kostete je nach Verkehrsaufkommen über eine Stunde Zeit und selbst unter den günstigsten Umständen waren die Straßenkinder nur schwer zu bändigen, wenn sie alle zusammen waren. Doch eigentlich war die Grundhaltung falsch. Ungewöhnlich war auch, dass wir den zweiten *BESTA* Minibus schon mehrere Wochen besaßen, aber nicht in der Lage waren, einen Fahrer zu finden. Dieser Minibus sollte in der Stadt eingesetzt werden.

Schließlich beriefen Joao und ich die Mitarbeiter der beiden Teams zu einem Treffen, um allen Gelegenheit für ein *Lavar roupas sujos* (»schmutzige Wäsche waschen«) zu geben.

»Das ist wie bei einer neu geschlossenen Ehe, wenn beide Seiten eine Therapiesitzung benötigen«, meinte Joao und brachte damit alle zum Lachen – das Eis war gebrochen. »Diese beiden Häuser müssen gut zusammenarbeiten, denn ihr arbeitet mit denselben Kindern am Tag beziehungsweise in der Nacht. Gott braucht eure Einheit, wenn sein Werk auf richtige Weise geschehen und sich das Leben dieser Kinder verändern soll.«

Nach zwei Stunden, in denen die Mitarbeiter bekannten, wo sie auf die »Gegenseite« wütend gewesen waren, einander missverstanden oder nicht gemocht hatten und einander vergaben, Vorschläge austauschten und Änderungen besprachen, gab ich ihnen schließlich zwei Bibelverse weiter, die Gott mir am Morgen beim Beten für das Treffen geschenkt hatte.

»Meine Augen ermatten vor Tränen, mein Inneres glüht. Ausgeschüttet auf die Erde ist mein Herz über den Zusammenbruch der Tochter, meines Volkes. Kind und Säugling verschmachten auf den Plätzen der Stadt. Steh auf, klage bei Nacht, zu jeder Nachtwache Anfang! Schütte aus wie Wasser dein Herz vor dem Angesicht des Herrn! Erhebe zu ihm die Hände für deiner Kinder Leben, die vor Hunger verschmachten an den Ecken aller Straßen« (Klgl 2,11.19).

»Wir wollen unseren Blick fest auf das richten, was Gott für diese Kinder tun möchte«, fuhr ich fort. »Wir alle sind hier, weil Gott uns berufen hat, mitzuhelfen und sie von der Gefahr zu retten, die ihnen auf der Straße droht, die sie zu ihrem Zuhause machen mussten. Das ist jeden Tag neu ein Opfer, aber es lohnt sich. Allein diese Kinder zu beobachten, wenn sie von der Straße weg sind – wie sie auf der Farm spielen, lernen und schließlich arbeiten; glücklich statt traurig, satt statt hungrig, geborgen statt verängstigt; sie wissen, dass Jesus jeden von ihnen liebt – allein dafür lohnt es sich. Wenn ich meinen Blick vom Gottes Plan abwende und auf all die Dinge und Menschen um mich herum schaue, dann fange ich an zu kritisieren, in eine negative Haltung hineinzurutschen und mich zu bemitleiden. Wenn wir die Kinder jeden Tag mit dem Bus hin- und herfahren müssen, ist das ein Opfer, und doch ist es das Mindeste, das wir tun können, wenn sie dafür nicht auf der Straße übernachten müssen. Lasst uns die Hände zu Gott erheben und für das Leben dieser Kinder beten.«

Zum Abschluss des Treffens nahmen wir uns Zeit, gemeinsam den Herrn zu loben, und es herrschte eine wunderbare Einheit unter uns. Wir spürten Gottes Gegenwart und seine Liebe; wir erlebten uns als Team, das gemeinsam dafür eintrat, dass denen Gerechtigkeit widerfährt, die Unrecht leiden. Zwei Wochen später fanden wir in Jorge einen Fahrer für den Minibus in der Stadt und das Team im Nachtasyl vergrößerte sich. Kevin aus den USA, der als stellvertretender Leiter im *Restauration House* von »Jugend mit einer Mission« gearbeitet hatte, schloss sich uns an, um die Besuche bei den Familien der Kinder von der *Casa Emmaus* zu leiten; Milton von der *Renewed Baptist Church* in Sabara und Henk aus Brüssel wurden ebenfalls Mitarbeiter.

Nachdem die *Casa Aberta* nun schon zwei Jahre in Betrieb war, hatte sich ein ausgezeichneter Tagesablauf für die Kinder eingespielt und das Team war gut strukturiert. Zum Wochenplan gehörten zweimal Sport mit einem ausgebildeten Trainer, Unterricht in Lesen und Schreiben, Körperpflege, Kunst und Malerei bei Denisia und Alessandra und ein Ausflug in den Park. Dilma half bei der Koordinierung der Aktivitäten im Zentrum, was Selma mehr Zeit für die Verwaltungsarbeiten gab. Vitor half Kevin und Milton, wenn sie ihre Familien besuchten. Marcos kümmerte sich darum, die Dokumente der Kinder aufzutreiben, Schulplätze für sie zu suchen, die Familien zu finden und die Kinder zum Arzt oder Zahnarzt zu begleiten. Cida und Alessandra brachten den Kindern Lieder und biblische Geschichten bei, die ihnen die Liebe Jesu zeigten.

Nachmittags um vier Uhr verließen die Kinder die *Casa Aberta* und erreichten um fünf die *Casa Emmaus*. Im Nachtasyl angekommen, sprangen alle in den Swimmingpool und planschten eine Stunde. Nach einer Dusche und dem Abendessen spielten sie eine Weile, bevor es ins Bett ging. Das Team betete mit jedem einzelnen Jungen, bis diese sich beruhigt hatten und schlafen konnten. Morgens nach dem Frühstück wurde eine halbe Stunde lang gesungen und über den Bibeltext für den jeweiligen Tag meditiert. Dann gingen sie wieder zur *Casa Aberta*.

»Vor dem Schlafengehen wollten die Jungen immer meine Geschichte von den goldenen Straßen hören«, erzählte mir Marcia später. »Ich habe ihnen die Geschichte so erzählt: Wenn wir unser Herz für Jesus öffnen, dann gehen wir auf einer Straße aus purem Gold. Wenn wir glauben, sind wir auf einer Straße aus Gold – nicht auf Straßen aus Teer und voller Staub, Abfall, Diebstähle und Klebstoffschnüffeleien. Nein, wir sind auf einer Straße aus Gold – dort ist Reinheit, dort ist Jesus immer gegenwärtig, dort ist Freude und eine Liebe, die niemals aufhört.«

* * *

Rone, Ronilson, Jairo, Josévaldo, Messias und Faisal waren die ersten Jungen, die von der *Casa Emmaus* auf die Farm weitergeleitet wurden. Rone war zwölf Jahre alt, scheu und empfindsam. Er hatte unter menschenunwürdigen Zuständen mit seiner Mutter und seiner Schwester in der Favela Minas Caixa, westlich vom Stadtzentrum, gelebt. In ihrer Hütte mit nur einem Raum gab es weder Wasser noch einen Abfluss. Ein Blecheimer vor der Vordertür diente als Toilette, um die Hütte herum fanden sich ständig mit Fliegen übersäte Fäkalien von Menschen und Hunden. Innen gab es ein Bett, einen Schrank, einen alten Ofen und einen Tisch mit Stühlen. Rones Vater hatte sie verlassen, nachdem die Mutter angefangen hatte zu trinken. Die Nachbarn berichteten, dass sie alles zu Geld gemacht hatte, was zu verkaufen war, nur um sich *cachaca* zu besorgen. Oft wurde Rones neunjährige Schwester bis morgens um zwei Uhr allein gelassen, während sich die Mutter in den Bars volllaufen ließ. Rone war allein weggelaufen, um auf der Straße zu leben. »Ich träume davon«, meinte Rone später,

»dass meine Mutter aufhört zu trinken und dass mein Vater wieder mit ihr zusammenlebt und dass die beiden glücklich leben bis an ihr Lebensende.«

Ronilson war zwölf Jahre alt, besaß einen scharfen Verstand und große Überzeugungskraft. Seine Mutter hatte fünf Kinder von drei verschiedenen Männern. Das jüngste Kind war an einer nichtbehandelten Ohrenentzündung gestorben, die schließlich auf das Herz übergegriffen hatte. Die Familie lebte in einem kleinen Haus in der Favela Veneza. In ihrem Heim gab es ein Schlafzimmer, das die Mutter in zwei Räume aufgeteilt hatte. Sie und ihr neuester Liebhaber sowie die Kinder schliefen in der einen Hälfte, während ihre fünfzehnjährige Tochter und deren dreiundzwanzigjähriger Freund in der anderen nächtigten. Ihre Tochter hatte ihr erstes Kind verloren. Als Toilette diente ein Loch im Boden hinter dem Doppelbett, die Küche befand sich in dem schmalen Gang, der vom Schlafzimmer zur Vordertüre führte. Ronilson rannte schließlich davon und lebte drei Wochen auf der Straße, bevor unser Straßenteam ihn zur *Casa Emmaus* brachte. Es war wichtig, die »Neuen« so schnell wie möglich von der Straße zu holen, bevor sie sich einer Bande anschlossen und kriminell wurden.

Als der elfjährige Jairo in der *Casa Aberta* ankam, war er äußerst aggressiv und schwierig. Er war klein und dünn und hatte samtige schwarze Haut. Jairo änderte sich sehr, sobald er von der Straße weg war; er wurde liebevoll und ruhig. Seine Eltern hatten sich getrennt und er und sein älterer Bruder Joilton waren auf die Straße gegangen. Obwohl sie in einer Favela lebten, hatte das Haus ihrer Eltern drei Schlafzimmer, ein Wohnzimmer, ein Bad und eine Küche – also viel Platz für eine Familie mit fünf Kindern. Seine Eltern fanden jedoch wieder zusammen und wollten, dass Jairo zu ihnen zurückkehrte. Seine Mutter war Christin geworden und sein Vater ging nicht mehr ins *Macumba*-Zentrum. In einem Fall wie diesem beschlossen wir, dass Jairo sechs Monate auf der Farm leben sollte, bis er sein seelisches Gleichgewicht wiedergefunden hatte. Erst dann sollte er zu seiner Familie ziehen. In der Zwischenzeit benötigten seine Eltern eine Therapie bei Dr. Silvia.

Messias war vierzehn Jahre alt, als er auf die Farm kam. Er hatte seit seinem siebten Lebensjahr auf der Straße gelebt, nachdem sein Vater gestorben und seine Mutter nach São Paulo gegangen war. Seine beiden älteren Brüder hatten ihn auf die Straße mitgenommen, erzählte er mir später. »Ich lebte vier Jahre lang auf der Straße. In diesen vier Jahren gehörte ich verschiedenen Banden an. Nachts gab es häufig ›guerras‹ [›Straßenkämpfe‹] zwischen den Banden, aber ich wurde glücklicherweise niemals niedergestochen.« Messias wanderte dreimal ins Gefängnis. Das Straßenteam nahm ihn schließlich mit zur *Casa Emmaus*.

Faisal lebte vier Jahre auf der Straße. Er war von zu Hause weggelaufen, weil seine Mutter ständig betrunken war und Drogen nahm. Sie hatte sich von Faisals Vater getrennt und ihr neuer Freund war Drogendealer. »Meine Mutter hat mich oft geschlagen und einmal hat sie mich mit einem Messer angegriffen. Sie sagte, ich sei Schuld an ihrer Trennung von meinem Vater. Sie mag es nicht, dass ich den gleichen Namen habe wie er.« Auf der Straße schloss sich Faisal den schlimmsten Banden an: *Marcia*, *Vampirinho* und *Darley*. Er stahl, schnüffelte Klebstoff und Lösungsmittel und rauchte Marihuana. Er war im Gefängnis. »Dort musste ich auf einem kalten Boden schlafen, der von Urin ganz nass war. Ich musste lauter schwere Übungen machen und wenn ich einen Fehler machte, schlugen und traten sie mich.« Faisal war vierzehn Jahre alt, schlank, hatte olivfarbene Haut und braune Augen; man konnte leicht erkennen, dass sein Vater arabischer Herkunft war.

Josévaldo wusste nicht, wie alt er war. Er hatte sein Zuhause in Bahia, im Norden Brasiliens, drei Jahre zuvor verlassen, nachdem sich seine Eltern getrennt hatten.

Eines lernten wir gleich zu Beginn: Wenn ein Junge sich nicht ändern wollte, wenn er die Notwendigkeit für eine Veränderung nicht eingesehen hatte, dann konnte man ihm nicht helfen. Wenn er keine Hilfe wollte, konnte man ihn durch nichts davon überzeugen, dass er Hilfe brauchte. Im Endeffekt führten solche Fälle unweigerlich dazu, dass die Mitarbeiter aufgerieben wurden und die anderen Jungen auf der Farm unter den Einfluss schlechter Gewohnheiten oder Verhaltensweisen gerieten. Die gesamte Arbeit wurde davon negativ beeinflusst.

Im Oktober des vorangegangenen Jahres war Rodrigo, vierzehn Jahre alt, auf die Farm gekommen, nachdem er sechs Jahre auf der Straße gelebt hatte. In dem einen Monat, den er bei uns war, schaffte er es, uns jeden Tag Schwierigkeiten zu bereiten. In der Tat war Lucas, mein Sohn, der zu diesem Zeitpunkt ein Jahr alt war, der Einzige, den er mochte und bei dem er so sein konnte, wie er wirklich war!

Er wollte nicht lernen und nicht auf der Farm arbeiten. Er wollte keine Verantwortung übernehmen. Er wollte sich nicht an die Regeln halten. Er wollte nur spielen. Jeden Tag drohte er uns damit, auf die Straße zurückzukehren, nur um das durchzusetzen, was er wollte. Die Situation spitzte sich zu, als wir eines frühen Morgens mit der Nachricht geweckt wurden, Rodrigo sei mit sechs weiteren Kindern auf halbem Weg von der Farm zur Hauptstraße. Es gelang uns, sie wieder zurückzurufen, doch jedes der Kinder war wegen irgendeiner Sache in hellster Aufregung, nur Rodrigo war ganz ruhig. Es war ihm gelungen, die anderen mit irgendeiner Begründung aufzustacheln, so dass sie wieder auf die Straße zurückwollten.

»Mein Bruder ist noch auf der Straße und Rodrigo hat gesagt, er sei in Gefahr«, rief Juarez wütend.

»Tio Mauro hat mich gestern schon wieder bestraft. Ständig werde ich von ihm bestraft«, meinte Washington voller Übertreibung.

»Es ist ganz schrecklich hier«, log Wallace.

Schließlich beruhigten sie sich alle wieder und baten um Entschuldigung. Der Einzige, der nichts sagte, war Rodrigo.

Am darauf folgenden Sonntag lief Rodrigo während des Gottesdienstes in der *Lagoinha Church* in Belo Horizonte davon, um wieder auf der Straße zu leben.

Die Farm ist kein Gefängnis. Sie ist ein schöner Ort, den Gott den Kindern geschenkt hat, ein Ort, an dem sie wieder Kinder sein können, ein Ort, an dem ihr Leben wieder in Ordnung gebracht wird. Doch keiner wird gezwungen zu bleiben. Sie haben die Wahl, ob sie bleiben und sich verändern wollen oder nicht.

Einen Monat, nachdem die erste Gruppe Jungen von der *Casa Emmaus* auf die Farm gekommen war, kamen noch Douglas, Wallace, Igor und Davidson. Sie waren nur eine Woche im Nachtasyl gewesen und diese Vorbereitungszeit war zu kurz, wie wir bald herausfinden sollten. Wallace war Anführer einer Straßenbande und hatte, ebenso wie Douglas, schon mehr als sechs Jahre auf der Straße gelebt. Igor und Davidson waren erst wenige Monate auf der Straße gewesen und ihre Familien wollten, dass sie nach Hause zurückkehrten. Beide Familien waren mitten in einer Therapie und so beschloss man, dass Igor und Davidson drei Monate auf der Farm bleiben sollten. In dieser Zeit sollten sie ihr Gleichgewicht wiederfinden. Doch nach einer Woche kehrte Wallace zurück zu seiner Bande und Douglas ging ebenfalls wieder auf die Straße – und nahm auch noch Igor mit. Den ließ er dann prompt in Belo Horizonte fallen, um sich einer Bande anzuschließen, die auf dem Weg nach Victoria war. Und Davidson lief davon und nahm Josévaldo mit. Josévaldo und Igor erkannten schnell, dass sie einen Fehler gemacht hatten, und wollten sofort auf die Farm zurückkehren. In Igors Fall beschlossen wir, dass es das Beste wäre, wenn er zu seiner Mutter zurückkehren würde. Josévaldo kam wieder zurück zur *Casa Emmaus*. Wir konnten Jungen, die davongelaufen waren, nicht in jedem Fall wieder auf die Farm lassen, sonst würden die anderen Jungen die Farm nicht mehr genug schätzen und irgendwann würde das Davonlaufen zu einer Gewohnheit, die nicht ernst zu nehmen war. Wir entschieden, dass es Zeit war, Josévaldo nach Bahia zurückzubringen und seine seit langem verschollene Familie zu suchen. Anderson kehrte eine Woche später triumphierend zurück, nachdem er das Haus von Josévaldos Mutter gefunden und die Geschwister samt Tante erfreut hatte, die ihren langvermissten Josévaldo anscheinend mit offenen Armen empfangen hatten.

Nicht nur das Leben der Jungen auf der Farm, auch die Farm selbst veränderte sich! Innerhalb von zwei Jahren war sie wie verwandelt. Joao hatte die örtliche Verwaltung überreden können, große Bulldozer zur Verfügung zu stellen, um das Land zu roden und mehr Baufläche zu gewinnen. 1 500 Meter Straße wurden neu eingeweiht und unterhalb des Hügels beim Bach fraßen sich Maschinen durch das Unterholz und den Wald, um ein Gebiet zu erschließen, auf dem man drei große Teiche für die Fischzucht ausheben konnte. Hinzu kamen noch ein Swimmingpool, ein Strandvolleyball-Platz, ein Gemüsegarten und Felder für Mais und *mandioca* (essbare Wurzelart). Zwei Telefonleitungen wurden verlegt, die mit den Leitungen eineinhalb Kilometer von Ravena entfernt in Verbindung standen. Alle Mitarbeiter und die Jungen halfen beim Bau dieser Neuerungen – wieder eine gute Erfahrung, denn wir erlebten, wie Gott Wege fand, das Geld zur Verfügung zu stellen, mit dem wir das Material kaufen konnten. Außerdem wuchs die Einheit untereinander mit jedem Projekt, das wir gemeinsam begannen und fertigstellten.

Auch unser Team auf der Farm hatte sich vergrößert. Ricardo hatte uns verlassen, um mit seiner englischen Frau als

Missionar nach Russland zu gehen. Mauro hatte an seiner Stelle die Koordination der Arbeiten auf der Farm übernommen. Ilce kümmerte sich zusammen mit Jessica, die von meiner Londoner Gemeinde stammte, um den Unterricht und die Besuche bei den Familien. Vanderley aus dem brasilianischen Bundesstaat Espirito Santo schloss sich uns an, ebenso wie Janilde von der Baptistengemeinde in Belo Horizonte. Will und Flora, die ebenfalls von der *Holy Trinity Brompton Church* gekommen waren, verbrachten einige Monate bei uns. Flora konnte ihr Fachwissen als Krankenschwester bei uns täglich einsetzen und sich um die medizinischen Bedürfnisse der Kinder kümmern. Die meisten von ihnen trafen mit Würmern, schlimmen Infektionen und Viruserkrankungen bei uns ein. Ingrid war in Deutschland Musiklehrerin gewesen und hatte in Irland, wo sie bei »Jugend mit einer Mission« gearbeitet hatte, zum ersten Mal über unsere Arbeit gelesen. Sie kam, um den Kindern Gesangs- und Musikunterricht zu geben. Es war ermutigend zu sehen, wie talentiert viele der Kinder im musikalischen Bereich waren; der Blockflötenunterricht erwies sich als ein wichtiger Teil des Gesundungsprozesses. Diana hatte in England Kunst und Design studiert und übernahm den Kunstunterricht. Ihre kreative Ausstrahlung übertrug sich auf die Jungen und es war schön zu sehen, wie sie aus Pappe Mobiles mit bunten Papageien, Dekorationen aus Tannenzweigen und getrockneten Blumen, grell bemalte Stehauf-Bilder, große Wandcollagen und Postkarten bastelten. Selbst den weniger Talentierten machte es Spaß, sich künstlerisch zu betätigen, weil sich ihnen eine ganz neue Welt voller Kreativität öffnete.

Im April wurden Joao und ich eingeladen, an einem Samstagabend in der presbyterianischen Kirche im Stadtzentrum einen Vortrag über unsere Arbeit zu halten. Es ging um ein regelmäßiges Jugendtreffen, das Jahre zuvor gegründet worden war, um Punks, Hippies und Drogensüchtige zu erreichen. Mehr als 2 000 Leute nahmen daran teil. Es wurden jedesmal eine Band und ein Gastredner eingeladen. Joao beschloss, Welbert und Carlos mitzunehmen, damit diese ihre Erlebnisse erzählen konnten. Schließlich konnten sie ihre Lebensgeschichte viel besser erzählen als er. Der Saal war voller junger Menschen und nachdem die Band gespielt hatte, stand Carlos auf, ging ans Mikrofon und begann zu erzählen. Viele weinten, als er erzählte, wie Gott ihn von der Straße geholt und ihm ein neues Leben geschenkt hatte; wie der Satan drauf und dran gewesen war, sein Leben durch Drogen, Diebstahl, Lügen und Kämpfe zu zerstören, ja dass er sogar sein rechtes Auge dabei verloren hatte. Doch nun hatte er ein sinnvolles Leben: Er ging zur Schule und arbeitete, aber vor allem wusste er, wie sehr Jesus ihn liebte. Carlos war normalerweise immer sehr schüchtern und es fiel ihm schwer, den Menschen, mit denen er sich unterhielt, in die Augen zu schauen. Als er jedoch an jenem Abend vor Tausenden sprach, konnte man ihm überhaupt keine Scheu anmerken.

Dann stand Welbert auf, um zu sprechen, und sobald er ans Mikrofon trat, verstummten alle wieder. Welbert war völlig überwältigt von der Gegenwart Gottes und konnte etwa dreißig Sekunden lang keinen Ton herausbringen. Schließlich blickte er auf und sagte: »Ich spüre, dass Jesus heute Abend hier ist und jeden von euch segnen möchte.«

Plötzlich fingen auf der einen Seite des Raums Menschen an zu beten. Dann begann Welbert, am Mikrofon überraschend in Sprachen zu beten, und Gott konnte jeden Einzelnen im Saal erreichen. Nach fünfzehn Minuten übernahm Joao das Mikrofon und sagte: »Ich glaube, dass heute Abend einige da sind, die Jesus zum ersten Mal in ihr Leben einladen möchten. Und es sind andere da, die ihr Leben neu Jesus übergeben wollen.«

An jenem Abend kamen über dreihundert Menschen zum Gebet nach vorn. Ich finde es immer wieder ermutigend zu sehen, was Gott alles bewirken kann!

Kapitel 11

Der barmherzige Samariter

»Pastor Marcio hat sich einverstanden erklärt, uns die Farm zu verkaufen«, verkündete Joao überglücklich bei einem unserer Mitarbeitertreffen. »Wir haben uns jedoch zum Ziel gesetzt, das Leben von Kindern in Ordnung zu bringen, sie von der Straße zu holen und wieder in ihre Familien zu integrieren«, fuhr er fort. »Ich möchte nicht, dass unsere Aufmerksamkeit von diesem Ziel abgelenkt wird und alle nur noch damit beschäftigt sind, das Geld für den Kauf der Farm zusammenzubringen. Wir betreuen in den drei Häusern etwa fünfundsechzig Kinder pro Woche und daran soll sich nichts ändern. Unser Ziel ist nicht, Grundbesitz zu erwerben oder Häuser zu bauen. Natürlich brauchen wir diese Dinge, doch sie sollen nicht unser Hauptziel werden.«

Im Juni 1995 erlebte Belo Horizonte den Beginn eines sehr kalten Winters. Die Temperatur fiel drastisch von 23° C am Tag auf 3° C in der Nacht. Wir machten uns Sorgen um die Familien der Kinder, die wir in den Favelas betreuten. Viele besaßen keine Decken, keine Betten, keine Matratzen, keine Herde, keine warme Kleidung und nicht genügend Nahrung. Wir beriefen eine Krisensitzung aller Mitarbeiter aus den drei Häusern auf der Farm ein – insgesamt etwa dreißig Leute.

»Statt uns um unsere Bedürfnisse zu sorgen«, erklärte Joao, »wollen wir uns lieber um die Bedürfnisse anderer kümmern und es Gott überlassen, das Geld für die Farm zu beschaffen. Gott hat mir gezeigt, dass der Winter in den nächsten zwei Monaten noch kälter werden wird. Lasst uns eine Aktion starten, in die wir die örtlichen Gemeinden mit einbinden. Wir könnten an den folgenden Sonntagen in einigen Gemeinden zusammen mit den Jungen einen Aufruf machen und die Gemeindemitglieder um Kleidung, Nahrungsmittel, Medikamente, Möbel, Küchen- und Waschausstattungen sowie Decken für die bedürftigen Familien der Kinder bitten. Wir werden ein Fahrzeug organisieren müssen, mit dem wir die Sachen bei den Leuten abholen, und einen Ort in der Stadt, an dem wir die Sachen lagern können, bevor wir sie unter den Familien in den Favelas verteilen. Lasst uns beten und dann werde ich mit Pastor Marcio reden, um seinen Rat einzuholen und um zu hören, ob er dies auch für eine gute Sache hält.«

Pastor Marcio meinte sofort, dass er der Überzeugung sei, diese Aktion sei von Gott gegeben. Was noch besser war: Er hatte einen Freund, der ein Lagerhaus in der Nähe der *Lagionha Church* besaß. Der Name des Freundes war Claudio, er war Mitglied der *Full Gospel Businessmen's Fellowship* und hatte früher ein großes Möbelhaus besessen. Das Lagerhaus, das zwei Stockwerke und insgesamt 2 000 Quadratmeter Lagerfläche umfasste, war seit einigen Jahren geschlossen, doch er hatte vor, es seinem neunzehnjährigen Sohn zu übergeben, der gerade sein Journalistikstudium beendet hatte. Joao machte mit Claudio und Pastor Jonas, dem zweiten Pastor der Gemeinde, einen Termin in der *Lagoinha Church* aus. Claudio sagte, er habe in dieser Woche schon von drei Leuten Angebote bekommen, die das Lagerhaus für viel Geld anmieten wollten. Joao berichtete, dass wir einen Ort in der Stadt benötigten, um die Spenden für die Familien zu sammeln, betonte aber auch, dass wir nicht in der Lage waren, eine Miete aufzubringen. Claudio war bereit, sich eine Woche Zeit zu nehmen, um zu beten und darüber nachzudenken.

Eine Woche später klingelte auf der Farm das Telefon. Joao nahm den Hörer ab.

»Sehen Sie«, meinte Claudio, »Gott hat mir schon immer deutlich gemacht, dass ich das Lagerhaus für seine Zwecke einsetzen sollte, und mir ist klar, dass diese Aktion vielen

Menschen helfen wird. Ich werde es daher nicht an die Geschäftsleute vermieten und auch mein Sohn wird unser Unternehmen nicht weiterführen. Ja, man hat ihm sogar gerade letzte Woche eine großartige Stelle als Journalist angeboten. Sie können das Lagerhaus die nächsten drei Monate benutzen, ohne etwas dafür zu bezahlen.«

Im darauf folgenden Monat sprachen wir in vier Gemeinden über unsere Aktion: in der *Lagoinha*, der *Central Baptist*, der *Communidade* und in der Baptistengemeinde von Bairro Preto. Elf Jungen sangen Lieder, die Ingrid ihnen beigebracht hatte, darunter auch englische Lieder wie *Heaven is a wonderful place* und *Jesus, I love you deep down in my heart*. Anderson und José Carlos spielten so wunderschön Blockflöte, dass mir jedes Mal ein Schauer über den Rücken lief, wenn sie auftraten, und auch in der Gemeinde konnte man kaum ein Auge finden, das trocken blieb. Wender und José Roberto erzählten von sich und berichteten aus erster Hand, wie das Leben in einer Favela aussah und was ihre Familien tatsächlich brauchten. Oades hatte mitgeholfen, ein Flugblatt für die Aktion zu entwerfen, die wir *Bom Samaritano* (»Barmherziger Samariter«) nannten. Denn das war ja schließlich die Motivation, die hinter dieser Aktion stand: dem Nächsten zu geben und das, was man besitzt, mit denen zu teilen, die nichts besitzen. Die Flugblätter wurden zu Hunderten verteilt und die T-Shirts, die wir entworfen hatten, gingen weg wie warme Semmeln.

Es gab noch ein weiteres Problem. Wir hatten nicht genügend Mitarbeiter, um alle Familien zu besuchen und die Spenden zu verteilen. Dieses Problem sollte sich jedoch schneller lösen, als wir gedacht hatten. An dem Tag, als Joao zur *Lagoinha Church* ging, um mit Claudio zu sprechen, traf er beim Hinausgehen in der Kantine Willar. Willar war, wie sich herausstellte, Leiter einer großen evangelistischen Jugendgruppe der Gemeinde mit mehr als zweihundert Teilnehmern. Die Gruppe nannte sich *IDE* (»Gehet hin!«). Als Joao ihm alles über die Aktion erzählt hatte, rief Willar aus: »Joao, das ist genau das Projekt, von dem ich geträumt habe. Seit drei Monaten habe ich diese Aktion schon in der Schublade. Ich wusste nur noch nicht, wie ich es anpacken sollte. Wenn mit dem Lagerhaus alles klappt und Pastor Marcio einverstanden ist, haben Sie die volle Unterstützung meiner Gruppe.«

Pastor Marcio war einverstanden. Joao und ich besuchten die Gruppe an einem Donnerstagabend und stellten die Aktion vor. Am Ende des Treffens meldeten sich fünfzig Freiwillige, um zu helfen, und jemand bot seinen Pritschenwagen an.

»Ich finde es toll, dass so viele von euch helfen wollen«, sagte ich fröhlich. »Aber es ist gut, wenn ihr zuerst betet, weil man nur zu leicht im Eifer des Augenblicks seinem Gefühl folgt.«

Sie gingen hinaus, um zu beten, und aus den fünfzig wurden zwanzig. Ademir, einer der Mitbegründer der Gruppe, übernahm die Leitung und Koordination der Besuche bei den Familien und der Verteilung der Spenden. Ihre erste große Aufgabe war jedoch die Reinigung des Lagerhauses, das völlig verstaubt war.

Ilce nahm auf der Farm die Anrufe von Leuten entgegen, die Dinge spenden wollten, und gab die Informationen an Ademir weiter, der dafür sorgte, dass die Sachen abgeholt und zum Lagerhaus gebracht wurden. Dann besuchten die Leute aus der Jugendgruppe die betreffenden Familien der Kinder, begleitet von Ilce oder Ingrid, von der Farm, oder Kevin und einem Team von der *Casa Emmaus* oder der *Casa Aberta*. Wir erhielten Waschmaschinen, Küchenherde, Decken, Sofas, Matratzen, Betten, Schränke, Tische, Stühle, Kleidung, Schuhe, Spielzeug und neunzig *Cesta Basicas*.

Dersons Mutter bekam eine der Waschmaschinen. Zuvor hatte sie ihre gesamte freie Zeit damit zugebracht, die Kleidung ihrer sieben Kinder zu waschen. Vor ihrem Haus hing tagtäglich Wäsche auf der Leine. Glücklicherweise gab es Wasser und Strom und so dauerte es nicht lange, bis die Maschine ihr die Wascherei abnahm!

Es wurde immer wichtiger, dass die Familien unserer Jungen einen Ort fanden, an dem sie regelmäßig biblische Unterweisung, Betreuung und Unterstützung fanden. Es waren einfach zu viele Familien, als dass wir sie wöchentlich hätten besuchen können. Eines Tages schlug Ademir uns vor: »Die ›Lagoinha Church‹ hat hunderteinundzwanzig ›grupos de crescimento‹ [›Wachstumsgruppen‹] überall in der Stadt. Sie kommen einmal pro Woche zusammen, um in der Bibel zu lesen, zu beten und sich in allen möglichen Dingen gegenseitig zu helfen. Ich selbst leite eine dieser Gruppen und treffe mich regelmäßig mit den anderen Leitern, um über verschiedene Dinge zu reden und zu beten. Solche Gruppen finden sich in der Nähe fast aller Familien. Ich könnte mit den Leitern reden und sie mitnehmen, damit sie die Familien kennen lernen, und dann könnten sie für uns einmal in der Woche die seelsorgerliche Betreuung übernehmen.«

Das war genau die Idee, die mir bereits etwa ein Jahr zuvor während eines Gebets gekommen war.

Joao Leite, der in den achtziger Jahren Torhüter der brasilianischen Nationalmannschaft gewesen war und Mitbegründer und Leiter von »Sportler für Christus« in seinem Land war, wurde 1995 zum *Deputado Estadual* (»Abgeordneter des Bundesstaates«) von Minas Gerais gewählt. Er gehörte nicht nur der *Central Baptist Church* an, in deren Gebäuden wir die *Casa Aberta* betrieben, ihm lag auch persönlich daran, den Straßenkindern zu helfen, und er tat dies aus ganzem Herzen. Einer seiner Freunde, José Carlos, war »zufälligerweise« Generaldirektor von *Bon Marché*, der drittgrößten Supermarktkette in Brasilien. Auch José Carlos hatte ein Herz für die Straßenkinder und wollte ihnen die Chance geben, einen Beruf zu erlernen. Er wollte dafür keine öffentliche Anerkennung, er machte sich schlicht Sorgen um die soziale Situation im Land und wollte helfen. Er verschaffte zehn unserer Jugendlichen im Alter von vierzehn Jahren oder darüber eine Anstellung.

Acht unserer Jugendlichen auf der Farm befanden sich wieder im seelischen und körperlichen Gleichgewicht und waren so weit, dass sie arbeiten konnten. Marcos, Faisal und Edson wurden in der Fleischabteilung des Supermarktes beschäftigt, Messias und Welbert in der Bäckerei, Januario und Mauro in der Gemüseabteilung und Oades in der Abteilung »Marketing und Dekoration«. Die Bezahlung war für sechs Stunden Arbeit am Tag gut; außerdem bekamen sie Frühstück, Mittag- und Abendessen. Darüber hinaus erhielten sie Fahrgeld und alle allgemein- oder zahnmedizinischen Behandlungen waren umsonst. Nach einem Jahr im Supermarkt konnten die Jungen mit einem Stipendium eine Privatschule besuchen und nach fünf Jahren an der Universität studieren, falls sie das wollten.

Ich werde nie vergessen, wie ich sie das erste Mal in ihrer Arbeitskleidung im Supermarkt bei der Arbeit sah: Marcos plauderte freundlich lächelnd mit seinen Kunden, während er die Wurst abwog, Januario versorgte die Gemüseabteilung mit Nachschub an frischem Salat und grüner Paprika, Messias und Welbert standen hinter einer auffälligen Auslage mit frischen Brötchen, Croissants, Baguettes und Kuchen; vieles davon hatten sie selbst gebacken. Ich spürte, wie mir Tränen in den Augen brannten – vor wenigen Monaten noch hatten sie vergessen und verloren auf der Straße gelebt, dachte ich bei mir, und nun kümmerte man sich hier um sie und sie waren voller Hoffnung angesichts der Zukunft, die auf sie wartete.

Sie lernten nach der Arbeit in Schulen in der Nähe des Supermarktes. Alle Jungen hatten fünf oder sechs Schuljahre verpasst, doch sie lernten jetzt den Inhalt von zwei Jahren in einem Jahr. Montags und mittwochs zwischen Arbeit, Abendessen und Lernen nahm Ademir sich Zeit, um mit ihnen in der Bibel zu lesen, Probleme zu besprechen, die in ihren Beziehungen untereinander oder zu den Arbeitskollegen auftraten, oder über andere für die Jungen wichtige Fragen zu reden – zum Beispiel über Verabredungen mit Mädchen! Am Dienstag bekamen sie bei einem von uns angestellten Lehrer zusätzlichen Unterricht und am Donnerstag nahm sich ein Psychologe für sie Zeit, um ihnen bei der Reintegration in die Gesellschaft und bei den noch verbliebenen Beziehungsproblemen mit ihren Eltern zu helfen.

Die meisten der Jungen konnten aus verschiedenen Gründen nicht zu ihren Familien zurückkehren. Gleichzeitig waren sie jedoch jetzt in einem Alter, in dem sie eine größere Privatsphäre und mehr persönliche Freiheit brauchten, so dass sie lernen konnten, die Initiative zu ergreifen, Entscheidungen zu fällen und, kurz gesagt, selbstständiger zu werden. Wir beteten häufig für sie und suchten in der Umgebung des Supermarktes nach einer Wohnung, in der sechs Jungen und zwei Mitarbeiter leben konnten; es sollte eine *Casa Republica* sein.

Nachdem sie einen Monat für *Bon Marché* gearbeitet hatten, unterhielten Joao und ich uns mit ihnen und José Roberto und Carlos, die ebenfalls arbeiteten.

»Nun«, meinte Joao lächelnd, »erzählt uns, einer nach dem andern, wofür ihr euer Gehalt diesen Monat ausgegeben habt.« Sie schielten einander von der Seite an. »José Roberto, du fängst an.«

Einer nach dem anderen bekannte, dass er sein Geld für Turnschuhe, Jeans oder T-Shirts ausgegeben hatte; einige hatten kleine Videospiele, Coca-Cola, Süßigkeiten oder Eis gekauft. Nur Januario und Messias hatten auch an andere gedacht und für Jardel und Rone, die auf der Farm lebten, Turnschuhe gekauft. Keiner hatte Nahrungsmittel für seine Familie gekauft.

»Ihr alle lebt in einer lebendigen Beziehung zu Jesus und ich möchte euch ermutigen, dass ihr jeden Monat anderen helft«, sagte Joao. »So hat auch dieses Werk angefangen. So läuft es im Reich Gottes – geben, geben und nochmals geben. Wenn ihr eure Saat ausstreut, gibt Gott euch noch viel mehr. Ihr braucht euch nur die Natur um euch herum anzuschauen, um zu erkennen, dass Gott gerne Dinge vermehrt. Es ist an der Zeit, dass ihr zehn Prozent von eurem Einkommen beiseite legt, um es der Gemeinde zu geben, die ihr besucht. Und es ist wichtig, dass ihr ein Sparkonto eröffnet und für die Zukunft etwas anspart. Vielleicht verwendet ihr das Geld für eine Ausbildung oder für ein Geschenk an jemanden, dem ihr helfen wollt, oder für ein Fahrrad. Es ist Zeit, dass ihr euch selbst Grenzen setzt, an andere denkt und spart.«

Am 27. Juli 1995 wurde unser zweiter Sohn, Daniel John, geboren. Lucas gewöhnte sich sofort an ihn und nannte ihn *nenem*, was auf Portugiesisch »Baby« heißt. Als ich vom Krankenhaus wieder auf die Farm kam, hing an der Vorderseite unseres Hauses eine Schnur mit knallbunten Bildern, die alle von den Jungen gemalt worden waren, um Daniel in der Großfamilie willkommen zu heißen. Ein Junge nach dem anderen kam, um das Baby im Kinderwagen anzuschauen. Wie Lucas bereitete auch dieses Kind allen sehr viel Freude.

Ich war immer wieder beeindruckt, wie Gott uns alarmierte zu beten, wenn etwas unter den Mitarbeitern oder mit den Jungen nicht stimmte oder wenn er etwas für das Werk freisetzen wollte, sei es nun Geld, ein neues Haus oder ein neues Projekt. Als Leiter waren wir die Ersten, die davon erfuhren. Ich möchte aber auch hinzufügen, dass wir diese Erfahrung eher selten machten. Eines Donnerstagmorgens Mitte August wachte ich auf und fühlte mich äußerst bedrückt und spürte gleichzeitig, dass der Friede, den ich zuvor genossen hatte, von mir gewichen war. Stattdessen empfand ich nichts als Ruhelosigkeit. Joao hatte einen Alptraum von einem Mann, der von einem Dämonen besessen war. Dieser versuchte, ihn und Lucas zu täuschen und ihnen zu schaden. Obwohl dies sonst nicht seine Art war, war Joao mehrmals ohne Grund schreiend aufgewacht. In meinem Haushalt gab es keinen Frieden. Wir kamen zusammen, um Gott im Gebet zu fragen, was los sei. Umgehend kamen mir drei Gedanken: Geld, Gemeinde und *Casa Republica*. Wir hatten einige Tage zuvor ein verwirrendes Fax von Carolin Taylor aus England bekommen: »Ich erhielt einen Anruf von jemandem, der Näheres über eure Bankverbindung in Amerika wissen wollte. Betet, denn wenn ich richtig gehört habe, könnte es sein, dass ihr eine größere Spende für die Farm erhaltet.« Außerdem hatten wir am vorangegangenen Abend gerade eine Gemeinde ins Leben gerufen, mit der wir die 3 000 Einwohner von Ravena, unsere Nachbarn also, erreichen wollten.

»Joao«, sagte ich, »ich glaube, Gott möchte, dass wir für drei Dinge beten: für die Gemeinde, die wir gegründet haben und die schließlich in Ravena selbst ihren Platz haben wird; dass wir das Geld für die Farm zusammenbekommen, und es scheint, dass die Zeit gekommen ist, in der Stadt eine *Casa Republica* für die Jugendlichen zu eröffnen.«

Wir beriefen umgehend ein Treffen aller Mitarbeiter auf der Farm ein. Dazu gehörten auch zwei Teams, die von *Tear Fund* beziehungsweise von der Heimatgemeinde und Universität von Mark Hester kamen und bei uns zu Besuch waren

(Mark Hester war einer unserer ersten Kurzzeitmitarbeiter aus Übersee gewesen). Alles in allem war es eine ziemlich große Runde und während wir anfingen, zu singen und den Herrn zu loben, erfüllte uns der Heilige Geist und wieder spürte ich eine große Wärme in meinem ganzen Körper. Statt jedoch für diese drei Dinge zu beten, wurden wir interessanterweise so geführt, dass wir füreinander beteten. Natürlich war es die Einheit, um die es Gott zunächst ging. Nach drei Stunden beteten dann drei von uns ganz schlicht, im Glauben und im Namen Jesu, dass diese drei Dinge geschehen mögen.

Zwei Tage später rief Jim Wimberley, der Koordinator der Spendenarbeit für *Happy Child Mission* in den USA, an.

»Es ist ein Wunder!«, rief er am anderen Ende der Leitung. »Jemand aus Singapur hat heute 50 000 US-Dollar auf das Konto von ›Happy Child‹ eingezahlt. Das Geld soll speziell für den Kauf der Farm verwendet werden!«

Wir waren außer uns vor Freude und hüpften herum wie kleine Kinder.

»Haben die Spender einen Namen angegeben? Wir kennen niemanden in Singapur«, fragte Joao mit einem breiten Lachen im Gesicht.

»Nein! Es ist ein Wunder«, fuhr Jim lachend fort.

Wir hatten das Mögliche getan und den Familien durch die Aktion »Barmherziger Samariter« geholfen und Gott hatte das Unmögliche getan und 50 000 US-Dollar für die Farm beschafft.

Einige Wochen später fragten wir Pastor Renatto, einen persönlichen Freund und Pfarrer der *Igreja Batista de Ouro Preto*, einer Gemeinde in Belo Horizonte, ob er die Gemeinde, die wir gegründet hatten, leiten und zu einem Teil seiner eigenen bereits bestehenden Gemeinde machen würde. Er erklärte sich dazu bereit.

Wenn die Gemeinde erst einmal zahlenmäßig gewachsen ist und eigene Räume besitzt, haben wir vor, eine Kinderkrippe zu eröffnen. In Ravena leben viele alleinerziehende Mütter, die nicht arbeiten können, weil sie keinen Ort haben, an dem sie ihre Kinder lassen können.

Etwa um die gleiche Zeit sah Joao, während er durch das Viertel um den *Bon Marché* fuhr, an einem zweistöckigen Haus nur drei Blocks vom Supermarkt entfernt ein Schild: »Zu vermieten«. Das erste, was die Besitzerin, eine ältere Dame, zu Joao sagte, als sie ihm die Wohnung im ersten Stock zeigte, war: »Ich habe vor, diese Wohnung an ein Ehepaar mit kleinen Kindern zu vermieten. Jugendliche kommen überhaupt nicht in Frage.«

Joao lachte und meinte: »Na, in dem Fall werde ich die Wohnung für unsere ›Casa Republica‹ mit sechs Jugendlichen und zwei Mitarbeitern mieten!«

Sie schaute ihn entgeistert an und brach dann in Gelächter aus, weil sie annahm, er nehme sie auf den Arm.

Die Wohnung war hell und geräumig, hatte zwei Schlafzimmer, ein Bad, ein Wohnzimmer, eine große Essecke, eine Küche und einen kleinen Bereich für die Waschmaschine. Alles war frisch gestrichen, innen wie außen, und die Fenster waren mit braunen Holzläden versehen. An der Vorderfront der Wohnung befand sich ein Balkon mit ornamentgeschmückter Holzbalustrade.

Es stellte sich heraus, dass die Dame die presbyterianische Gemeinde besuchte, und Joao begann, ihr von unserer Arbeit zu erzählen. Nach diesem Gespräch hatte sie ihre Meinung völlig geändert.

»Hören Sie, ich ziehe Sie den beiden anderen Parteien, die die Wohnung bereits angeschaut haben, vor. Außerdem werde ich die Miete von 600 US-Dollar auf 520 US-Dollar herabsetzen. Sprechen Sie mit meinem Anwalt und sagen Sie ihm, ich hätte meine Meinung geändert, was die Jugendlichen angeht.«

Der Anwalt glaubte Joaos Geschichte nicht und rief die alte Dame an, um sich die Sache bestätigen zu lassen. Eine Woche später hatten wir den Mietvertrag für die Wohnung.

Am 27. August taufte Pastor Marcio neun der Jungen in unserem Swimmingpool auf der Farm. Es war ein Grund zum Feiern und wir hatten mehr als hundertsiebzig Freunde und Mitstreiter eingeladen, damit sie dieses Ereignis miterleben und bei einem Mittagessen mit Büfett und Barbecue mitfeiern konnten. Die Jungen hatten als Vorbereitung auf die Taufe an einem Jüngerschaftsseminar teilgenommen. Und es war ein wundervoller Tag, als Oades, Carlos, Welbert, Januario, Edson, Marcos, José Roberto, Messias und Eduardo ins Wasser stiegen. Ihre Gesichter verrieten die Gefühle, die sie mit diesem so wichtigen Augenblick in ihrem Leben verbanden.

Eduardo, der nun vierzehn Jahre alt war, war erst vor kurzem auf die Farm zurückgekehrt. Nachdem er von der Pflegefamilie weggelaufen war, war er schnell wieder auf der Straße gelandet und wieder Anführer einer Bande geworden. Er stahl wieder, kämpfte und nahm Drogen. Gelegentlich rief er Joao und mich von einer Telefonzelle aus an, um zu plaudern. Wir sagten ihm, er müsse eine Entscheidung treffen, das könnten wir ihm nicht abnehmen. Doch wir beteten während dieser ganzen Zeit für ihn und in einer dieser Gebetszeiten sah ich in einer Vision, wie Jesus über Eduardos Leben weinte. Nach zwei Monaten, in einem besonders kalten Winter, kam Eduardo zur *Casa Emmaus*. An dem Tag, als er ins Nachtasyl kam, hatten sie dort Probleme mit der Wasserversorgung, so dass alle Jungen übers Wochenende auf die Farm gebracht werden mussten. Eduardo ging nicht wieder von dort weg.

»Meine erste Woche auf der Farm war ein Kampf«, berichtete mir Eduardo später. »Ich fühlte mich ständig müde und schwer und hatte nur schlimme Gedanken, wollte mich mit jemandem schlagen und wieder auf und davon laufen. Dann betete Joao vor unserer Taufe für einige von uns und als ich an der Reihe war, musste ich immerzu weinen. Es tat gut, die Dinge gestehen zu dürfen, die ich falsch gemacht hatte, und Vergebung zu empfangen. Danach fühlte ich mich so leicht.«

Nach der Taufe erzählte mir Eduardo: »Als ich aus dem Wasser kam, war es, als würde der alte Eduardo im Wasser bleiben und ein neues Ich aus dem Wasser steigen. Noch wochenlang fühlte ich mich so leicht und frei. Wenn ich ging, war es, als schwebten meine Füße über dem Boden. Ich werde ein Missionar werden.«

Zwei Wochen später schwänzte Carlos ohne Vorwarnung oder Erklärung die Schule, ließ seinen Job in der Holzfabrik unseres Bekannten sausen und verließ die Farm. Er lebte dann mit seinem Bruder in einem alten Hühnerstall neben dem Haus seiner Tante in einer Favela und verkaufte als Hausierer Pfannen. In unserer Trauer darüber erinnerten wir uns an die Worte Suzannes, der Leiterin von *JEAME* (einer Organisation, die seit über dreizehn Jahren unter den Straßenkindern in São Paulo tätig ist), die sie bei einem Seminar ein Jahr zuvor gesagt hatte: »Wenn diese Kinder rebellieren und sich für ihren alten Lebenswandel entscheiden, kann man nichts dagegen machen. Vielleicht kommen sie zurück, wenn sie ganz am Ende sind; doch dann werden sie mehr Demut besitzen als zuvor, dann werden sie um ihres Lebens willen und mit all ihrer Kraft Gott suchen.« Also beteten wir weiterhin für Carlos, ermutigt auch durch sein eigenes Zeugnis (vgl. Kapitel 12): »... wir lernen Jesus kennen und dann verlassen wir ihn nie wieder.«

Sechs Wochen später kehrte Carlos abgemagert und mit gesenktem Kopf auf die Farm zurück.

»Es tut mir Leid, dass ich weggegangen bin. Es war ein großer Fehler«, sagte er, ohne uns in die Augen zu schauen. »Bitte, gebt mir noch eine Chance.«

Im August 1995 trafen wir uns zum ersten Mal, um über das Afrika-Projekt zu reden, das Gott uns Jahre zuvor bereits gezeigt hatte: Wir wollen eine Niederlassung von *Criança Feliz* in Mosambik gründen. Mark Hester, der unseren Traum teilt und schon seit geraumer Zeit für das Land betet, war gerade bei uns. Es war sein dritter Arbeitsaufenthalt bei uns und wir luden ihn ein, die Gruppe zu leiten. Acht von uns nahmen an dem Treffen teil, darunter auch Welbert, und es war spannend zu erleben, wie Gott jeden von uns bereits berufen hat, mitzuhelfen, die Waisen dieses von Armut geplagten Landes zu retten. Mosambik, wo man ebenfalls Portugiesisch spricht, ist wirtschaftlich gesehen eines der ärmsten Länder der Erde und Millionen von Kindern leben in Not. Nach einem jahrelangen, brutalen Bürgerkrieg, in dem mehr als eine Million Menschen starben und beinahe sechs Millionen zu Flüchtlingen wurden, gibt es nur wenige Arbeitsplätze. Heute wird die schwere Arbeit von Frauen geleistet – oft sind sie schwanger oder tragen noch ein Baby in einem Tuch auf ihrem Rücken, während sie die Felder bearbeiten. Wir haben eine Farm im Auge, deren Schwerpunkt auf der Selbstversorgung liegt, die dieselbe Struktur und dieselben Grundsätze hat wie die in Belo Horizonte, jedoch in wesentlich größeren Ausmaßen.

Im September 1995 rief Pastor Marcio Joao an, um mit ihm einen Termin in seinem Büro zu vereinbaren. Dort schlug er uns dann vor, im Austausch zu der Farm in Ravena, die er auf 220 000 US-Dollar schätzte, eine andere Farm für die Gemeinde zu kaufen.

In den folgenden drei Monaten sah sich Joao Dutzende von Farmen an, konnte jedoch nichts Passendes für die Gemeinde finden. Schließlich entdeckte er kurz vor Weihnachten eine hübsche Farm in ruhiger Lage, die etwa eine Autostunde von Belo Horizonte entfernt war. Sie war kleiner als unsere Farm in Ravena, doch sie besaß ein elegantes großes Haupthaus, Seen und Schlafräume für bis zu fünfzig Personen. Unterhalb des Haupthauses lag eine entzückende Kapelle. Man sagte uns, wir könnten die Farm für 84 000 US-Dollar kaufen.

Im Februar 1996 erhielten wir von derselben Familie in Singapur noch eine weitere Spende in Höhe von 50 000 US-Dollar, die von folgender Notiz begleitet wurde: »Ich hoffe, dies wird es ›Criança Feliz‹ möglich machen, die Farm zu erwerben.« Wieder gab es Gelegenheit, Gott für seine unglaubliche Treue zu danken.

Mit dieser zweiten Spende waren wir in der Lage, die kleinere Farm für die Gemeinde zu kaufen und so die Farm in Ravena für unsere Arbeit mit den Straßenkindern zu sichern. Wir erklärten uns bereit, weitere 136 000 US-Dollar in zehn Raten zu zahlen. Dieses Geld wird die Gemeinde benutzen, um sieben Klassenzimmer zur Erweiterung ihrer Volksschule zu bauen. Pastor Marcio sagte treffend: »Ich glaube, dass Gott bei dieser Transaktion beide Seiten segnen möchte – sowohl die Gemeinde als auch ›Criança Feliz‹.«

Kapitel 12

»Lasst die Kinder zu Wort kommen …«

In diesem Kapitel bekommen einige der Kinder und Jugendlichen, die das Programm von *Criança Feliz* durchlaufen haben, die Gelegenheit, selbst aus ihrem Leben zu berichten. Denn wenn ich auch in einem vorangegangenen Kapitel ihre Lebensgeschichte kurz skizziert habe, so können sie selbst doch viel besser darüber berichten.

Welbert Eustaquio de Oliveira; geboren am 25.3.79

In meiner Familie gab es keinen Zusammenhalt, nur Streit. Einmal, als ich ungefähr fünf Jahre alt war, bat mich meine Mutter, Brot einzukaufen. Sie war zu der Zeit schwanger. Sie sagte mir, ich solle Geld von meinem Vater holen, der in der Bar ganz in der Nähe war. Als ich in die Bar kam, sagten sie mir, er wäre im Nachbarhaus. Dort fand ich meinen Vater, der mit einer anderen Frau im Bett lag. Es war schrecklich – ich erinnere mich noch ganz genau daran. Ich rannte zu meiner Mutter, um es ihr zu erzählen, und sie nahm eine heiße Bratpfanne voller Eier und ging in das Haus dieser Frau und schlug beide damit. Ich schaute zu. Mein Vater fing an, meine Mutter zu schlagen, und sie rannte schreiend aus dem Haus. Von dem Tag an war ich sehr wütend auf meinen Vater.

Als ich zehn Jahre alt war, lernte ich das Leben auf der Straße kennen. Ich bettelte um Geld, fuhr auf den hinteren Stoßstangen der Busse mit und klaute den jüngeren Kindern

»Lasst die Kinder zu Wort kommen ...«

auf der Straße ihr Geld. Ich ging nie zur Schule. Ich versuchte es ein paarmal, aber ich blieb nie lange. Bald hatte ich mich mit anderen Straßenkindern angefreundet. Wenn ich nach Hause ging, gab es weder Liebe noch Zuneigung noch Frieden, und deshalb entschloss ich mich, auf der Straße zu bleiben. Da hatte ich wenigstens Freunde.

Aber ich war nicht glücklich, ich fühlte nur einen tiefen Hass auf das Leben. Ich begann, Drogen zu nehmen und regelmäßig mit einer Bande Einbrüche zu begehen. Jede Bande trägt den Namen ihres Anführers, egal, ob es ein Junge oder ein Mädchen ist. Wir haben niemals für den Anführer gestohlen. Er musste sogar am meisten stehlen, um den Respekt der anderen zu gewinnen. Der Anführer war auch immer am aggressivsten und schüchterte alle ein, damit sie sich ihm unterordneten.

Wir machten die Einbrüche immer zu zweit. Einer stand Schmiere und gab dem anderen ein Signal. Dann teilten die beiden das Geld oder die Beute unter sich auf. Wir mussten stehlen, um zu überleben. Die Mädchen lebten auf der Straße und in den Banden am gefährlichsten, weil sie vergewaltigt oder verprügelt wurden. Wenn sie mit einem anderen als ihrem Freund erwischt wurden, dann verbrannte oder folterte man sie. Acht- oder zehnjährige Mädchen hatten Sex mit Jungen, die so alt waren wie sie selbst oder sogar noch jünger. Vierzehn- bis achtzehnjährige Mädchen waren Prostituierte. Manchmal, wenn uns die Polizei verhaftete, nahmen sie uns die Beute ab, um sie für sich zu behalten, und ließen uns laufen.

Auf der Straße hatte ich manchmal den Eindruck, dass jemand mein Leben zerstören wollte und dass gleichzeitig jemand anderes versuchte, mich zu beschützen. Auf der Straße drohten mir verschiedene Gefahren. Oft war mein Leben bedroht und die Polizei war hinter mir her. Ein Bandenführer namens Cabecao [»großer Kopf«], der erst dreizehn war, erwischte mich einmal und verlangte, dass ich ihm Zigaretten und Drogen geben sollte. Aber ich hatte gerade weder das eine noch das andere bei mir. Da nahm er eine brennende Zigarette und fing an, mir damit die Brust und die Arme zu verbrennen.

Zu dieser Zeit ging ich bereits zur *Casa Aberta* und so hatte ich also schon von Gott gehört. Aber ich log die Mitarbeiter dort immer an und sagte, dass ich keine Drogen mehr nahm. Und sobald ich das Zentrum verlassen hatte, schnüffelte ich Klebstoff.

Dann wurde ich eines Tages von der Polizei verhaftet. Ich hatte in einem Laden eine Menge Schokolade gestohlen. Die Frau in dem Laden hatte noch zu mir gesagt: »Junge, klau nicht. Lass die Finger von der Schokolade.« Vermutlich war sie Christin. Aber ich hörte nicht auf sie und als ich aus dem Laden lief, rannte ich geradewegs ein paar Polizisten in die Arme und die ganze Schokolade, die ich mir unters Hemd gestopft hatte, fiel zu Boden. Sie packten mich und fingen an, mich mit ihren Stiefeln zu treten. Ich wehrte mich und konnte entkommen. Ich war ziemlich schlau und schnell auf der Straße, deshalb verloren sie mich aus den Augen.

Ich lebte drei Jahre auf der Straße und wenn ich zurückschaue, kann ich erkennen, dass ich mehrmal vor dem Tod bewahrt wurde. Ich glaube, das lag daran, weil Menschen für mich beteten. Das einzige, was mein Leben sehr negativ beeinflusst hat, waren die Drogen.

In der *Casa Aberta* lernte ich Gehorsam, Manieren, wie man anderen hilft, wie man sich selbst nicht so wichtig nimmt. Denn ich war stolz und sehr eifersüchtig. Immer musste ich an erster Stelle stehen.

Als ich vor mehr als einem Jahr auf die Farm kam, war es, als müsste ich mein Leben noch einmal von vorn beginnen. Man übertrug mir Aufgaben in der Landwirtschaft und die Herausforderung für mich bestand darin, das zu Ende zu bringen, was ich angefangen hatte. Das war schwierig, weil ich es zunächst nicht mochte, dass mir andere sagten, was ich zu tun hatte.

Ich lud Jesus viermal in mein Leben ein. Das erste Mal war nur, damit es die anderen sahen. Beim zweiten Mal wusste ich immer noch nicht richtig, was ich tat. Beim dritten Mal wusste ich schon viel besser, wer Jesus ist, und ich gehörte zur Gemeinde und ging nach vorn und bat noch einmal darum. Danach hatte ich den Wunsch, häufiger in der Bibel zu lesen. Das vierte und letzte Mal war auf der Farm und ich konnte danach nicht aufhören zu weinen.

Ich fing an zu begreifen, dass Jesus wirklich existiert und dass er mich lieb hat. Zum Beispiel wäre es ohne die Liebe von Jesus Christus nicht denkbar, dass all die Straßenjungen auf der Farm bleiben würden. Und noch ein Beispiel: Sarah, Joao und die anderen Mitarbeiter, die würden doch niemals ihre Familien, ihr Zuhause und ihre Jobs aufgeben, wenn Jesus nicht echt wäre.

Dann schickte mir Gott Ricardo (den Koordinator der Farm) über den Weg. Er war für mich wie ein Pastor, er brachte mich immer wieder auf den rechten Weg zurück, wenn ich Schwierigkeiten hatte. Ich besaß immer noch so viel Wut und verprügelte oft die anderen Jungen. Doch ganz langsam fing Gott an, mir diese Wut zu nehmen, die wie ein Stück Eis war. Die Mitarbeiter waren jedoch wie ein Feuer um mich herum und langsam schmolz ich. Je mehr ich Gott suchte, umso mehr veränderte sich mein Leben. Heute bin ich nicht mehr wütend, ich habe nur einen tiefen Frieden und weiß ganz gewiss, dass ich geliebt werde.

Einmal hatten José Roberto und ich im letzten Jahr im Gottesdienst ein ganz starkes Verlangen, in Sprachen zu beten. Nur war ich sehr egoistisch und wollte das für mich allein haben, wollte wieder einmal der Erste sein. Diese Haltung stand mir zuerst im Weg, weil der Heilige Geist nicht nur für einen Einzelnen da ist, sondern für alle. Dann kam der Pastor und betete für mich und José und plötzlich fühlte ich mich, als würde ich immer und immer mehr mit Freude gefüllt, und ich fing an, ununterbrochen zu lachen. José fing an, in Sprachen zu beten. Ich konnte meine Augen erst gar nicht öffnen, weil ich einfach nur Gott loben wollte.

In der Weihnachtszeit kam ein Team aus Sarahs Gemeinde, der *Holy Trinity Brompton Church* in London, für einen Monat zu uns. Als sie für mich beteten, spürte ich wieder, wie eine unglaubliche Freude meinen Körper durchflutete. Dann glaubte ich zu sehen, wie sich mir ein Arm entgegenstreckte. Ich rief laut: »Ich will gehen. Ich will gehen.« Und dann meinte ich, eine Stimme zu hören: »Nein, jetzt ist noch nicht der richtige Augenblick dazu, aber ich werde dich in der Zukunft benutzen, um mein Werk zu tun.« Das war Jesus gewesen.

Heute arbeite ich in dem großen Supermarkt *Bon Marché* und kann meiner Mutter helfen, Nahrungsmittel zu kaufen und einige Rechnungen zu bezahlen. Abends gehe ich in der Stadt zur Schule. Ich möchte das tun, was Gott für mich geplant hat, das ist alles. Ich weiß, er wird mir noch oft Gelegenheit dazu geben. Das hier ist erst der Anfang.

Welbert wurde am 27. August 1995 getauft. Er arbeitet jetzt für den Bon Marché-*Supermarkt im Stadtzentrum und lebt bei seiner Mutter und seinen Brüdern.*

Carlos Rock da Silva; geboren am 17.12.79

Mein Name ist Carlos Rock. Ich bin fünfzehn Jahre alt und seit fast einem Jahr auf der Farm. Geboren wurde ich in Taquaracu in Minas Gerais. Ich möchte Ihnen ein wenig aus meinem Leben erzählen, darüber, wie ich war, bevor ich Christ wurde.

Mein Leben war sehr traurig. Ich lebte auf der Straße, stahl und schnüffelte Klebstoff. Ich war sehr schlecht zu den Menschen um mich herum. Ich lebte ein Jahr mehr oder weniger auf der Straße und blieb gewöhnlich allein, ohne mich einer Bande anzuschließen. Das war sehr einsam. Manchmal bot mir Satan Dinge, die ich für gut hielt. Später merkte ich dann, dass es nur eine Täuschung war. Nicht so gut wie ein Leben mit Jesus. Aber manchmal war ich traurig, weil ich so weit weg von meiner Mutter war, und dann wieder taten mir die Leute Leid, denen ich geschadet hatte.

Ich fing an, in der Nähe des Busbahnhofs, an der *Plaza Estacao*, Autos zu waschen, um meiner Mutter zu helfen. Dort gab es eine sehr gefährliche Bande, die sich *Marcia* nannte, und sie beobachteten mich, um zu sehen, wann ich Geld in der Tasche hatte. Eines Nachts umzingelten sie mich. Als ich mich umdrehte, schlug mir ein dicker, kräftiger Junge eine von diesen fluoreszierenden Glühbirnen ins Auge. Ein Schulbus fuhr gerade vorbei und der Fahrer stieg aus, um mir zu helfen. Er alarmierte die Polizei, die ganz in der Nähe war, und die brachte mich dann ins Krankenhaus. Sie fingen den Jungen und er wanderte ins Gefängnis. Ich blieb zehn Tage im Krankenhaus. Mein Auge tat so weh; es fühlte sich an, als würde es herausfallen. Sie operierten, aber sie konnten das Auge nicht retten, und jetzt bin ich auf dem rechten Auge blind.

Kurze Zeit danach, im letzten Jahr, traf ich einen Kerl auf der Straße, den ich schon seit langem gekannt hatte. Er hieß Kleber [einer der Jugendlichen, der bei der Mission war]. Wir waren in der Nähe des Busbahnhofs von Belo Horizonte und er nahm mich in eine Kirche [die *Casa Aberta*] mit, wo sie Straßenkindern halfen, ihnen zu essen gaben und aus der Bibel erzählten. Dort machte ich mir zum ersten Mal ernsthaft Gedanken über Gott, aber ich war noch nicht bereit, mein Leben zu ändern; ich rauchte und tat noch schlimme Dinge. Dann begann ich zu beten und nach einer Weile kam ich auf die Farm in Ravena. Ein wunderbares Haus, ein Haus Gottes. Und hier beten wir, lernen Jesus kennen und verlassen ihn nie wieder.

Als sie für mich beteten und mich der Heilige Geist erfüllte, hatte ich zum ersten Mal in meinem Leben eine Vision. Gott zeigte mir, dass Engel an meinem Herzen arbeiteten. Das war, als sähe ich eine geistliche Operation. Danach fing ich wirklich an zu beten.

Juarez Santos Barbosa; geboren am 2.11.84

Mein Name ist Juarez, Leute. Ich bin zehn Jahre alt und möchte euch davon erzählen, was ich in meinem Leben erlitten habe. Ich lebte mit meinem Bruder Washington auf der Straße. Ich bin von zu Hause fortgelaufen, weil meine Mutter ziemlich viel trank und mich verprügelt hat. Einmal haute sie meinem Vater eine Stereoanlage über den Kopf; er hat sie verlassen. Sie starb vor ein paar Jahren am Alkohol.

Auf der Straße kämpfte ich mit den anderen Kindern und schnüffelte Klebstoff, aber ich wusste, dass das nicht gut für mich war, also hörte ich auf damit und bis heute habe ich keine Drogen mehr geschnüffelt. Wir schliefen auf einem Baum, zwischen dessen Äste wir Holzbretter gelegt hatten. Keiner wusste davon. Das Schlimmste waren die Nächte, es war so kalt und ich konnte nicht richtig schlafen.

Eines Tages traf ich eine Frau, die Gemima hieß [die Köchin der *Casa Aberta*], und sie gab uns eine Decke. Dann nahm sie uns zur *Casa Aberta* mit. Nach ein paar Wochen kamen wir auf die Farm. Hier bin ich sehr glücklich und voller Frieden. Ich habe ein neues Leben gefunden, ein gutes Leben, und ich weiß, dass Gott etwas Wunderbares in meinem Leben tut.

Anderson Pereira dos Santos; geboren am 22.7.82

Mein Name ist Anderson und ich bin zwölf Jahre alt. Ich wurde in Salto da Divisa, in Bahia, geboren. Als ich klein war, zog meine Mutter nach Belo Horizonte. Meinen Vater kenne ich nicht. Sie heiratete und bekam noch vier weitere Kinder. Mein Stiefvater und seine Familie mochten mich nicht, weil ich nicht sein Sohn war. Ich ging immer auf die Straße und wusch Autos, um etwas Geld zu verdienen, und um fünf Uhr nachmittags kam ich nach Hause und dann verprügelte er mich. Seine Familie versuchte ein paarmal, mich wegzuschicken. Aber auch ich habe eine ganze Menge falsch gemacht. Manchmal habe ich meiner Mutter Geld gestohlen.

Einmal versuchte mein Stiefvater, meine Mutter mit einem Messer zu töten. Er hatte eine andere Frau und meine Mutter warf ihn hinaus. Dann kam er eines Tages zurück und ging mit dem Messer auf sie los.

Ich rannte weg und lebte fast ein Jahr mit Julio und anderen auf der Straße. Wir bettelten um Essen und irgendjemand gab uns eine Decke. Tagsüber versteckten wir uns in einer Höhle. Auf der Straße schnüffelte ich Klebstoff und beging ein paar Einbrüche. Ich klaute am frühen Morgen Milch und Brot, die vor den Geschäftseingängen standen. Aber ich hatte deswegen ein schlechtes Gewissen. Ich lief barfuß und trug ein besonders großes T-Shirt, das mich nachts besser warmhielt.

Manchmal fehlte mir meine Mutter sehr und am Anfang weinte ich einmal nachts.

Dann ging ich eines Tages in die *Casa Aberta*. Ich blieb einen Monat dort, bis ich auf die Farm kam.

Ich bin mir sicher, dass es eigentlich Jesus war, der mich von der Straße geholt hat, *er* hat mich aus all dem gerettet und mir ein gutes Leben gegeben. Hier auf der Farm ist jeder Einzelne von uns ein Beispiel dafür. Hier habe ich gelernt, andere zu lieben und den Mitarbeitern zu gehorchen, weil Gott mich liebt und möchte, dass ich das tue. Jesus hat mich gesund gemacht. Als ich hier ankam, war ich sehr wütend auf meinen Stiefvater, doch die Wut ist verschwunden und ich habe ihm vergeben. Nur manchmal lüge ich noch.

Als letztes Jahr für mich gebetet wurde, hatte ich eine Vision. Ich sah Wolken und Jesus, der auf mich wartete. Ich war wirklich überwältigt und fing an zu weinen. Er sagte mir in meinem Traum, dass er mir vergeben hat. Ich werde diesen Augenblick nie vergessen; er ist tief in meinem Herzen.

Ich möchte einmal Profifußballer werden.

Julio Cesar Martins Basilio; geboren am 3.3.84

Ich bin elf Jahre alt. Meine Brüder haben mich oft verprügelt. Sie haben gewartet, bis meine Mutter zur Arbeit ging, und dann haben sie mich verprügelt, oft auch mit Stöcken. Mein Zuhause war ziemlich dreckig. Wir gingen oft zu einer Stelle in der Nähe, wo es viel Wasser gab, um unsere Kleider zu waschen und zu duschen.

Ich rannte jeden Tag von zu Hause fort. Aber auf der Straße war es noch schlimmer. Nachts war es kalt und manchmal fing es an zu regnen. Dann konnte ich bis zum frühen

Morgen nicht einschlafen. Ich war auch verdreckt und habe ziemlich gestunken. Zweimal wurde ich fast vergewaltigt. Beim ersten Mal spielte ich ein Videospiel und brauchte mehr Spielmünzen. Der Mann in dem Laden sagte mir, ich solle ihm in das obere Stockwerk folgen. Also ging ich hinter ihm her und als wir oben waren, drehte er sich um, packte mich und versuchte, mich zu vergewaltigen. Aber ich konnte entkommen. Das andere Mal regnete es und war sehr kalt und ein Mann hielt mich auf der Straße an und sagte, ich könnte bei ihm im Haus übernachten. Als wir dort ankamen, wollte er über mich herfallen, aber er konnte es nicht. Ich fühlte mich schrecklich und war ganz traurig.

Eines Tages erwischte mich die Polizei. Sie schlugen mich und brachten mich zur *Cidade do Menor* [einem staatlichen Heim für Straßenkinder]. Ich war lange dort. Dann lief ich davon und lebte wieder auf der Straße. Wir klauten Kleidung und Schuhe von den Balkonen und Fenstern. Einmal versuchte ich, ein Fahrrad zu stehlen, aber es gelang mir nicht. Wir waren immer auf der Flucht vor der Polizei.

Eines Tages brachte mich jemand vom *Conselho Tutelar* zur *Casa Aberta*. Aber ich ging nicht jeden Tag hin. Schließlich schickten sie mich auf die Farm.

Am Anfang weinte ich viel, weil ich immer noch sehr traurig war. Dann bat ich eines Tages Jesus, in mein Leben zu kommen und mir zu helfen, und jetzt bin ich glücklich.

Wenn ich groß bin, möchte ich Bürgermeister von Belo Horizonte werden. Dann werde ich den Armen helfen, ihnen von Jesus erzählen und den Leuten helfen, Arbeit zu finden. Ich bete für meine Familie [er hat elf Geschwister], dass auch sie Jesus kennen lernen. Ich möchte meinen Brüdern helfen.

Seine Mutter starb überraschend im August 1995, einen Tag, nachdem sie Julio einen lang ersehnten Besuch auf der Farm abgestattet hatte. Er ging schließlich zu seinem Vater zurück, der Christ geworden war. Julio betete mehr als jeder andere für seine Familie!

Anderson Euzebio de Morais; geboren am 22.1.85

Mein Name ist Derson. Ich bin zehn Jahre alt. Zu Hause musste ich viel leiden; meine Mutter und meine älteren Brüder schlugen mich und ich rannte immer davon. Aber ich habe auch Dinge falsch gemacht. Einmal kämpfte ich mit meinem jüngeren Bruder und er verletzte sich, als er gegen die Wand prallte. Meine Mutter trank. Das mochte ich nicht. Ich fluchte die ganze Zeit, das war sehr schlimm. Ich kenne meinen Vater nicht; er ist gestorben. Zu Haus hatten wir nur einen Raum; das Haus ist sehr klein, aber wir hatten Wasser. Eines Tages lief ich allein von zu Hause fort. Ich traf drei Straßenjungen und hatte große Angst vor ihnen, deshalb fing ich an zu laufen. Ich versteckte mich allein und schlief ein. Aber es fing an zu regnen und mir wurde sehr kalt. Dann gab mir eine Dame eine Decke und ich schlief. Am nächsten Tag ging ich in den Park, aber einige Kinder stahlen mein Geld. Ich litt so sehr. Einmal fuhr mich ein Wagen von hinten an; mein Rücken tat ziemlich weh.

Auf der Straße hielt ich mich an Wender und zwei andere; wir schliefen in der Nähe eines großen Platzes in der Innenstadt. Nachts fiel es uns schwer zu schlafen, weil es so kalt war.

Dann nahmen mich ein paar Leute zur *Casa Aberta* mit, wo ich davon hörte, dass Jesus mich lieb hat. Nun bete ich für meine Mutter und meine Brüder.

Auf der Farm beteten zu Weihnachten ein paar Leute mit mir und ich habe gespürt, dass der Heiligen Geist in mich kam. Ich sah ein Bild des Himmels mit Jesus und seinen Jüngern. Sie waren alle weiß und sahen aus wie Engel. Der Himmel ist sehr schön.

Heute bin ich voller Freude, weil Jesus mein Leben verändert hat. Wenn ich älter bin, möchte ich Arzt werden und anderen Leuten helfen, die sterben oder leiden.

José Roberto Resende Silva (Ze); geboren am 14.7.81

Ich wurde in Rocas Novas in Minas Gerais geboren und bin vierzehn Jahre alt. Ich kann mich nicht an meinen Vater erinnern, weil er an einer Alkoholvergiftung starb, als ich noch ein Baby war. Anscheinend war er ein kräftiger Mann und ein ausgezeichneter Musiker. Er spielte Violine. Die Leute denken immer, ich wäre schon sechzehn, weil ich auch ziemlich groß bin. Und ich habe das musikalische Talent meines Vaters geerbt. Ich spiele Blockflöte und möchte auch noch Violine spielen lernen. Meine Eltern bekamen vor mir noch eine Schwester und einen Bruder, aber mein Bruder starb an einer Herzerkrankung.

Nachdem mein Vater gestorben war, ließ meine Mutter meine ältere Schwester bei meiner Oma und brachte mich nach Belo Horizonte. Sie lernte einen anderen Mann kennen und bekam ein Baby. Dann brannte eines Tages unser kleines Haus mit allem, was drin war, nieder, und meine Mutter kümmerte sich nicht mehr um das Baby. Deshalb gab sie es ab. Als ich sechs Jahre alt war, steckte meine Mutter mich in die *Cidade do Menor*. Ich war sehr unglücklich, weil die älteren Jungen mich ständig verprügelten. Wenn sie etwas angestellt hatten, sagte ich es immer den Mitarbeitern, und natürlich mochten sie das nicht. Eines Nachts verprügelten sie mich ziemlich schlimm und da schnappte ich mir zwei Decken und lief davon. Ich versteckte mich zwei Tage und Nächte in den Feldern. Ich weinte viel und war sehr wütend.

Ich lebte sechs Jahre mal mehr, mal weniger in der *Cidade do Menor*. Ich verbrachte einige Zeit mit Welbert und Oades auf der Straße und war die übrige Zeit im Heim. Wenn ich auf der Straße lebte, stahl ich in den Supermärkten. Ich bestahl nicht gern Leute. Einmal hab ich es versucht, aber dann hab ich damit wieder aufgehört. Wir bettelten um Geld und Essen. Drogen bekam ich von anderen Straßenkindern.

Meine Mutter lebt in Taquaril, einer der schlimmsten Favelas von Belo Horizonte. Mir gefällt es dort nicht. Einmal habe ich sie über drei Jahre nicht gesehen.

Dann fing ich an, zur *Casa Aberta* zu gehen. Nach einem Monat schickten sie mich, Eduardo und Cristiano zusammen auf die Farm. Ich werde nie vergessen, wie ich vor Glück fast geweint habe, als wir am Haupttor der Farm ankamen.

Dort gefiel es mir sofort, auch die Arbeit und das Lernen. Das einzige, was ich nicht mochte, waren die Strafen!

Dann veränderte ich mich. Ich entdeckte, dass Jesus wunderbare Dinge in meinem Leben tun kann. Ich kann mich noch an den Tag hier auf der Farm erinnern, als ich Jesus in mein Leben eingeladen habe. Plötzlich fühlte ich mich viel leichter. Ich habe auch immer über den Tod gesprochen und das hörte danach sofort auf. Ich war auch nicht mehr wütend.

Bald hatte ich das starke Bedürfnis, dass der Heilige Geist mich erfüllt. Ich ging im vergangenen Jahr mit Welbert in den Gottesdienst und der Pastor betete für uns beide. Ich konnte plötzlich nicht mehr still sein und fing an, in Sprachen zu beten. Sofort fühlte ich mich leichter und voller Freude. Nun weiß ich, dass es den Jesus, von dem mir die Leute draußen auf der Straße erzählt haben, wirklich gibt.

In diesem Jahr begann ich zu arbeiten. Ich mache Gold- und Silberkronen in einem zahntechnischen Labor. Ich möchte einmal Zahnarzt werden.

In der Woche besuche ich eine Abendschule. Und ich habe beschlossen, dass ich mit neunzehn heiraten möchte!

Nachdem ich Jesus in mein Leben gebetet hatte, wurde meine Beziehung zu meiner Mutter deutlich besser. Vorher konnte ich sie nicht leiden und schämte mich für sie. Jetzt ist das anders. Wenn ich sie besuche, ist sie so stolz auf mich und will mich allen ihren Nachbarn vorstellen. Sie erzählt ihnen, ich wäre Pastor!

Eines Tages werde ich ihr ein neues Haus kaufen.

Ze wurde am 27. August 1995 getauft. Er lebt in der Casa Republica *im Stadtzentrum, einer Wohnung also, die sechs Jugendliche beherbergt, die in der Stadt arbeiten und zur Schule gehen.*

Wender Rodrigues dos Santos; geboren am 14.1.86

Ich bin neun Jahre alt. Ich wollte nicht mehr zu Hause bleiben, weil meine Mutter uns oft allein ließ und manchmal schlug sie mich auch. Meinen Vater habe ich nie gekannt und ich weiß nicht, wie er aussieht. Unser Haus hat nur einen Raum. Es ist winzig und es gibt kein Wasser und keine Toilette. Es gibt nur ein Bett, in dem meine Mutter mit meiner Schwester und den beiden Babys schlief. Ich schlief auf dem Boden. Und ich musste immer das Wasser holen.

Als ich acht Jahre alt war, nahm ich den Bus in die Stadt. Dort traf ich Derson und zwei andere Jungen; wir waren gewöhnlich zusammen. Ich habe dreimal gestohlen; Schokolade und kleine Packungen Popcorn. Nachts legten wir Plastikfolie auf den Boden, weil es so kalt war.

Eines Tages ging ich zur *Casa Aberta*. Dort gefiel es mir und so ging ich jeden Tag hin. Morgens duschten wir und bekamen ein Frühstück, dann brachte uns Roseanna [die Lehrerin] lesen und schreiben bei. Wir konnten in der Nähe der *Casa Aberta* Sport treiben.

Eines Tages sagte mir Selma [die Koordinatorin], dass zwei Plätze auf der Farm frei wären und dass sie mich und Derson hinschicken wollten. Ich war sehr glücklich. Auf der Farm habe ich mein eigenes Bett, eine Decke und regelmäßige Mahlzeiten. Hier lerne ich beten. Gott antwortet auf unsere Gebete, er schenkte uns einen Bus! Auf der Farm arbeite ich, ernte Mais und tue andere Dinge und ich gehe zur Schule.

Wenn ich älter bin, werde ich Pilot und fliege Flugzeuge.

Marcos José da Silva; geboren am 2.5.83

Mein Name ist Marcos Silva und ich bin elf Jahre alt. Zu Hause habe ich darunter gelitten, dass mein Vater trinkt, weil er mich dann immer geschlagen hat. Einmal hat er mir ein Messer in den Kopf gerammt, weil er dachte, ich hätte etwas gestohlen.

Schließlich nahm ich etwas von seinem Geld und lief davon und lebte auf der Straße. Ich kaufte etwas zu essen, aber bald ging mir das Geld aus und ich wurde sehr hungrig. Ich schlief immer auf der Straße, in der Nähe einer Frau, die dort Eis verkaufte. Sie gab mir immer Eis, ohne dass ich dafür bezahlen musste. Dann nahm sie mich eines Tages in ein Haus mit, in dem ich duschen konnte und saubere Kleidung bekam.

Von dort aus brachten mich dann Leute zu einer Tagesstätte, in der ich mit den anderen Kindern spielte.

Dann kam ich auf die Farm. Und hier habe ich Jesus in mein Leben aufgenommen. Davor war ich sehr wütend, aber Gott hat mir gesagt, dass ich meinem Vater vergeben kann.

Heute bete ich, dass ich einmal bei meiner Großmutter und meiner Tante leben kann.

Marcos lebt jetzt glücklich bei seiner Großmutter im Innern der Provinz Minas Gerais.

Januario de Almeida; geboren am 6.6.79

Mein Name ist Januario. Ich bin fünfzehn Jahre alt und schon seit über einem Jahr auf der Farm. Ich möchte Ihnen von meinem Leben erzählen – davon, wie ich früher war. Als ich noch zu Hause in Sabara lebte, litt ich sehr. Ich tat auch schlimme Sachen. Ich blieb oft auf der Straße, bettelte und stand auf der hinteren Stoßstange fahrender Busse. Ich ging immer in ein *Macumba*-Zentrum, das in der Nähe unseres Hauses war, und trank Wein, den die Leute Dämonen geopfert hatten. Außerdem ging ich zu dem Wasserfall, an dem sie die Dämonen anriefen und uns Dinge zu trinken gaben. Aber ich wusste damals nicht, dass das gefährlich ist.

Dann sperrte meine Mutter meinen Bruder und mich fast ein Jahr zu Hause im Dunkeln ein. Es gab keine Fenster, kein Licht. Die Nachbarn schoben uns das Essen unter der Tür durch. In der Dunkelheit begann Satan, mir vom Stehlen und vom Töten zu erzählen. Eines Tages drehte ich durch und zerschlug die Wand, um nach draußen zu kommen.

Dann brachte Celso [von der örtlichen Verwaltung] mich und meinen Bruder Jardel auf die Farm. Hier fing ich an, die Schule in Ravena zu besuchen und lernte lesen und schreiben. Hier habe ich von Jesus erfahren und dass er für mich gestorben ist.

Eines Tages beteten ein paar Leute mit mir. Ich hatte eine Vision und ein Dämon redete zu mir. Er quälte mich und ich zitterte vor Angst. Dann kam Jesus und sagte zu mir, ich müsse vor den schlechten Dingen keine Angst haben, sondern solle ihm vertrauen, weil er mir hilft.

Ich werde einmal Polizist.

Januario wurde am 27. August 1995 getauft.

Washington Dos Santos Barbosa; geboren am 29.5.82

Mein Name ist Washington und ich bin zwölf Jahre alt. Zu Hause hatte ich immer Hunger, weil meine Mutter uns nicht genug zu essen gab. Sie blieb in der Bar und trank. Es war wirklich schlimm. Sie ging immer früh aus dem Haus und ließ mich und meine Geschwister allein. Daher beschloss ich schließlich, auf die Straße zu gehen, und nahm meine Brüder mit. Doch mein jüngerer Bruder Renatto ging davor schon allein auf die Straße. Er ist sehr jung, erst sechs Jahre alt. Dann fand ich heraus, dass meine Mutter schwanger war, also kam ich wieder nach Hause zurück. Aber ich blieb nicht lange.

Auf der Straße war es auch schrecklich. Ich schnüffelte Klebstoff. Eines Tages ging mein Bruder Joarez zur *Casa Aberta* und sie brachten ihn auf die Farm. Ich fragte mich, wo er geblieben war, also ging ich auch zur *Casa Aberta* und fragte, wo mein Bruder war. Sie sagten mir, wenn ich weiter zum Zentrum käme, könnte ich auch auf die Farm gehen. Dann fand mich eines Tages Anderson [der Leiter der Straßenarbeit] auf der Straße, als ich durch das Fenster eines Ladens Fernsehen schaute. Er brachte mich auf die Farm. Es war wirklich toll. Hier ist es besser, denn auf der Straße hatte ich nichts.

Ich bin sehr glücklich, weil mein Bruder hier ist. Gott hat uns an einen besseren Ort gebracht. Die Straße bietet nur Schlechtes.

Wenn ich älter bin, möchte ich Prediger werden.

Oades Farley Oliveira; geboren am 4.8.80

Ich habe von meiner Mutter seit über sechs Jahren nichts mehr gehört und meinen Vater kenne ich nicht. Nach meiner Geburt gab mich meine Mutter dem Ehepaar, das das Waisenhaus leitete, in dem sie damals lebte. Danach kümmerte sich meine *tia* [»Tante«] um mich, die auch in dem Haus lebte.

Als ich etwa elf Jahre alt war, schickte mich meine *tia* von Bahia nach Belo Horizonte, weil ich ihr Probleme bereitete. Sie ließ mich in der *Cidade do Menor*, einem Waisenhaus. Aber mir gefiel es dort nicht, weil mich die älteren Jungen immer verprügelten, und so ging ich auf die Straße und fing an, Klebstoff zu schnüffeln. Dann rief ich meine *tia* in Bahia an und erzählte ihr, dass es mir in der *Cidade do Menor* nicht gefiel, und sie kam und holte mich wieder zu sich.

Ein paar Monate später, als ich zwölf war, brachte sie mich wieder nach Belo Horizonte, nur blieb ich diesmal fast ein Jahr auf der Straße. Ich klaute von einem Balkon eine Decke und schlief in den Ladeneingängen oder unter den Schnellstraßen. Manchmal war ich allein, dann wieder zog ich in einer

Gruppe umher. José Roberto, der auch auf der Farm ist, war mit mir auf der Straße.

Es war nicht leicht, nachts auf der Straße zu schlafen, weil andere Straßenkinder kamen und einen aufweckten. Ich schnüffelte Klebstoff und rauchte Marihuana, um meinen Hunger zu vergessen. Wir klauten Leuten die Brieftasche und brachten das Geld zu einem Kerl, der unter einer Schnellstraße in Pampulha Drogen verkaufte.

Als ich einmal einer Frau eine Halskette klaute, erwischte mich die Polizei. Sie verlangten, dass ich ihnen das Halsband gab, aber ich hatte es verloren, während ich vor ihnen davongelaufen war. Ich hatte ziemliche Angst. Aber sie ließen mich laufen, ohne mich zu verprügeln.

Es war schrecklich auf der Straße; da wurde gekämpft und ich war immer nur verdreckt. Außerdem hasste ich die Leute, die reich waren, Kleider, Spiele und Spielzeug hatten; ich habe sie darum beneidet.

Als ich letztes Jahr auf die Farm kam, erkannte ich, dass es auch noch etwas anderes gibt, und Jesus veränderte mein Leben völlig. Der Hass und der Neid verschwanden. Heute bin ich glücklich mit dem, was ich habe, und störe mich nicht mehr an dem, was andere besitzen und ich nicht. Und ich denke auch nicht mehr ans Stehlen.

Einige von uns machten im letzten Jahr ein Jüngerschaftsseminar. Sarah erzählte uns davon, was uns der Heilige Geist gibt. Danach betete sie für uns und ich konnte nicht still bleiben und fing an, in Sprachen zu beten. Jetzt habe ich das Bedürfnis, zu beten und in der Bibel zu lesen.

Zu Weihnachten war dann Sally mit einem Team der *Holy Trinity Brompton Church* da und sie betete für mich. Ich fing an, zu zittern und zu weinen. Dann hörte ich auf zu weinen und lachte nur noch. Plötzlich sah ich in meinem Geist ein

Bild; ich denke, es war der Himmel. Es war ein Ort voller Wolken und schöner Bäume und Vögel. Es gab dort Seen, Wasserfälle und Tiere. Und während ich dort herumlief, kam ich schließlich an einen Ort, von dem ich glaube, dass es die Hölle sein sollte. Alles war rot und die Bäume waren tot. Die Stelle mit dem Wasserfall war die Gleiche, die ich auch im Himmel gesehen hatte, nur dass dort Blut statt Wasser war. Ich hörte Menschen schreien.

Ich hatte zuvor Gott gebeten, mir zu zeigen, wie Himmel und Hölle aussahen; das war also eine Gebetserhörung.

Ein andermal sah ich beim Beten ein Bild von einem hellen Licht und spürte, dass Gott zumir sagte: »Mach dir keine Sorgen um die Zukunft, denn es wird alles gut werden.« Dann zeigte er mir ein Haus, und auf dem Haus war ein Schild, auf dem stand »Lernen«. Ich glaube, das hat etwas mit Kunst und Design zu tun und das Haus ist in England. Ich liebe es, Dinge zu entwerfen und zu malen, ganz besonders die Natur.

Letztes Jahr machte ich in der Schule Schwierigkeiten, ich prügelte mich mit anderen Jungen und Mädchen. Doch in diesem Jahr habe ich damit aufgehört. Jesus hat mir genug Liebe gegeben, so dass ich mich unter Kotrolle habe.

Meine *tia* kam vor ein paar Monaten auf die Farm. Das war eine weitere Gebetserhörung und sie erzählte mir, dass meine Mutter am Leben ist und sich in São Paulo befindet und dass sie geheiratet und drei weitere Kinder bekommen hat. Meine *tia* wird die Adresse meiner Mutter für mich herausfinden, damit ich mich bald mit ihr in Verbindung setzen kann!

Seine Mutter rief ihn an und beide redeten im Juli 1995 zum ersten Mal seit sechs Jahren miteinander. Oades arbeitet in der Marketing-Abteilung des Supermarkts Bon Marché *und wohnt in der* Casa Republica. *Er wurde am 27. August 1995 getauft.*

Eduardo Messias Merriel; geboren am 28.12.80

Ich wurde vor vierzehn Jahren in Belo Horizonte geboren. Zu Hause hatten wir zwei Zimmer: eine Küche und ein Schlafzimmer. Meine neun Geschwister und meine Eltern schliefen alle in demselben Raum.

Ich kann mich noch sehr gut daran erinnern, wie mein Vater mich zur *FEBEM* [einem überfüllten staatlichen Kinderheim] brachte; ich war damals etwa zwei Jahre alt. Meine Tante holte mich jedoch da raus und nahm mich mit zu sich. Aber von diesem Augenblick an wollte ich nie wieder bei meinen Eltern leben. Sie hatten mich abgelehnt und ich war deswegen sehr wütend auf sie. Ich kann sehr unruhig sein und bin leicht reizbar, das war besonders schlimm, als ich von den Drogen runterkam. Meine Tante zog mich zunächst mit meinen drei Cousinen auf. Sie waren ebenfalls arm, nur lebten sie in einer anderen Favela. Ich lebte schließlich doch wieder bei meinen Eltern, aber ich blieb nie sehr lange. Seit ich acht Jahre alt war, lebte ich mal auf der Straße und mal bei meiner Familie. Ich geriet in der Schule in schlechte Gesellschaft und lernte, wie man stiehlt.

Auf der Straße lernte ich Welbert kennen. Wir waren oft zusammen in der gleichen Bande: *Cabecao*, *Jacui*. Die Anführer der Banden schickten uns zum Stehlen. Wir klauten Brieftaschen, Armbanduhren und Geld von den Passanten. Es war immer leichter, Leute zu beklauen, die weite Hosen mit großen Taschen trugen. Ich näherte mich ihnen von hinten, steckte schnell wie der Blitz meine Hand in ihre Tasche und zog die Brieftasche heraus. Dann verkauften wir die Beute an Straßenverkäufer beim Busbahnhof. Mit dem Geld kaufte ich Drogen: Marihuana, Klebstoff und Lösungsmittel.

Einmal wäre ich fast gestorben. Ich war völlig *high* vor lauter Drogen und überquerte die Hauptstraße *Antonio Carlos* im Stadtzentrum, ohne zu schauen. Ein Wagen fuhr mich an. Offensichtlich flog ich durch die Luft, bevor ich auf dem Asphalt landete. Man brachte mich ins Krankenhaus zum Röntgen. Aber ich war völlig von Sinnen, verrückt und schrie alle an, so dass sie mich festschnallen mussten. Glücklicherweise war nichts Ernstes passiert und so ließen sie mich gehen.

Dann hörte ich vor etwa zwei Jahren zum ersten Mal von Jesus. Ich war damals zwölf Jahre alt. Ich ging morgens zur *Casa Aberta*, frühstückte, putzte mir die Zähne und legte mich auf den Teppich zum Schlafen. Claudia, eine der Mitarbeiterinnen, streichelte mir immer über den Kopf und unterhielt sich mit mir. Eines Tages erzählte sie mir von dem Feuerofen aus dem Buch Daniel. Die Geschichte, in der König Nebukadnezzar drei Juden in einen brennenden Ofen werfen ließ, weil sie sich weigerten, sein goldenes Standbild anzubeten. Doch sie starben nicht; der König sah sogar *vier* Männer im Feuer umherlaufen! Der vierte Mann war ein Engel Gottes. Als der König befahl, sie herauszuholen, waren nicht einmal ihre Haare oder ihre Kleidung versengt – sehr zum Erstaunen des Königs und seiner Hofbeamten. Sie alle sangen Loblieder auf den Gott der Juden.

Diese wahre Geschichte aus der Bibel brachte mich zum ersten Mal richtig zum Nachdenken. Am nächsten Tag wollte ich alles über Jesus erfahren. Obwohl ich nachts, wenn ich wieder auf der Straße war, immer noch Drogen nahm, bekam ich den Wunsch, mich zu verändern. Es war klar, dass ich das nicht allein schaffen konnte und dass *Jesus* mein Leben verändern musste. Eines Tages bat ich ihn, in mein Leben zu kommen. Ich bat ihn, mir zu vergeben, dass ich gestohlen und Drogen genommen hatte. Bald danach kam ich auf die Farm. Dort begann mein Leben noch einmal von vorne. Statt auf der Straße zu leben, zu spielen und von Drogen vernebelt zu sein, ging ich zur Schule, arbeitete in der Landwirtschaft, trieb

Sport und fing an, Geschichten aus der Bibel zu hören. Ich erkannte plötzlich, dass das Wort Gottes es mir möglich machen würde, etwas aus meinem Leben zu machen. Mein jüngerer Bruder Cristiano war mir auf die Straße gefolgt und auch er kam auf die Farm.

Nachdem ich sechs Monate auf der Farm war, wollte ein Pastor mit seiner Frau uns beide adoptieren. Sie hatten ein kleines Baby, Silas, und lebten außerhalb von Belo Horizonte in Contagem. Also zogen Cristiano und ich zu ihnen. Erst lief alles gut, aber der Pastor fing an, uns zu streng zu behandeln. Er gab uns sehr häufig Prügel. Cristiano und ich machten Fehler, aber nach sieben Monaten wollte ich nicht länger bei ihnen bleiben und wir rannten beide davon und gingen wieder zu meinen Eltern.

Aber das funktionierte ebensowenig. Und obwohl ich einen Job in einer Möbelschreinerei fand, nahmen die Leute, mit denen ich zusammenarbeitete, Drogen. Außerdem war ich zu Hause dafür verantwortlich, meine jüngeren Geschwister zu baden und die beklagten sich bei meiner Mutter und meiner älteren Schwester. So verloren sie schließlich die Geduld mit mir und meine Mutter sagte, es wäre besser für mich, wenn ich auf der Straße wäre als bei ihnen. Also ging ich bald wieder fort und hörte auf, zu arbeiten und zur Schule zu gehen.

Zwei Monate lang verfolgte ich wieder meinen alten Lebensstil, klaute, kämpfte, nahm Drogen; nur dass ich nicht mehr wie vorher Sex hatte. Aber ich vergaß alles über Jesus. Es war, als wäre jemand gekommen und hätte alle Erinnerungen an Gott aus meinem Gedächtnis gestrichen. Das einzige, was ich nicht vergaß, war die Musik, die Lieder, die wir auf der Farm und im Gottesdienst gesungen hatten. Außerdem war immer in mir etwas, das sagte: »Ruf Joao und Sarah an, rede mit ihnen.« Also rief ich hin und wieder auf der Farm an, um zu plaudern, und sie sagten mir, dass ich die Entscheidung fällen müsste, mich zu ändern, sie könnten das nicht für mich tun. Es war in diesem Winter nachts auf der Straße schrecklich kalt und drei Gemeinden öffneten uns abends ihre Türen, damit wir drinnen schlafen konnten. Eines Abends erzählte ich den Leuten in der Gemeinde, dass ich einmal Missionar werden würde. Ich war ganz verdreckt und hatte keine Schuhe an. Ich glaube, sie waren ziemlich überrascht, aber sie meinten, es gäbe nichts Besseres, als Missionar zu werden.

Durch die Drogen, die ich nahm, wurde ich sehr krank. In dieser Zeit rief mich Selma [die Koordinatorin] von der *Casa Aberta* in der Gemeinde an und fragte mich, ob ich mein Leben ändern wolle. Sie sagte mir, ich solle einige Nächte zur *Casa Emmaus* gehen und danach würde Joao mit mir über die Möglichkeit reden, wieder auf die Farm zu kommen. Also tat ich das.

Meine erste Woche auf der Farm war ein Kampf. Ich fühlte mich ständig müde und schwer und hatte nur schlimme Gedanken, wollte mich mit jemandem schlagen und wieder auf die Straße davonlaufen.

Dann betete Joao für einige von uns und als ich an der Reihe war, musste ich immer weinen. Es tat gut, die Dinge gestehen zu dürfen, die ich falsch gemacht hatte, und zu wissen, dass man mir vergab. Danach fühlte ich mich so leicht. Am darauf folgenden Sonntag wurden neun Jugendliche auf der Farm im Swimmingpool von Pastor Marcio von der *Lagoinha Church* getauft. Und ich war einer von ihnen!

Als ich aus dem Wasser kam, war es, als würde der alte Eduardo im Wasser bleiben und ein neues Ich aus dem Wasser steigen. Noch wochenlang fühlte ich mich so leicht und frei. Wenn ich ging, war es, als schwebten meine Füße über dem Boden.

Ich werde ein Missionar werden.

Messias Aleluia Rodrigues Ramos; geboren am 16.9.80

Meine Familie wohnte in einem Haus mit acht Zimmern hier in Belo Horizonte. Als ich fünf war, nahmen mich unsere Nachbarn sonntags regelmäßig mit zum Gottesdienst und dort lernte ich beten. Meine Mutter praktizierte *Macumba*. Dann starb plötzlich mein Vater und meine Mutter verkaufte das Haus und ging nach São Paulo. Mich und meine Brüder ließ sie bei unserer Großmutter und unserer Tante. Aber meine ältesten Brüder nahmen mich mit auf die Straße. Damals war ich sieben Jahre alt. Vier Jahre lang war die Straße mein Zuhause. Wir schliefen auf den Bürgersteigen oder in verlassenen Häusern, reisten in andere Städte wie Rio de Janeiro, Victoria, São Paulo, Cabo Frio – alles mit gestohlenem Geld. Sie benutzten mich, damit ich nachts in die Häuser stieg und sie hineinließ. Ich war sehr klein damals, wissen Sie. Wir brachen immer in die Villen in den reichen Vierteln der Stadt ein.

In diesen vier Jahren schloss ich mich verschiedenen Banden an. Nachts herrschte oft Krieg zwischen den Banden. Einmal war ich in der *Graminha*-Bande und wir feierten eine Party, als uns plötzlich die *Marcia*-Bande mit Messern und Feuer angriff. Glücklicherweise wurde ich bei diesen *guerras* niemals niedergestochen. Aber die Polizei tauchte immer auf und verhaftete einige von uns und verprügelte uns ziemlich schlimm. Ich wanderte dreimal ins Gefängnis. Einmal hatte ein Mädchen aus meiner Bande Streit mit ihrem Freund und er drohte, sie zu verbrennen. Sie glaubte ihm nicht. Aber als sie schlief, übergoss er sie mit Lösungsmittel und machte ein Streichholz an. Es war schrecklich, ihr ganzer Kopf, ihre Schultern und ihre Brust waren verbrannt. Irgendjemand versuchte, das Feuer mit Wasser zu löschen, und sie fing an, zu schrumpeln. Aber, ob Sie's glauben oder nicht, sie überlebte, und nachdem sie einige Zeit im Krankenhaus gewesen war, kehrte sie auf die Straße zurück. Meine beiden besten Freunde wurden ermordet; man schleppte sie in den Wald und tötete sie.

Ich wurde von einem Auto überfahren und brach mir das Bein. Etwa um diese Zeit adoptierte mich eine Frau, die Christin war. Ich war damals elf Jahre alt. Aber nach einem Jahr ging ich wieder auf die Straße. Ich vermisste meine Brüder und es fiel mir schwer, in einem Haus zu wohnen. Ich wollte mich jedoch ändern. Ich hatte noch nichts gelernt und war fast dreizehn Jahre alt. Dann brachte mich »Jugend mit einer Mission« in ihr *Restauration House*. Dort lud ich Jesus in mein Leben ein. Nach anderthalb Jahren lief ich davon, weil mir eine Strafe nicht passte, die man mir auferlegt hatte.

Ich schloss mich wieder einer Bande an und wir fuhren nach Victoria. Dort brachen wir nachts in ein Reisebüro ein und klauten Geld, Arbeitskleidung, Radios und vieles andere. Eine Frau, die neben dem Reisebüro wohnte, sah, was passierte, und rief die Polizei. Ich versteckte mich hinter dem Tresen, aber sie erwischten mich und verprügelten mich und brachten uns alle ins Gefängnis. Am nächsten Tag ließ mich der Richter laufen und sie steckten mich in einen Bus zurück nach Belo Horizonte.

Ich schloss mich einer anderen Bande an, die sich *Xuxa* nannte. Wir fingen an, auf den Hauptstraßen der Stadt in *arrastao* [eine große Gruppe, die in einer Reihe läuft] zu stehlen, wir zogen den Leuten Armbanduhren vom Handgelenk, klauten Handtaschen, Schmuck, Brieftaschen. Dann waren eines Tages Silvania und einige andere Mitarbeiter von *Criança Feliz* auf der Straße und sie sagte mir, ich sollte zur *Casa Aberta* kommen. Also ging ich am nächsten Tag hin. Und gleich fragten sie mich, ob ich auf die Farm wollte. Ich konnte mich nicht entschließen. Aber sie meinten, wenn ich gehen wollte, dann musste es noch an dem Tag sein, ich dürfte nicht mehr auf die Straße zurück. Also ging ich zur *Casa Emmaus* und dort wusste ich dann ganz genau, dass ich mich, jetzt und für alle Zeit, entscheiden musste, Jesus in mein Leben aufzunehmen. Denn hier auf der Erde ist unsere Zeit kurz und nur zu leicht lassen wir uns gehen und leben ein Leben, das zwar sehr angenehm und einfach ist, aber wenn wir sterben, werden wir den Preis bezahlen müssen. Ich erkannte, dass es nur den einen Weg gab, Jesus zu folgen. Das Leben, das ich geführt hatte, ließ mein Herz leer. Ich war voller Hass und wenn mich jemand ansprach, war ich aggressiv und prügelte mich schnell.

Dann betete ich eines Tages für mich. Ich fing an, Anderson [den *Streetworker*] und Welbert [einen ehemaligen Straßenjungen] in der *Casa Emmaus* zu beobachten, und ich fragte Gott, ob ich so sein könnte wie sie. Anderson ist ruhig und friedlich, lässt sich nicht leicht reizen. Am nächsten Tag fühlte ich mich anders, der Zorn war weg. Irgendjemand ärgerte mich, aber ich schaffte es, die Selbstkontrolle zu behalten. Am Anfang hatte ich Angst, die Leute könnten glauben, ich wäre feige geworden, wissen Sie, ein Weichling, aber als ich darüber nachdachte, fing ich an zu weinen, weil es Gott gewesen war, der mir die Ruhe gegeben hatte. Dann kam ich vor fünf Monaten auf die Farm und jetzt arbeite ich in einem großen Supermarkt in der Bäckerei und abends gehe ich zur Schule.

Gott hat mit meinem Leben etwas vor. Ich weiß noch nicht, was es ist. Nachdem ich getauft worden war, fühlte ich mich leichter als je zuvor. Vorher bin ich mit verschlossenem Gesicht herumgelaufen, heute bin ich wirklich glücklich, bin fröhlich und lache die ganze Zeit. Jeder, der mich von früher kannte, sagt, ich habe mich sehr verändert.

* * *

Sehr oft berichtet die Bibel von Gottes Plänen für sein Volk. Aber es scheint, als würden diese Heilspläne ebenso oft durchkreuzt. Meines Erachtens liegt der Verdacht nahe, dass dies ein Schachzug des Satans ist. Und das, obwohl er es niemals verhindern kann, dass Gottes Wille oder Vorhaben realisiert werden! Wenn Gott sagt, dass er etwas tun wird, dann können weder die Nachlässigkeit der Menschen noch die Intrigen des Satans dies verhindern. Dies geschah nach meiner Ansicht beim Pharao, der den Israeliten den Auszug aus Ägypten verwehrte, sowie bei König Herodes, der den Befehl erteilte, alle männlichen Kinder, die jünger als zwei Jahre waren, zu töten.

Das Wort Gottes berichtet, dass das Evangelium zu jedem Volk, jedem Stamm, zu allen Nationen und Sprachgruppen gebracht werden soll (vgl. Offb 7,9; Mt 28,18-20). Aber der Satan versucht, dies zu verhindern, indem er die Kinder verfolgt und sie in noch nie dagewesenen Größenordnungen vernichtet: Manche werden getötet, damit man ihre Organe verkaufen kann; Millionen sterben am Hunger; andere sind Opfer von Kriegen; manche werden als Opfer für satanische Praktiken getötet; wieder andere werden »lediglich« psychisch zerstört.

Allein in Brasilien werden zum Beispiel jedes Jahr 1,2 Millionen Abtreibungen vorgenommen und 200 000 minderjährige Mädchen sterben an illegalen Abtreibungen oder Kunstfehlern (Zahlen des *Instituto Brasileiro de Geografica e Statisticas*).

Wir glauben, dass es sich bei unseren Straßenkindern um eine Generation handelt, aus der Gott Propheten erwecken will. Im Buch Amos, Kapitel 3 Vers 7, lesen wir: »Nichts tut Gott, der Herr, ohne dass er seinen Knechten, den Propheten, zuvor seinen Ratschluß offenbart hat.« Gott fordert seine Gemeinde auf, sich gegen diese Welle der Ungerechtigkeit durch die Verfolgung der Kinder auf der ganzen Welt zu stellen. Die heutige Kirche muss für diese Kinder beten und für ihr Recht eintreten, ein Leben in Würde zu führen – damit sie erfahren können, was Jesus Christus für sie getan hat. Die örtlichen Gemeinden müssen diesen Stab an die Kinder weiterreichen; nicht nur, um sie zu retten, sondern auch, um sie zu erziehen und um ihnen den Weg zum Herrn zu zeigen, damit sie in diesem Wettlauf ein gutes Stück laufen können.

Weil wir Teil der Gemeinde und Glieder des Leibes Christi sind, stellen wir uns in Brasilien gegen diese dämonische Welle von Ungerechtigkeit, Vernichtung, Mord und Gewalt, mit der Gottes Kinder bedroht werden. Wir verpflichten uns der Aufgabe, in der Kraft Jesu Christi den Einflussbereich des Bösen radikal zu begrenzen und die liebevolle Herrschaft Gottes im Leben so vieler Kinder wiederherzustellen. Und wir sind überzeugt: Wenn nach dem Willen Jesu allen Menschen auf Erden das Evangelium gebracht wurde, wird er wiederkommen.

Kontaktadressen

Spenden und Briefe können an
folgende Adressen gerichtet werden:

Ministerio Programa Criança Feliz
Cx. Postal 370
Belo Horizonte, MG
CEP 30.161-970 Brazil
Tel: (031) 673-1266, Fax: (031) 673-1306

Happy Child Mission
Old Tunmore Farm
The Street
West Horsley
Surrey KT24 6BB
England
Registered Charity No:
1042236

Spendenkonto:
Konto-Nr.: 91790358
Bank des Empfängers:
Midland Bank plc
PO Box 160
Guildford
Surrey GU1 3YU
England

Happy Child Mission
1415 Northridge
Carrolton, Texas 75006
USA
Registered Charity No:
EIN 75-2489963

Spendenkonto:
Konto-Nr.: 1291883198
Bank des Empfängers:
Nations Bank of Texas,
N.A.
3601 N. Josey Lane
Carrolton, Texas 75007
USA

Für Millionen Kinder in aller Welt ist die Straße das Schlafzimmer. Wir wollen helfen, Kindern ein Zuhause zu geben und eine Zukunft. Helfen Sie mit, aus einer Einbahnstraße einen Weg der Hoffnung zu machen.

**Johannes Institut
Kennwort: Straßenkinder
Konto 5 170 816
BLZ 510 400 38
Commerzbank Wiesbaden**

Kinder in Not!

Nach Schätzungen fristen weltweit über 100 Mio. Kinder ihr Dasein auf der Straße. Christen wollen und dürfen angesichts dessen nicht die Augen verschließen.
Basierend auf umfangreichen Forschungen gibt Andy Butcher einen Überblick über die Situation der Straßenkinder und schildert an bewegenden Beispielen das triste Leben dieser im Stich gelassenen Kinder.

Andy Butcher, Straßenkinder
Aufschrei der Vergessenen
Pb., 184 Seiten
ISBN 3-89490-148-9
DM/sfr 19,80 / öS 145,-

Zu beziehen in Ihrer Buchhandlung oder direkt bei:
Projektion J Buch- und Musikverlag
Rheingaustaße 132 • D-65203 Wiesbaden
Telefon (06 11) 96 7 96 70 • Fax (06 11) 96 7 96 77